第5章 (p. 72 参照)

図2(b)　酒データベースの検索結果空間表示

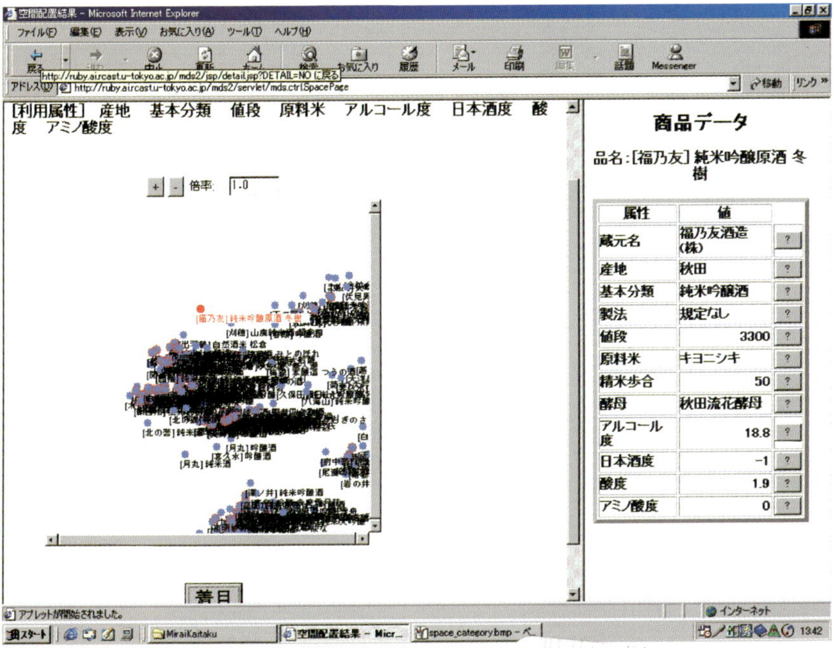

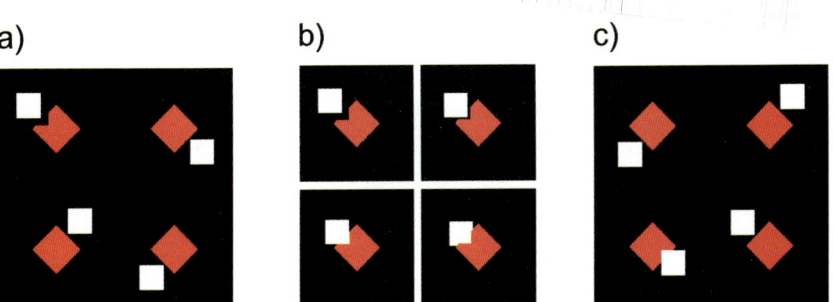

第9章 (p. 130 参照)

図3　補間が自動的に生じるこ

　a) 切り欠きのある赤い菱形はすぐに見つけられる。b) テストで使用された標的の菱形，白い四角形と切り欠きの位置関係が操作されている。c) 菱形の切り欠きに白い正方形がちょうどはまる位置に来ると，われわれの知覚系は自動的に菱形の輪郭を補間する。そのため，a 条件に比べてこの条件では標的である切り欠きのある赤い菱形を見つけ出すのがわれわれには難しい。

第 13 章（p. 197 参照）

図3　2種類の道具（回転マウスと速度制御マウス）の使い方を学習したあとの小脳活動

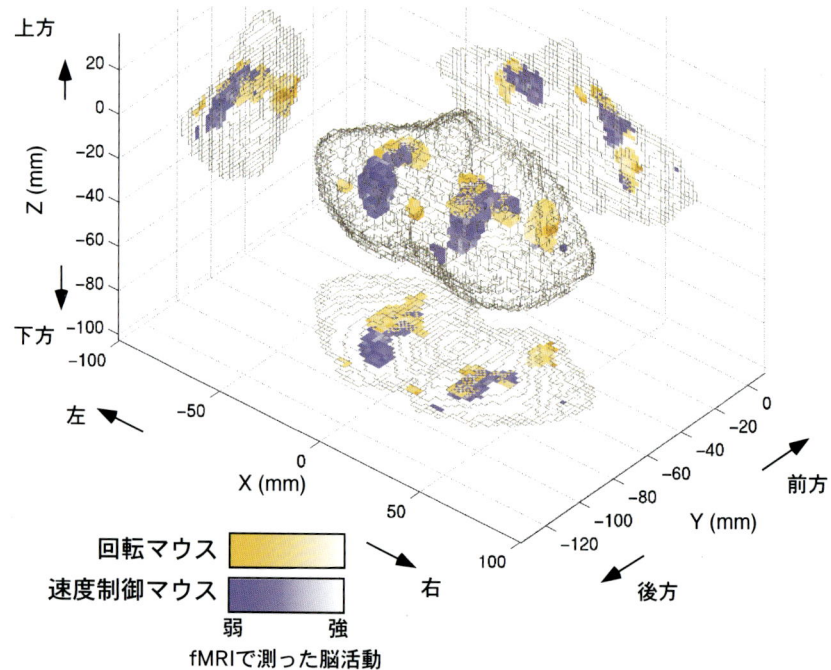

黄色は回転マウスに，青は速度制御マウスに関連する脳活動。中央は小脳を右後方から立体的に見た図。残り3つは3方向の平面（x, y, z）に立体を投影した図。

第 14 章（p. 215 参照）

図5　実験2の結果

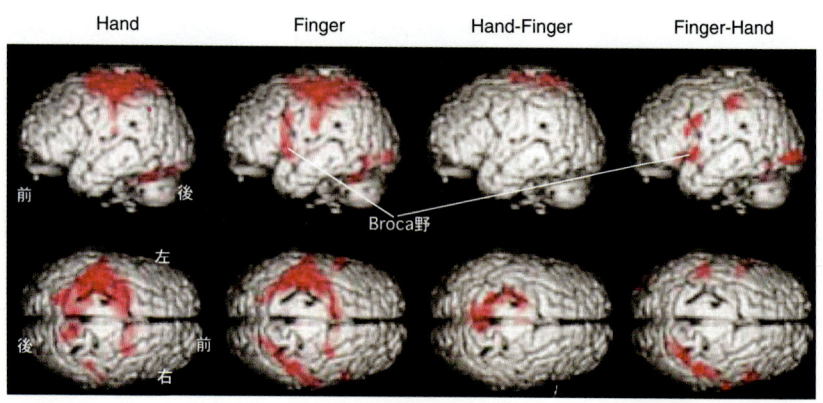

第13章 (p. 201 参照)

図5 マウスの切り替えに関係する脳活動 (A) と時間的な変化 (B, C)

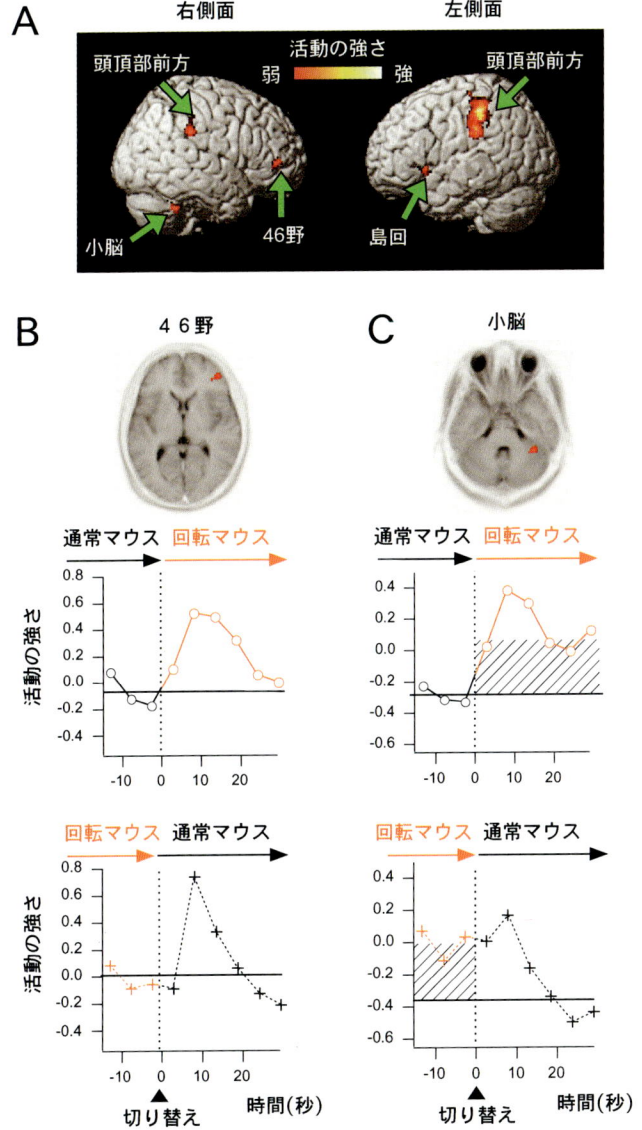

マウスの切り替えに関係する脳の場所として，Aに示すようないろいろな場所が見つかったが，切り替え前後での活動の時間変化を調べると，46野 (B) のように過渡的な活動が主に見られた場所と，小脳 (C) のように過渡的な活動と持続的な活動の両方が見られた場所があった。

第16章 (p. 241 参照)

図3 ニホンザルの道具使用時の身体イメージ

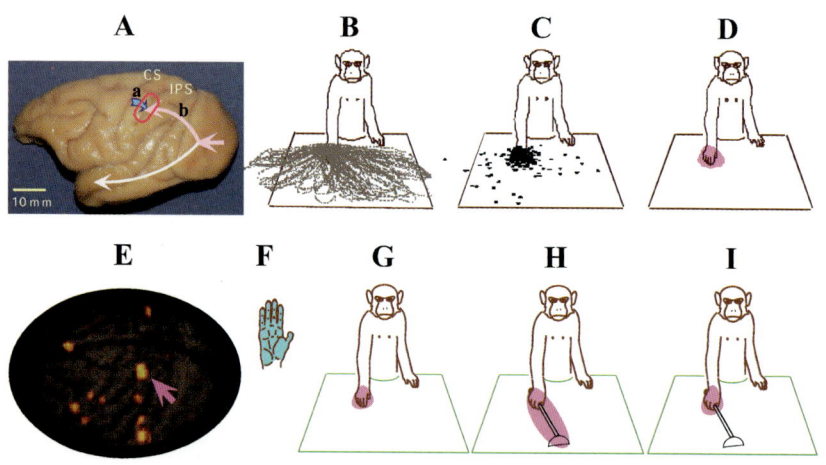

A: ニューロン活動記録部位を示す模式図(ニホンザル左大脳半球)。電極を頭頂間溝前壁部(赤囲み部)に刺入した。ここでは，中心後回を後方に向かって階層的に処理される体性感覚情報(a)と，視覚背側経路に沿って前方に向かって処理されてきた空間視情報(b)が統合される。**B〜D:** 視覚受容野の同定方法。視覚受容野は，空間走査用の視覚刺激プローブ(Bの破線は空間走査の軌跡を表す)がそのニューロンの発火を密に引き起こす点(Cの各点は1発の活動電位が発生したときのプローブの位置)が密集する空間の範囲(Dの陰影部)と定義した。体性感覚受容野は，軽い触刺激や圧迫，関節の受動的屈伸，腕/手/指の能動的運動に対する反応特性によって同定した。**F〜I:** 道具が同化して手が延長したイメージの符号化。手に存在する体性感覚受容野(F)を包含する視覚受容野(G, H, Iの陰影部。手のイメージをコードすると解釈される)は，道具使用直後には道具に沿って拡大し(H)，道具使用中止後には再び縮小した(I)。これは，道具が心理的に手の延長になったことを反映すると考えられる。**E:** ポジトロンCT(PET)で同定された，道具使用中に特有の脳活動部位(矢印部が，上記ニューロンの記録された頭頂間溝部皮質領域)。(Iriki *et al.*, 1996; Obayashi *et al.*, 2001より改変)

第16章 (p. 249 参照)

図6F 2段階道具操作時のPETによる脳機能画像

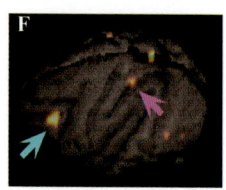

赤矢印は頭頂間溝部皮質，青矢印は腹側前頭前野。(Obayashi *et al.*, 2002より改変)

認知科学への招待

心の研究のおもしろさに迫る

大津由紀雄
波多野誼余夫 [編著]

研究社

はじめに

　おもしろい研究はすべて認知科学だと言った人がいると耳にしたことがあるが，その真偽のほどはさておき，認知科学がおもしろいことは間違いない。この本はそのおもしろさの一端を読者の皆さんにおすそ分けしようというもくろみである。と，同時に，認知科学の諸分野をひととおり鳥瞰できるようにというねらいもある。

　日本の認知科学は国際的に見てかなりの高い水準にある。そのことは，主要な海外ジャーナルに掲載される論文を執筆したり，解説論文や査読を依頼される日本在住の研究者の数を考えただけでもすぐ理解できる。その日本の認知科学界は，すでに，辞典も，ハンドブックも，選書やモノグラフも生み出している。欠けているのは，認知科学に入門しようとする人々や自分とは異なった認知科学の領域の研究について知りたいと思う人々に対しての適切なガイドブックである。本書はまさにその欠落を埋めようとするものである。

　この本がどのように企画されたか，どのような本をめざしたかなどについては，巻末にある，編者の対談に詳しい。編者のふたりは，20年来，認知科学の世界を歩みながらの友人である。心に対する考え方やアプローチの仕方に違いはあっても，心の解明に対する情熱という強い絆で結ばれていると言ってもよい。さらに，各章の執筆者も，また，編者らと歩みを共にしてきた仲間である。

　編集にあたっては，できるだけ，認知科学の諸領域を偏りなく取り上げるよう努力したが，工学系の研究や哲学系の論考が少ないなど，扱いにばらつきが見られるということもまた事実である。また，言語についてみても，そこではもっぱら生成文法の立場からの論述がなされているだけで，それに対立すると主張されている認知言語学については触れられていない。これらは，部分的には，編者の好みの問題であり，また，部分的には，執筆依頼にもかかわらず脱稿を果たせなかった著者の責任でもある。しかし，多岐にわたる，現代の認知科学の諸領域を1冊の本で網羅しようということ自体が所詮無理な注文なのである。編者としては，ただただ，この本が広く受け入れられ，続刊の企画が版元に受け入れられることを祈るだけである。

この本の出版を快諾してくれた研究社は周知のように語学(ことに英語)関係の老舗出版社である。不況を脱したとは言いがたい出版界の現状にあって，認知科学という，研究社にとって未知の分野への船出は大いなる冒険に違いない。それを承知で出版を引き受けてくださった研究社に大いなる敬意と感謝を表すと同時に，上にも述べたように，この本に引き続く(ものと編者が勝手に決め込んでいる)『認知科学への招待 n』($n \geqq 2$) の出版もぜひよろしくお願いしたい。

　出版の実務は，研究社編集部の津田正さん，西山広記さん，杉本義則さんにお世話になった。記して，感謝したい。

　では，楽しい認知科学の旅を！

2004 年 9 月

大津　由紀雄
波多野誼余夫

目　次

はじめに　iii

第1章　認知発達　［旦　直子］ 1

I. 認知発達研究の偉大な先駆者 Piaget　1
　1. 三つ山課題　2
　2. 保存課題　3
　3. 発達理論　3

II. 乳児の認知発達　4
　1. 方法論的な突破口と乳児研究　4
　2. 領域固有の認知研究の展開　5
　3. 素朴物理学　6
　　3.1　対象の永続性　7
　　3.2　連続性　9
　　3.3　重力　10
　　3.4　慣性　12
　4. 素朴生物学・素朴心理学　13

読書案内　14
引用文献　15

第2章　学習科学　［三宅なほみ］ 17

I. 学習科学とは　17
　うまくいった学習を参考に，学習を支援する　18
　学習科学研究の一例　19

II. 協調的な学習を実践的に支援する　22
　協調的な学習過程についての理論的検討　22
　「収斂説」対「役割分担による建設的相互作用説」　23
　教室での学習過程を発話や行動から分析する　25
　建設的相互作用説を実践に適用する　25

認知過程の外化方法を工夫する　26
　　　大学1，2年生に認知科学を教える実践プロジェクト　27
　　　学習成果の評価　28
　読書案内　29
　引用文献　30

第3章　記　憶　[梅田　聡] 32
　I.　記憶の世界への誘い：記憶研究の過去と現在　32
　II.　虚再認研究と展望的記憶研究　36
　　1.　虚再認研究：その記憶は本当に正しいのか　36
　　2.　展望的記憶研究：なぜあのとき思い出せなかったのか　40
　読書案内　43
　引用文献　44

第4章　創発的認知から見た問題解決　[鈴木宏昭] 46
　I.　創発認知的アプローチ　46
　II.　洞察問題解決　48
　　1.　洞察という現象　48
　　2.　制約の動的緩和としての洞察問題解決　49
　　　2.1　洞察における制約　49
　　　2.2　Tパズル　51
　　3.　ゴール制約による制約の緩和　53
　　4.　まとめ　56
　　　生成性　56
　　　冗長性　57
　　　局所相互作用　57
　　　解放性　58
　読書案内　59
　引用文献　59

第5章　創造性　[堀　浩一] 62
　I.　創造性とは　62

1. 創造性へのアプローチ　62
　　　2. 創造的認知　64
　　　3. 創造活動支援ツール　67
　II. 創造活動支援ツールの研究　69
　読書案内　75
　引用文献　75

第6章　言　語　[大津由紀雄・今西典子] 77

　はじめに　77
　I. 言語の認知科学　77
　II. 言語の普遍性と多義性　81
　　　1. 英語の再帰代名詞　81
　　　2. 英語以外の言語の場合　85
　　　3. 認知体系による動機づけ　88
　おわりに　89
　読書案内　89
　引用文献　90

第7章　語用論と認知科学　[西山佑司] 91

　I. 語用論とは　91
　　　1. 語用論とは　91
　　　2. コードモデル　92
　　　3. Grice の語用論　93
　　　4. 関連性理論　94
　　　5. 語用論とモジュラリティ　95
　II. 語用理論と心の理論──関連性理論の観点から　96
　　　1. コミュニケーションと情報伝達　96
　　　　　1.1　情報伝達と意図　96
　　　　　1.2　意図非明示的情報伝達　97
　　　　　1.3　意図明示的情報伝達　97
　　　2. コミュニケーション能力と言語能力　98
　　　　　2.1　非言語的コミュニケーション　98

2.2　コミュニケーション能力と言語能力の関係　99
    3.　コミュニケーション能力と心を読む能力　100
        3.1　心を読む能力　100
        3.2　発話解釈能力と心を読む能力　100
    4.　関連性の伝達原理　102
  読書案内　104
  引用文献　105

第8章　他者理解　[板倉昭二] 106

  はじめに　106
  I.　他者理解の発達パスウェイ
      ──暗示的な TOM から明示的な TOM へ　106
  II.　他者の心: メンタライジングを中心に　111
      1.　他者の注意はどこにあるか　111
      2.　意図や目的の推測　112
      3.　心を見つける　118
  おわりに　119
  読書案内　120
  引用文献　120

第9章　比較認知科学　[藤田和生] 122

  I.　比較認知科学とは何か　122
      比較認知科学の研究手法　122
      世界的な潮流　124
  II.　研究事例　125
      非顕示事象の認識　126
      アモーダル補間　127
      社会的知性　131
      表象の変換　134
  まとめ　136
  読書案内　137
  引用文献　138

第10章　動物のコミュニケーション行動とことばの起源
　　　　　［岡ノ谷一夫］............................. 141

I. 動物のコミュニケーション　141
　1. はじめに
　　1.1　ことばの定義と動物コミュニケーション　141
　　1.2　コミュニケーションとことば：3つの立場　142
　　1.3　本章のアプローチ　144
　2. 生態学的アプローチによる研究　144
　　2.1　シンボル性　145
　　2.2　文法性　146
　3. 心理学的アプローチによる研究　147
　　3.1　シンボル性　147
　　3.2　文法性　149

II. ジュウシマツの歌文法　150
　1. 歌の文法的解析　150
　2. 歌文法の至近要因（発達とメカニズム）　152
　3. 歌文法の究極要因（機能と進化）　153

おわりに　155
読書案内　156
引用文献　157

第11章　心の進化　［長谷川寿一］........................ 159

I. 人間の心の進化　159
　ティンバーゲンの4つのなぜと心の進化学を導入する意義　160
　種間比較――ヒトはどのような特徴を備えた生物か　162
　適応に関する進化理論　163

II. 協力行動の進化　165
　1. なぜ非血縁者間で協力行動が進化するのか　166
　2. 非協力者（裏切り者）の検知メカニズム　168
　3. 協力者の検知と社会的交換の推進メカニズム　170
　4. 社会脳の進化とその機構　171

読書案内　172
　　引用文献　173

第12章　文化と認知：心の理論をめぐって
　　　　　　［波多野誼余夫・高橋惠子］．．．．．．．．．．．．．．．．．．．．．．　174

　Ⅰ．「文化と認知」研究の概観　174
　　　文化心理学の視点　175
　　　社会文化的制約のもとでの知識・技能の獲得　176
　Ⅱ．心の理論への文化心理学的接近　177
　　　心の理論の文化差　179
　　　　心の理論は欧米人に特有か　179
　　　　「誤信念課題」に見られる文化差　181
　　　文化差を捉える水準　183
　おわりに　185
　読書案内　186
　引用文献　186

第13章　計算理論・脳機能計測・実験心理学の融合
　　　　　　［今水　寛］．．．．．．．．．．．．．．．．．．．．．．．．．．．．．．．．　189

　Ⅰ．運動学習から認知機能へ　189
　Ⅱ．道具使用の学習に見られる脳のモジュール性　193
　　　1．道具使用の学習と小脳における活動の変化　194
　　　2．小脳内部モデルのモジュール性　197
　　　3．モジュールを切り替える脳のネットワーク　198
　　おわりに　202
　読書案内　203
　引用文献　203

第14章　脳機能画像　［田中茂樹］．．．．．．．．．．．．．．．．．．．．．．　205

　Ⅰ．イメージングの方法　205
　Ⅱ．fMRIを用いた実験　209
　　　模倣に関する実験1　209

　　　　模倣に関する実験2　213
　　読書案内　217
　　引用文献　218

第15章　神経心理学　［山鳥　重］ 219
　I. 神経心理学とは　219
　II. 失読失書症の研究方法　221
　　　読みの障害から読みの心理過程へ　221
　　　失読失書症では本当に文字心像が失われるのか　224
　　　日本人の失読失書症　225
　　　意味のある・なしと読みの出来・不出来　228
　　　失読失書における失書の性質　229
　　　失読失書症における読みの神経心理症状をどう読み解くか　231
　　読書案内　234
　　引用文献　235

第16章　神経生理学　［入來篤史］ 236
　I. 「身体性」にもとづく「知性」の神経科学　236
　　1. 内部表象の発達と進化　236
　　2. 「心の内を計測する」とはどういうことか？　238
　II. 「心の内」を「計測」する　240
　　1. サルに自ら気づいて道具を使わせる　241
　　2. 「熊手は前腕の延長になったという内観」の観測　241
　　3. サルはモニター映像に自己投影しているか？　243
　　4. コンピュータ・カーソルに指先を感じる　245
　　5. 見えない手のイメージを創る　246
　　6. 身体イメージにもとづく思考と洞察——2段階道具使用　248
　　読書案内　250
　　引用文献　250

第17章　心の哲学　［信原幸弘］ 251
　I. 心の哲学の概観　251

1. 心身問題　251
    2. 志向性　254
    3. 意識　255
  II. 行為の理由と原因　256
    1. 理由による行為の説明　256
    2. 行為の因果説　258
    3. 包括的合理化説　259
  読書案内　262

対談: 認知科学をめぐって　［大津由紀雄 vs 波多野誼余夫］ 264

  認知科学のおもしろさ　264
  日本における認知科学　267
  認知科学の研究と教育　270
  認知科学研究のあり方　276
  これからの認知科学　280

索　引　283

認知発達

旦　直子

　認知に限らず心理学のさまざまな分野において発達を研究することは，その分野の知見を深めるためにきわめて大きな役割を果たしている。認知の発達を研究することは，私たちが日頃何の疑いもなく行っているさまざまな思考や物事の理解が，どのような仕組みで行われ，どのように身につけられてきたものなのかを教えてくれる。それをめざしてこれまで長いあいだにわたって多くの研究者たちが観察や実験を行ってきたが，この一世紀の認知発達研究を振り返ったとき，大きな2つの革新を経て発展してきたように思える。その1つが，20世紀半ばに Jean Piaget によって構築された認知構造発達理論である。これによって私たちは，人間の認知発達について包括的かつ理論に裏打ちされた精緻なモデルを構築していくという姿勢を手に入れた。もう1つは，1960年代以降に盛んになった，乳児期・新生児期研究の進展である。新しく生み出された方法論は，認知発達研究が実証的に扱える範囲を幼児期から乳児期・新生児期に押し下げ，人生初期の認知能力についての知見を飛躍的に増やすとともに，個々の知識領域に特化した認知発達を認める領域固有の理論の構築を促進してきた。それによって認知発達は現在，非常に活発で多彩な分野となっている。本章では，第I部で Piaget の代表的な実験研究例と彼の領域一般的な理論を簡単に紹介した後，第II部で乳児研究について，主として乳児の素朴物理学を中心に紹介する。

I.　認知発達研究の偉大な先駆者 Piaget

　心理学の多くの研究領域の中でも認知発達研究の歴史がユニークなのは，研究者の中に誰もが認める唯一と言ってよい巨人がいることである。それが

Jean Piaget である。彼が一連の研究から構築した認知発達のモデルは，その包括性と論理性においてきわめて突出したものであり，半世紀が経った今でも色あせることなく私たちに示唆を与えてくれる。その研究を網羅的に紹介することはできないので，ここでは彼が考案したユニークな認知能力の測定デザインのうち2つを紹介したあと，彼の提案した発達モデルを概観する。

■ 1. 三つ山課題

　自分以外の視点から物を表象するという，高度な認知能力に不可欠な要素の獲得について調べるため，Piaget が用いたのが三つ山課題である(図1参照)。三つ山課題では被験児の前に高さや形の異なる模型の山を3つ置く。この山の見え方は見る位置によって異なる。被験児は，自分とは反対側に置かれた人形から見た3つの山を絵に描くように求められる。Piaget の実験の結果では，4歳から5歳半の子どもは自分の視点と人形の視点を区別できず，

図1　三つ山課題

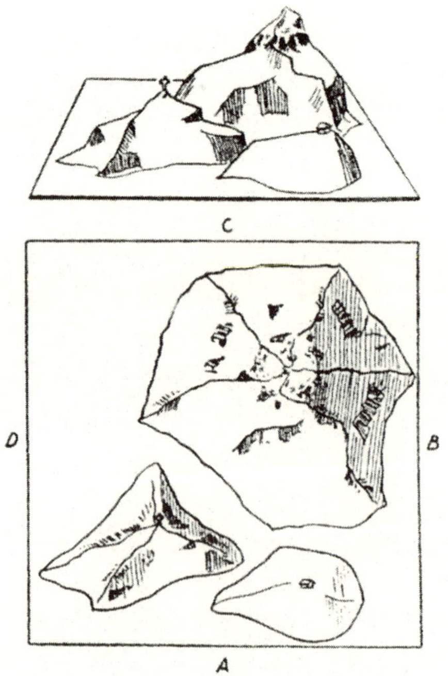

自分の視点からの絵を書いてしまう。すなわち物の見方が自己中心的なのである。他者の視点を取れるようになる，つまり他者の視点から的確に絵が描けるようになるのは8歳半を過ぎてからである。

■ 2. 保存課題

　保存とは，形や場所が変化しても物の数や量は同じに保たれるという性質のことである。すなわち，「保存」ができるということは，目の前の知覚的な特徴に縛られることなく物の数量を把握し続けられることである。Piaget を中心とした研究者たちは，液量の保存，長さの保存，数の保存，面積の保存などさまざまな保存課題を考案した。例えば数の保存であれば次のようになる。コップとビンを同じ数だけ上下 2 列に同じ間隔で並べる。それから被験児が見ている前で，コップの間隔を広げて列全体の幅がビンよりも長くなるようにする。幅を変える前と後でコップの数とビンの数どちらが多いかを聞かれると，保存ができていない子どもは，幅が同じときには数が同じだと答え，その後の操作を目の前で見ていたにもかかわらず全体の幅が変わるとコップの方が数が多いと答えてしまうのである。

　これらの課題は，子ども独特の認知の仕方を浮き彫りにし，大人とは違う彼らの興味深い世界を私たちに垣間見せてくれる。Piaget の用いた課題は，その後多くの研究者により，さまざまなバリエーションで検討され，認知発達研究を推し進めた。

■ 3. 発達理論

　Piaget は自分の一連の研究をもとにして，認知発達のモデルを構築した。そのモデルは精緻なもので，いくつもの段階に分かれ，その段階の性質と機能，1つの段階から次の段階への移行を促す仕組みについて細かく記述されている。各段階での大まかな説明をすれば以下のようになる。

感覚運動的段階(誕生〜2歳)：反射的な活動から出発し，感覚と運動の関係を構築して目の前にあるものをだんだんとうまく操作できるようになる時期である。ただし，認知的な表象はまだ不十分である。

前操作的段階(2歳〜7歳)：表象を使うようになり，象徴的な行動も見られるようになる。言語を用いた思考も可能になる。しかしまだ知覚主導の

部分が多い。

具体的操作的段階(7歳〜12歳): 具体的に外界に存在するものについては表象にさまざまな操作を加えて論理的な思考が可能となる。上で述べた三つ山課題や保存課題も問題なく解決できるようになる。しかし現実の規則から外れたような仮定をおいた思考は難しい。

形式的操作段階(12歳〜): 現実の事物から離れた表象を扱い，自由に仮説をおいた上での論理的思考が可能となる。

この説の大きな特徴の1つは，人の認知能力が領域一般の構造を持っている，すなわち課題の種類にかかわらずその時期に共通の認知の仕方をすると仮定している点である。もう1つはその認知構造が段階的に移行していく，すなわち徐々に変わっていくのではなく，ある時期に劇的に別の認知構造へと変化を遂げると考える点である。彼の理論は今なお学ぶ価値はあるが，認知構造の段階説的な捉え方に関しては，批判的な見解が多数を占めるようになっている。Wellman & Gelman (1998) の総覧のほか，*Trends in Cognitive Sciences* 誌の2004年7月号からのシリーズを参照されたい。

II. 乳児の認知発達

Piagetの発達理論の中での乳児期は，感覚運動的なきわめて限られた能力しかない無力な時期として描かれている。彼がそのように結論づけた理由の1つは，おそらく方法論の限界である。当時の実験の多くは，言語教示や言語反応・手による物の操作が必要であり，乳児への適用が難しかった。このことは単に研究の対象年齢を上げるというだけでなく，課題の難しさのために乳児期の認知能力を過小評価することにもつながっていたと考えられる。

この幼児期と乳児期のあいだに立ちふさがる研究上の壁を打ち破るには，新しい測定法の出現が不可欠だったのである。

■ 1. 方法論的な突破口と乳児研究

20世紀後半に次々と生み出された言語や手の操作に頼らない認知能力の測定方法は，発達心理学者をそれまで未知の世界であった乳児の認知世界へと導いてくれた。その先駆者はFantz (1958) である。彼はことばのない乳児

図2 Fantz（1958）で用いられた刺激のパターン対

大きい正方形の一辺は5インチである。斜線部は明るい赤で白い部分は背景と同じ灰色であった。隣り合ったパターンが対提示された。チェッカーボードに対しては個々の提示で大小いずれかの正方形が対提示された。

であっても刺激に対する好き嫌い（選好）があり，それが対象を見つめる時間の差異として現れることに注目し，それによって乳児の視覚的パターンの弁別能力を測定したのである。Fantz は，生後4ヵ月までの乳児を仰向けに寝かせ，その頭上に左右別々の図形（図2）を提示した。そして中央にある覗き穴から乳児の注視方向・時間を観察した。その結果得られた左右図形に対する注視時間差が被験児間で一貫していることから，彼らがすでに図形（チェックと四角，ストライプと同心円）を弁別しており，共通の選好傾向を持っていることを証明した。彼の研究は認知というよりは知覚に近い能力を探るものであったが，この研究を機にさまざまな研究者が工夫を凝らし，後に述べる馴化・脱馴化法や期待背反法といった測定パラダイム，注視時間以外の吸啜（サッキング［おしゃぶり等を吸う反応］）や心拍数などの指標を用いることで，より複雑な認知能力も測定されるようになっていった。

■ 2. 領域固有の認知研究の展開

こうして広く行われるようになった乳児の認知研究においては，Piaget が行ったようにさまざまな領域の実験から一般的な認知構造を探るというよりも，個々の領域に特化した一連の研究から領域固有の認知発達の仕組みを明らかにしようとする試みが中心となっている。これは単に，測定法の発展によって細かなパラメータの操作が可能となり，1つの領域でさまざまな実験が

可能となったというだけの理由によるのではなく，実際に乳児が示すパフォーマンスが一般的な認知能力というよりは領域固有の発達を示していたことにもよっている。

　そうした知見から構築された領域固有の認知発達理論の代表例がSpelkeの核理論である。そこでは，人は知識領域ごとに核となる知識を持って生まれて来て，生後に獲得された他の知識をその核に付加していくことにより成人の持つ領域ごとの高度な知識を有するにいたるとしている。例えば物理的知識について言えば，外界の物体は固まりとしてまとまっており(凝集性)，連続した軌道を描いて移動し(連続性)，異なる物が同一空間に重なったりしない(固体性)といった性質については核知識として生まれながらに理解でき，一方で物は下に落ちること(重力法則)や動いている物はその勢いで動き続けること(慣性法則)の理解などは生後に獲得されるとしている。

　こうした領域固有にまとまりを持った認知能力は，乳幼児がその領域ごとに(物事を理解するための)理論のようなものを持っているという意味で「素朴理論」と呼ばれている。素朴理論は通常の学問分野と同様に多岐にわたっていると考えられるが，その中でも主要な研究対象となっている領域は素朴物理学，素朴生物学，素朴心理学であろう。

■ 3. 素朴物理学

　外界の物体がどのような性質を持ち，どのようなふるまいをし，他の物体とどのような相互作用をするのかについての理解・予測能力をまとめて素朴物理学と呼んでいる。これは人間のあらゆる表象能力の基盤とも言えるものであるため，乳児の認知発達研究でも重きを置かれている。

　乳児がどのような素朴物理学を有しているのか？　物の性質をどこまで理解し，これから起こることをどこまで予測しているのか？　それを知るために個々の研究者が使っている測定法は，細かい点では異なっているものの，その大半は，「もし理解しているならば乳児にとって予想外であったり奇妙であるはずの出来事」を見せて反応を見るという部分を有している。そうした予想外の出来事，多くの場合は成人が見ても不自然な出来事を作り出すことが，素朴物理学の研究デザインの醍醐味の1つであり，これから紹介する研究例についても是非その点に注目にしてほしい。

3.1 対象の永続性

目の前に見えていた物が別の物の背後に隠れてもなくなってしまうわけではなく存在し続けていると理解できていること，言い換えれば隠れた物を頭の中に保ち続けられることが対象の永続性理解である。これは知覚に縛られずに物を表象する能力の第一歩であり，すべての認知能力の基礎といっても過言ではない。

この分野の研究でもっとも有名なのは，5ヵ月児に対象の永続性概念が存在するかどうかを検討したBaillargeon, Spelke, & Wasserman（1985）であろう。彼らの実験では，被験児の前の床に四角い板が置かれている。そしてその板のさらに向こう側に箱が置かれている。板の手前が持ち上がり，遠い方のへりを中心にして手前から向こう側に回転していく。当然板が持ち上がってくると箱は隠れることになる。その後の回転の仕方によって事象は2種類に分かれる。1つは，板が箱とぶつかるところの位置で止まるという可能事象（possible event）であり，もう1つは箱にぶつかるはずの位置で止まらず180度回転する，すなわち箱が消えてしまったかのように見える不可能事象（impossible event）である（図3参照）。両者を見せたとき乳児は後者の方を長く見た。長く見た理由は予想外の出来事だったために驚いて強く注目したためだと考えられる。よって乳児は隠された箱がなくなるのが不自然だと理解していると判断でき，対象の永続性概念を持っていることが示唆されたのである。これにより，乳児も対象の永続性概念を持っていることが示唆された。Baillargeon（1987）はさらに同様の実験をより幼い被験児でも行い，3ヵ月半でも一部の乳児は永続性を理解していることを示している。

ここで用いているように，調べようとしている認知能力（対象の永続性の理

図3 Baillargeon, Spelke, & Wasserman（1985）で用いられた刺激事象

A. 可能事象

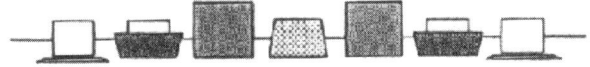

B. 不可能事象

解)を乳児が持っている場合に乳児にとって予想通りであるはずの出来事(板が箱にぶつかるところで止まるもの)と予想外であるはずの出来事(180°回転してしまうもの)を用意し，それらを見せたときの乳児の反応(注視時間)から，その能力の有無を明らかにする測定デザインを**期待背反法**（violation of expectation method）と呼ぶ。

　物の永続性理解を調べた別の研究に，Baillargeon & DeVos（1991）がある。この実験では，生後3.5ヵ月の乳児の前に四角い壁が立っている。そしてニンジンの人形が壁の後ろを通って左から右へと移動する。このときニンジンの人形には背の高いものと低いものの2種類があり，それぞれのニンジンが壁の後ろを通る事象を何度も見せて乳児に慣れさせる。すると乳児の注視時間はどんどん短くなっていく。このように，何度も同じ刺激を見せることによって反応の強度が減ることを**馴化**（habituation）という。こうして乳児が馴化したあとで，今度は壁の中央上部を切り取って開口部を作り同じ事象を見せる。ニンジンが壁の後ろを通るとき，背が高くても低くても壁の開口部からニンジンは見えない。背の低いニンジンの場合は見えなくても自然だが(可能事象)，背の高いニンジンの場合には本来見えるべきであり，見えないまま反対側から出てくるのは不自然な事象(不可能事象)である(図4参照)。このとき乳児の注視時間は可能事象では減ったままであったが，不可能

図4　Baillargeon & DeVos（1991）で用いられた刺激事象

馴化事象

背の低いニンジンの事象　　　　　　　背の高いニンジンの事象

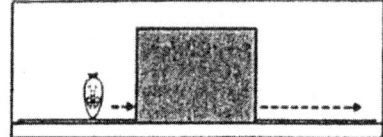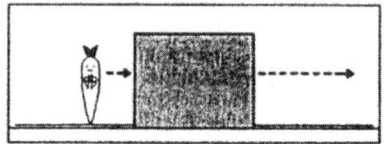

テスト事象

A.　可能事象　　　　　　　　　　　B.　不可能事象

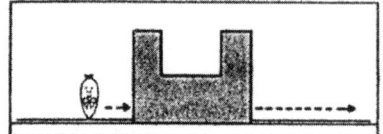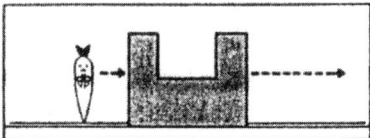

事象では増加した。馴化で減少した反応強度が回復することを**脱馴化**と呼び，新しい刺激を前のものとは別のものと認識していることの指標となる。不可能事象でのみ脱馴化が起こったことは，乳児がその事象だけを以前とは異なるおかしな事象と感じたことを示しており，永続性を理解していると判断できるのである。このようにいったん基準となる刺激に馴化させた後で一部を変更した刺激を見せ，脱馴化が起こるかどうか(もしくは脱馴化の程度の差異)で理解の有無を調べる方法を**馴化・脱馴化法**と呼ぶ。この方法は，馴化の手順を入れることによって，調べたいこととは無関係の刺激属性の効果(例えば色の鮮やかさや形の面白さ)を取り除き，測定の敏感さを上げるというメリットも持っている。多くの実験では，先に挙げた期待背反法と馴化・脱馴化法とが合わせて用いられることが多い。先に挙げた Baillargeon *et al.* (1985) の実験でも，実際には馴化の手順を組み合わせた実験デザインを用いている。

　上の2つの研究は，ともに対象の永続性理解を調べたものであるが，後者では3.5ヵ月で理解しているのに対し，前者では3.5ヵ月児の一部でしか理解していないという結果になっている。実はこうした能力の出現時期の食い違いは乳児研究では多く見られる。その理由は，おそらく大人が見れば同様に見える事象でも，乳児にとってはその理解しやすさが大きく異なるからであろう。前者の事象では，永続性が問題になっている物は静止しており，動くのは別の物(板)である。後者では，永続性が問題になっている物(ニンジン)自体が運動している。この違いは私たちにとってはなんでもないように見えるが，発達し始めの乳児の認知能力にかかる負担を大きく変えてしまうのである。こうした事象全体の複雑さも乳児の認知発達研究を計画する際には入念に吟味しておくべきポイントである。

3.2　連続性

　連続性の理解とは，物がつながった軌跡を描くこと，つまり物は時空間を飛び越えたりしないことを分かっていることである。これは，物の動きを理解し予測するために必須の知識と言える。ただし，実際の実験デザインでは，先に述べた永続性とこの連続性はつながりが強く，不可分であることも多い。例えば，先のニンジンの実験の不可能事象は，連続性が満たされていない，すなわち遮蔽版の後ろでニンジンが開口部の部分を超えて瞬間移動した場合で

も起こりえる事象であるため，考えようによっては連続性の理解を見るものだと捉えることもできる。

Spelke *et al.*(1992)は，ボールが転がる事象に馴化させたあと，テスト事象でボールの通り道に障害物である壁を設け，転がったボールが壁で止まる可能事象と壁を突き抜ける不可能事象に対する注視時間を測定し，後者に脱馴化したことから，生後2ヵ月半の乳児が連続性の法則に従って物体の運動を予測していることを示した。

対象の永続性や連続性についての乳児の認知能力で驚くべきことは，その出現の早さである。彼らは，外界に働きかける身体的な能力を発達させるのに先んじて生後2.5〜3.5ヵ月でこれらの能力を示す。精密な写真を，実物と見紛うような大きさ・照明条件で提示されたとき，大人がそれが実物なのか写真なのかを判断するために行うことは，移動して見る角度を変えたり実際に触ってみることである。これは，外界の物を認知するにあたって，自分が動けること，手を伸ばして操作ができることが重要な役割を果たしていることを示唆している。乳児がそうした身体的な能力を手に入れる前から，すなわち実際に物を操作したりする経験を積む前から物の基本的な性質を視覚情報から認知できるということは，これらの能力が生得的に持っている核となる認知能力であるとするSpelkeの主張に説得力を与えている。

3.3 重力

重力法則の理解とは，物が重力の作用に応じたふるまいをするということの理解である。その中には単純なものから複雑なものまでさまざまなものがある。それらのいくつかの研究例をここでは挙げていく。

おそらくもっとも単純である，物は支えがなければ宙に浮かず落ちることの理解について調べたのがNeedham & Baillargeon (1993)である。彼女らは，手で上の箱(箱)を移動させて下の箱(プラットホーム)の上にのせる事象(可能事象)と，箱をプラットホームを越えて移動させ空中に浮かばせる事象(不可能事象)を4.5ヵ月児に提示し(図5参照)，後者を長く注視したことを報告している。

次に，落ちるときの方向，つまり真下に落ちることの理解について調べたのが，旦(2002)の実験である。この実験では手で握られていたクマのぬいぐるみが放されたとき，まっすぐ下に落ちていく事象と斜め45°に落ちてい

図5 Needham & Baillargeon (1993) で用いられた刺激事象

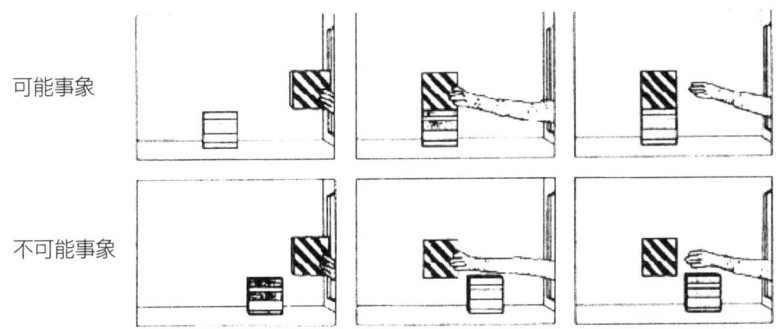

く事象とを乳児に映像で提示した。その結果，お座りができるようになった乳児は後者を長く見るようになることを示した。このように年齢以外の要因と認知能力の関係を見た研究はあまり多くないが，重力法則理解のように出現時期の個人差の大きなものについてはそうした視点を取り入れることは今後重要視されるべき方向性である。

さらに複雑な重力の作用，すなわち支えがある場合の物のふるまいの理解についてもいくつかの研究がなされている。Baillargeon *et al.*(1992) は，上の箱の重心が下の箱の上にある可能事象と下の箱から大きくはみ出している不可能事象とを乳児に提示した。その結果，6.5ヵ月になると乳児は不可能事象に驚くようになることを示した。

Dan, Omori, & Tomiyasu (2000) は，図6にあるように，不可能な支え関係に加えて，重心は外れていないが支えている面積が小さい不安定な支え関係を導入し，安定性の要素も含めた実験を行った。その結果，Baillargetonと同様に6.5ヵ月で不可能な支え関係を長く見るようになり，さらに10ヵ月で不安定な支え関係を長く見る，すなわち不可能でなくても崩れやすいような不安定な関係性に不自然さを感じるようになることを示唆した。

このように，重力がかかわる現象にはさまざまなものがあり，乳児期を通じて単純なものから複雑なものへと少しずつ理解が進んでいくことが示唆されている。それに加えて，認知能力の出現が身体能力の出現と対応しているという報告は，新しい身体能力によって急激に蓄積される経験が重力法則理解の発達を促している可能性を示唆しており，少なくともこの領域においては環境要因と認知発達の密接な関係が予想される。

図6　Dan, Omori & Tomiyasu (2000) で用いられた刺激事象

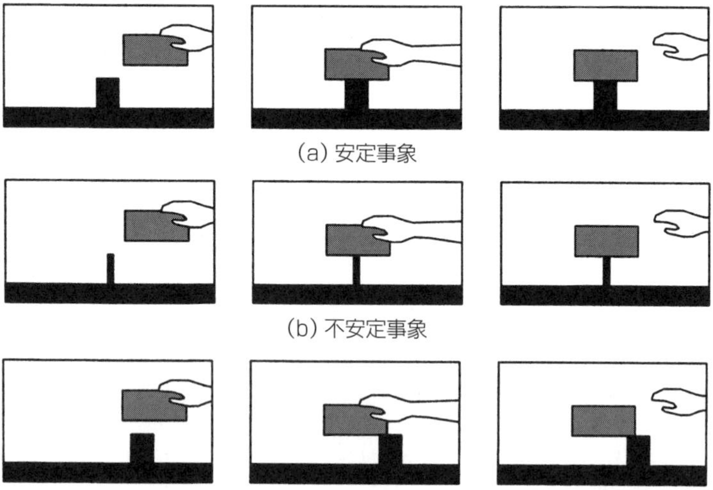

(a) 安定事象

(b) 不安定事象

(c) 不可能事象

3.4　慣性

　慣性の法則も，重力と同様，Spelke が後天的に獲得される能力と主張するものである。乳児研究で扱う初期の慣性とは，学問としての物理学で扱われる加速度のような複雑なものではなく，動いているものは動き続けるという単純な性質が多い。

　Spelke et al. (1994) は，乳児に，左半分がスクリーンで覆われたビリヤードスタイルのテーブルの上でボールを転がし，慣性の法則に一致した動きや連続性の法則に一致した動きを提示した。その結果，4.5 ヵ月から 12 ヵ月児まで，慣性の法則に従って動きの推論をしているという証拠は得られなかった。その後の実験で，8, 10 ヵ月児は慣性の法則に従って推論しているという可能性が示唆されたが，はっきりしたものではなく，慣性の法則についての知識は生後 1 年くらいのあいだにゆっくりと発達するものであり，非常に不安定であると考えられると結論づけられた。

　より複雑な慣性の法則としてはスピードの変化や方向の変化というものもある（Kim & Spelke, 1994）。これらの理解は，実は後に述べる素朴生物学，素朴心理学と深くかかわっている。なぜなら単なるもののふるまいとしての慣性の法則に逆らったスピードの変化や方向の変化というのは，直接意図や

命の存在の認知とつながっていくからである。

これまで述べてきたように，素朴物理学という領域は，外界についてのさまざまな物事を表象し，それを認知的に操作するにあたって必須となる，物に普遍的に付随しているさまざまな性質を理解するものであり，私たちの認知の成り立ちを紐解くのに大変重要な意味合いを持っている。

■ 4. 素朴生物学・素朴心理学

素朴生物学は，命あるものに特徴的な性質についての理解や予測の能力をまとめて表現したものであり，一方で素朴心理学は動物，特にヒトのふるまいやそのふるまいの内的な要因(感情や欲求)についての理解・予測能力を指している。この2つの領域の認知能力は素朴物理学に比べて出現が遅く，豊富な理解を示し始めるのは幼児期以降である。そのため乳児研究では複雑な理解を扱った研究はほとんどないが，そうした能力の端緒となる理解の出現をみた2つの研究を紹介したい。

1つ目は，乳児が外界の物の同様の動きに対して素朴物理学を適用する場面と素朴生物学・心理学を適用する場面を適切に区別していることを示したWoodward, Phillips, & Spelke (1993; Spelke, Phillips, & Woodward, 1995より引用)である。この実験では，動いている対象Aが静止している対象Bにぶつかり Aがとまって Bが動き出す接触事象と，ぶつかる手前で Aがとまり Bが動き出す非接触事象とを7ヵ月児に見せた。対象A, Bが物であった場合には非接触事象に対する注視時間の方が長かったが，対象A, Bが人の場合には注視時間に差はなかった。この結果は，乳児が外界の事物を少なくとも物と人に分けてそれぞれ別々に結果の予測を行っていることを示している。大人にとっては当たり前の区別であるが，外界の事物の認知の仕方が飛躍的に複雑になることを意味しており，認知発達において重要な道標の1つと言える。

2つ目の研究は，他者の意図の理解を，洗練された実験デザインで明らかにした Melzoff (1995)である。この実験では，人がダンベルを片手でつまみ，もう片手で引っ張って分解しようとするが，すべて失敗する事象(図7上段)と同様の動作を人の手ではなく機械が行う事象(図7下段)を18ヵ月児に提示した。その結果，彼らが事象をまねてダンベルを引っ張って分解した頻度は後者よりも前者の方が6倍も多かったことが示された。このことは18ヵ

図7　Melzoff（1995）で用いられた刺激事象

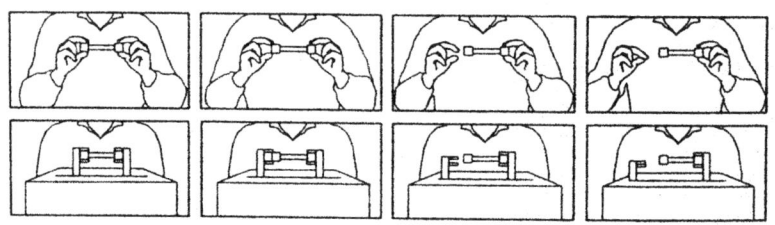

月児が人の行為の背後にある意図を的確に理解できていることを示している。ここで注目すべきは，見せられた事象では一度もダンベルは分解されていないにもかかわらず被験児がデモンストレーターの意図を汲んで分解するという行為を行った点である。ここで用いた方法を Melzoff は再現法と名づけている。この方法は非常に初期から安定して見ることのできる模倣を用いた，単純でありながら説得力のある測定方法である。

　この章では，認知発達研究が Piaget の認知発達理論を経て新たな研究領域である乳児期研究へと発展してきたなかで行われた研究と知見を紹介してきた。乳児期の研究は，人の認知を探求するにあたってもっとも基礎的と言える外界の事物の表象の仕組みを探求できる分野として，きわめて重要で面白いものである。それにも増してこの時期の研究を魅力的なものとしている要因は，そこが未知の場所である点である。私たちは1人残らずその時期を経験しているにもかかわらず，そこで何を見，何を考え，何を予測していたのかを覚えている者は皆無に近い。認知科学の対象としてこれほど身近でかつ予想のつかないものはない。それゆえにこれまで多くの研究者がこの領域に引きつけられてきたし，これから研究を始める人もそこに多くの知識と驚きとを見出していくだろう。

● 読書案内

Goswami, U. 1998. *Cognition in Children*. (岩男卓実ほか訳『子どもの認知発達』新曜社，2003)
　　乳児の認知発達についての具体的な研究例が豊富に挙げられており，最近の研究動向が把握できる。

下條信輔. 1988.『まなざしの誕生: 赤ちゃん学革命』新曜社.
非常に分かりやすい文章で専門外の人にも楽しく読める。赤ちゃん学入門としてだけでなく心理学入門としても一読の価値がある。

Wellman, H. M., & Gelman, S. A. 1998. Knowledge acquisition in foundational domains. In D. Kuhn & R. S. Siegler (Eds.), *Handbook of Child Psychology, 5th ed., Vol. 2: Cognition, perception and language*, 523–573. Wiley.

領域固有の概念構造を強調する立場から，素朴心理学，素朴物理学，素朴生物学の各領域における知識の獲得について，近年の諸研究をレビューし，論じている。認知発達を専門的に学ぶ人には必読。

引用文献

Baillargeon, R. 1987. Object permanence in 3.5 and 4.5-month-old infants. *Developmental Psychology*, 23, 655–664.

Baillargeon, R., & DeVos, J. 1991. Object permanence in young infants: Further evidence. *Child Development*, 62, 1227–1246.

Baillargeon, R., Needham, A., & DeVos, J. 1992. The development of young infants' institution about support. *Early Development and Parenting*, 1, 69–78.

Baillargeon, R., Spelke, E.S., & Wasserman, S. 1985. Object permanence in 5-month-old infants. *Cognition*, 20, 191–208.

旦直子. 2002.『乳児における重力法則理解の発達』慶応義塾大学社会学研究科博士論文(未公刊).

Dan, N., Omori, T., & Tomiyasu, Y. 2000 Development of infants' intuitions about support relations: Sensitivity to stability. *Developmental Science*, 3(2), 171–180.

Kim, K., & Spelke, E. S. 1992. Infants' sensitivity to effects of gravity on visible object motion. *Journal of Experimental Psychology: Human Perception and Performance*, 18(2), 385–393.

Meltzoff, A. N. 1995. Understanding the intentions of others: Re-enactment of intended acts by 18-month-old children. *Developmental Psychology*, 31(5), 838–850.

Needham, A., & Baillargeon, R. 1993. Institution about support in 4.5-month-old infants. *Cognition*, 47, 121–148.

Spelke, E. S., Phillips, A., & Woodward, A. L. 1995. Infants' knowledge of object motion and human action. In D. Sperber, D. Premack, & A. J. Premack (Eds.), *Causal cognition: A multidisciplinary debate*, 44–78. Oxford University Press.

Spelke, E. S., Breinlinger, K., Macomber, J., & Jacobson, K. 1992. Origins of knowledge. *Psychological Review*, 99, 605–632.

Spelke, E. S, Katz, G., Purcell, S. E., Ehrich, S. M., & Breinlinger, K. 1994. Early knowledge of object motion: Continuity and inertia. *Cognition,* 51, 131–176.

学習科学

三宅なほみ

I. 学習科学とは

> 人類はまだ,人がなし得るもっともレベルの高い学習がどういうものなのかを知らない。学習科学は,これまで誰も見たことのない高いレベルの学習を,一部の人だけではなく誰もが成し遂げられるという保証つきで実現することを目指すべきである。(Berciter, 2002)

　最近北米を中心に「学習科学」と呼ばれる新たな研究分野が急速な広がりを見せている。学習科学は,認知科学の成果をもとに学習プロセスを促進する仮説を立て,実践によって理論の正しさや具体的促進方法の有効性を実証しようとする (Bransford et al., 2000; 三宅・白水, 2003)。人はいつの時代でも常に新しい経験をし,そこから学び,学んだことを基盤に新しい判断を下すことを要求されてきただろう。しかし変化の激しい現代は,この要求の度合いがこれまでになく高まっている。しかもこれから要求される学習は,単なる知識の獲得ではなく,教えられたことを新しい状況にも適用できることを目標とする新しいタイプの学習である。そのような要求に応えるために,これまでの実験室を中心とした学習研究とは違った方法による研究が必要になってきた。

　学習科学がもたらした大きな変化の1つに,学習を,単に個人的なものとしてではなく,人々が相互に影響を与え合って互いの達成度を高める協調的なものと捉え直す学習観の変化がある。この変化そのものが学習とは何か,また理解や推論,問題解決,知識生成などの高次認知過程とはどのようなものかについての認知的な考え方を深めるさまざまな研究を生んできた。同時に

協調的な学習場面では（研究開発場面でも同じだが），複数の学習者の間で会話が交わされたり，互いの考え方の検討のためさまざまな外化記録が残されたりするため，これまでは観察しにくかった途中のプロセスが分析可能になってきた。この観察，記録，分析のために昨今の情報記録技術の飛躍的な進展が大きな役割を果たしている。このように学習研究は，一方では現実のテクノロジの開発と深く関係して現実の教育を変えようとしており，他方認知過程の根底とも言える学習過程そのものについての認知科学研究者の理解を進化させようとしている。

■ うまくいった学習を参考に，学習を支援する

　学習研究の流れの1つとして，うまくいった学習とはどのようなものかを考えるものがある。チェスのグランド・マスターの盤面記憶研究 (de Groot, 1965; Chase & Simon, 1973) などに端を発した**熟達化研究**（Chipman & Meyrowitz 1993 など）や，職場やスポーツなど日常的に熟達の要請される場面での人の認知行動を人類学的な手法で観察分析した**状況論的学習研究** (Lave & Wenger, 1991; Nas'ir, 2000 など) などの系譜がこれにあたる。それらの報告から人が何かに上達するまでの学習過程の特徴をまとめてみると，

- 自ら学びたいという強い動機づけがある
- かなりの量，たとえば数千におよぶ時間がかかる
- 積極的な関連情報の収集，蓄積，構造化が起きる
- 失敗や成功の経験の繰り返しとその統合が起きる
- 意図的，計画的な練習が有効な場合がある
- 到達点が継続的に再吟味され，新たな目標が設定される
- 教え合ったり，議論したりする仲間が存在する
- 異なった達成レベルのメンバーが混在するコミュニティが存在する
- コミュニティ内で自我を確立することと学習成果が直結する
- コミュニティ自体が目標を継続的に再吟味し，設定しなおす

などがあり，いわゆる「学校」と呼ばれる学習現場で普通に起きると想定される学習過程とは異なった特徴が多い。これらをできるだけうまく適用すれば，学校で普通の教科を学ぶ場面であっても，これまでとは異なったレベルに到達する「学習」を「実践」することができるだろう。実際成果が上がる

なら，実践の場で起きたプロセスを分析して，学習の効果を上げた要因を同定することができる。それらの知見の中には，より一般的に他の教科などにも利用可能な学習理論の基礎となるものも出てくるだろう。学習研究は現在主にこのような実践を主体とした方式で実行されることが多い。従来の仮説検証型とは異なったやり方をするため，これらの研究はデザイン研究などの名称で呼ばれている（Brown, 1992; Collins,1992）。デザイン研究は，現実の要請に応えつつ技術を開発し，同時に評価のやり方も含めて理論を作る新しいタイプの研究方法として，その是非そのものが現在盛んに検討されており（*ER*, 2002; *JLS*, 2004a はいずれもデザイン研究についての特集号），徐々に支援方法についてのコンセンサスをまとめた報告などが見られるようになってきている（*JLS*, 2004b; Engle & Conant, 2002 など）。

■ 学習科学研究の一例

　学習科学の典型例を1つだけ紹介するなら長期にわたって実践を繰り返して効果を上げている研究を紹介したいが，そのような研究は紹介するのが難しい。いずれも規模が大きく，学習内容についての理解が必要な上に，実践の詳細は相互作用的で多岐にわたり，データも大量だからである。これらの研究は今後実践のビデオ記録や生徒の活動の分析結果などを組み合わせた新しい形で発表させるようになるだろう。ここでは，従来からの学術雑誌に論文として発表されたものの中から，大規模プロジェクトでありながら大量のデータを要領よくまとめて現場でも利用価値の高い成果を報告している例を紹介する。

　北米の学習科学研究を代表するプロジェクトに WISE / CLP（Web-based Inquiry Science Environment / Computer as Learning Partner）と呼ばれる中高生対象の理科教育プロジェクトがある（Linn & Hsi, 2000; Linn, Davis, & Bell, 2004）。1991年ごろから10年以上をかけて「光と熱」「水質汚染」「地球温暖化」「地震」「マラリアとDDT」「遺伝子組替食品」など基礎的なものから総合的なテーマまで，100以上の単元について数週間から十数週間で教えられるカリキュラム群を開発し，実際教室で教えて評価してきている。教え方は，実験課題を中心にペアを組んだ生徒同士で話し合い理解度を確かめながら進む協調学習を多用し，web 教材や議論支援のための論点整理ツールを使うなどテクノロジも活用している（三宅・白水，2003 に詳しい紹介があ

る）。

　最近このプロジェクトから，その中の単元の1つ「熱力学」について2002年までに約3000人を対象に授業を行った詳細な記録を分析し教授時間の長さの効果を明らかにした研究が報告されている（Clark & Linn, 2004）。この論文が扱っている問題は，生徒にじっくり考える時間を保証した長めのカリキュラムで教えるのと，内容は落とさずに議論などはできるだけ短くしてさっさと教えるのとでは，生徒の理解度にどのような影響が出るか，という問いである。直感的に考えても，時間をかけた方がよさそうではあるが，何がどの程度良いのかについて，これまで具体的なデータを示して緻密に議論をした研究はなかった。Clark & Linn は，巧みな方法でこの問いに2つのレベルから答えを出している。

　WISE の熱力学の単元は1991年からまず8セメスタ（1セメスタは半期，実授業時間として約3ヵ月分）をかけて整備された。そこででき上がったカリキュラムは12.25週かかるもので，この研究報告の中では完全セットと呼ばれている。中には「温度と熱」「熱伝導」「熱エネルギー」「熱均衡」の4つ小単元を含んでいる。「部屋の温度と部屋の中にあるものに触って感じるものの暖かさや冷たさが違う」ことを実際測って確認した後それはなぜかを議論したり，シミュレータを使ってものの伝導率を比較したり，黒い容器と白い容器に入れた水を同じ熱量で熱した場合の水の温度の上昇カーブを調べる実験をしたりなど，学生の活動を中心に議論の時間を十分確保したカリキュラムだった。この完全セットで教えた結果，従来に比較して成績が4倍になったと報告されている。

　ところがこの完全セットは現場の要請に従ってその後3回にわたって少しずつ短縮され，最終的には6.5週で終わる形になった。短縮版にも上記の4つの小単元はすべて含まれている。この短縮の効果を調べるために，完全セットでの実践から4セメスタ分，短縮版それぞれでの実践からそれぞれ5, 5, 6セメスタ分，計20セメスタ分の実践について学生3000人分の学習の達成度を比較した。成績は記述式の問題と多肢選択問題の2つの形で評価している。すべて同じ教師が教えているので，なにか成績に変化があるとすれば，カリキュラムを短くしたことが主な原因だと言える。

　結果，2つのはっきりした傾向が現れた。まず「はい」か「いいえ」かを選ぶ多肢選択型の問題への解答にはカリキュラムを短縮した影響はほとんど見

られなかった。ところが記述式テストの成績は，短縮するに従って段階的に落ちていった。この結果について，著者たちは次のように述べている。

> 記述式の問題は，学んだことと自分が日常体験している例とを一貫した形で説明できるようにするなど生成的で豊富な知識統合を要求する。... 多肢選択型の問題に正答するためにはそれほど精緻な理解は必要なく，したがってそこまで丁寧に教えなくても良い結果が得られるのだろう。
> （同掲論文 pp. 464–465）

　完全セットで学ぶ過程では実際どのような学習が起きていたのだろう？Clark らはこれを調べるために，平均的な学生を 50 人選び出し，大体 3 週間に一度インタビューを行って確かめている。結果を見ると，「はい」と「いいえ」で答えられる問題は 3 週目ですでに半数近くの学生ができるようになるが，60% の学生が習ったことを使って自分なりの推論に持ち込めるようになるにはさらに 9 週間かかっていることが分かった。Clark らはこの分析をもとに，学生が教えられた知識を自分で組み合わせて推論できる力がついたかどうか判定するのは多肢選択型のテストだけでは難しく，学習評価は学習目標にふさわしい方法でテストすべきだと主張している。Clark らはさらにこの 50 人のうちの「平均的な」1 人について，中学校卒業後 4 年間の追跡インタビューを実施しており，完全セットで教えられた学生が，WISE のような教え方を離れたあとも科学への興味を持ち続け，高等学校では科学を選択して中学の時に問われたのと同じ問いへの答え方をもだんだんに深めてゆく様子を紹介している。

　この研究は，最近の学習科学研究の意義をよく表している。学生に本物の力をつけたかったらどういう教え方をしてどんなテストをしたらいいかについて，かなり積極的な提言ができる。加えて，この「研究」をするために，実際には毎年数千人の中高生がこれまでより質の高いカリキュラムで理科の勉強ができるようになったという「副産物」がある。学習科学は，一方でこういう副産物を社会に還元しながら，個人の知識の変化をインタビューデータによって数年間追うといった新規な研究を同時に展開し，学習研究のあり方と学習についての私たちの理解を根本的に変えようとしている。

II. 協調的な学習を実践的に支援する

　実践的な学習場面は，私にとって，理解や知識獲得といった認知科学の根本的な問題を扱いながら，同時に日常的な場面で研究成果を問うことのできる魅力的な研究対象である。私は，学習を考える基盤として，協調的な認知過程が個人の理解や学習を深化させる，と考えている (Miyake, 1986)。協調的な活動場面では，参加者がそれぞれ自分の考えを他人に説明したり，図にしたり，モデルを作ったりする。これによって理解の過程が外化され，参加者自身にとってメタ認知が働きやすくなると同時に，研究者にとってはそこで起きている内的な過程を観察分析できるようになる。最近情報処理技術が進歩して，これまではできなかったような詳しさでこの外化の記録が取れるようになってきた。うまく記録を取って，それをうまく活用すると，協調的な理解過程をこれまで以上に有効に支援できるようになると同時に，そこで起きている認知過程を探る研究も進むだろう。以下では，協調過程によって理解が進むメカニズムを検討した研究と，その成果を利用して学部生に認知科学を教える学習科学的な実践研究とを紹介する。

■ 協調的な学習過程についての理論的検討

　協調活動は昨今の学習科学研究では1つの基本形態になりつつある。その理由は，協調的な学習活動が学習者自身による知識構成を動機づけるだけでなく，他者の考え方との相互吟味を通して自身の知識を再構築するきっかけが生まれ，理解が深化すると考えられているからであろう。学習研究の先駆者であり，また認知科学の創始者の1人でもあるBrunerは，Ann Brownらがオークランドを中心に展開した協調学習型の実践について，以下のように述べている。

　　[「相互学習文化」(mutual learning culture) では]知識とアイディアの相互共有があり，教材の習得にあたっての相互援助があり，労働の分業と役割の交換があり，グループ活動を省みる機会がある。それはどの場合をとってもありうべき「最善の文化」の1つの可能例である。(ブルーナー, 2004, p. xiii)

ブルーナーは，こういった教育観を「文化主義」に立脚するものと見て，集団の中で文化に支えられて「コミュニケートする」あるいは「語る」ことによって意味が形成されてゆく過程を理論化しようとする。ブルーナーにとって「相互学習文化」は，その対極にある「形式化された」計算論的な教育の限界を超えるものである。このような理論化が現在の学習科学研究における協調型学習推進の基盤になっているだろう。

■「収斂説」対「役割分担による建設的相互作用説」

私が協調過程を実践的な学習の基礎に置く理由は，協調過程が「役割分担による建設的相互作用」(Miyake, 1986) を通して理解深化を引き起こすと考えるからである。協調過程の有効性の説明としては他に Roschelle (1990) に代表される「収斂説」がある。Roschelle (1990) によると，複数の人が参加する協調的な学習場面では，まず，発話やジェスチャー，図などによって複数の視点からの多様な表現が提供される。これらに対して内省過程が促進されるとその結果，複数の視点間の収斂――その場にいろいろ出てきた視点をまとめる活動が要請され，その結果「解」の抽象化が起きる。さらには話し合いが続くことによって抽象化のレベルと自己評価の基準も上がり，より高度なメタ認知が要請される，と説明されている。

収斂仮説は一見分かりやすいためか，多くの協調学習研究が前提にしている。しかし，複数の視点が明らかになったら必ずその収斂が要請されると考えるのは不自然だし，収斂の要請だけでその場の解が抽象化されるとは限らない。収斂を求めたとしても，どのような収斂結果が「望ましい」のかについての判断基準を持ち合わせていなければ，自己評価の基準を「上げる」ことも難しいだろう。実際 Roschelle が論文で分析の対象にしている2人の学生もまさにこの難しさに直面して，最終的な理解には到達していない。

これに対し私たちは，協調場面で自然に発生する役割分担が解の収斂やその結果としての抽象化，一般化を促進すると考える (Miyake, 1986; Shirouzu et al., 2002)。協調的問題解決場面では，たいてい1人のやることをもう1人がモニターするのが普通である。モニターは，その場で起きていることを「より抽象的なレベル」で再解釈しやすい。そのうちモニターが課題の続きを引き取って解き始めると，今度はそれまで課題を解いていた人がモニターになって，その場を「少し抽象的に」見直し始める。この繰り返しによって2

人がそれぞれ理解のレベルの異なる解釈をその場に提供する。参加者個人個人はそれら「抽象度の異なる解」をそれぞれ自分なりに統合しようとし，それぞれの理解レベルに従った「一般的な解」に到達する。こう考えると，1人では解き方が固定してしまうような課題であっても，2人だとさまざまな解に気づきやすく，それらを一般化した解の存在を見つけやすいだろう。

　たとえば，折り紙を渡してその「4分の3の3分の2に斜線を引く」ことを求めると，たいてい人は折ったり目盛をつけたりして答えを出す。計算しても良いのだが（答えは2分の1になる），最初から計算する人は1割もいない。さらに，この直後に別の折り紙を渡して今度は「3分の2の4分の3に斜線を引く」ように頼んでも，2度目も折るなどして答える人がほとんどである。これに対してペアにした被験者に同じことを頼むと2度目には7割の組が計算する。協調的過程はこの場合，より一般的な計算という解への気づきを明らかに誘発している。

　2人組で何が起きるのかを詳細に見てみると，典型的にはまず1人の被験者が折り紙を4等分し，その「4分の3」の部分をさらに3等分するために折ろうとする。4等分の4分の3の部分はすでに「3等分」されており，それを利用すればさらに3つに折る必要はない。被験者の行動や発話を分析したところ，そのことに気づいてそれを言語化するのは，そこまで紙を折って課題を解いていた被験者ではなく，それを見ていたもう1人の被験者であることが多かった（分析した9組の内7組，78%がこのケースに当たる）。さらに，「すでに3等分されているものの3分の2を取る」という作業は，折り紙全体を視野に入れて考えると全体の2分の1を取ることに等しい。ペアの被験者では頻繁にこのような見立て直しが起き，最終的には「それならこの問題は最初から計算しても解ける」という，他の問題にも般化可能な解法に気づく。つまり，協調的な問題解決場面は，参加者を自然に課題解決者とモニターとに分けるために，モニターは問題解決者の解法を「見て解釈」せざるをえない立場に置かれる結果，その場に「少しだけ抽象的な」解釈を持ち込む役割を果たす。この課題遂行役とモニター役が頻繁に入れ替わり，抽象度の少しずつ異なる解が複数生み出される。個々の参加者はそれらの解を統合しようと努力する結果，それぞれの理解レベルに従った理解深化を起こしやすいと考えられる (Shirouzu *et al.*, 2002)。

■ 教室での学習過程を発話や行動から分析する

前節で紹介したような分析は，協調過程で起きる発話や行動を書き出した記録簿が作られれば，教室での協調的な学習過程の解明にも応用できる。白水 (2004) は，上記の折り紙課題を利用して小学校6年生6人を相手に著者自身が教師役となって交換法則を理解させる授業を行い，生徒1人1人の理解過程を詳細に明らかにすることを試みた。45分間の発話と生徒の様子や折り紙の形状をすべて分析した結果，まず1人1人の生徒が各自の解をクラスに提供し，それらを互いにモニターし合う間に少しずつまとめ方のレベルの異なる表現が生み出され，最終的には1人がそれらを教師の発問に答える形でまとめ上げ，その言語化が全員に承認されて「理解に至る」様子が明らかになった。

このようなプロセスがつかめると，学習活動とその成果についてさらに詳しい問いを問うことができる。たとえば，授業中に自分の考えを丁寧に発話してゆくことと他人の発話を聞いて理解することとが学習成果に対してどのような違いをもたらすだろう？ 白水が6ヵ月後にこの教室を再訪問してこの授業のことを思い出してもらったところ，授業中に自分から詳しく言語化していた生徒ほど授業の内容や狙いを正確に思い出せることが分かった。この結果は，もともと言語能力の高い生徒が授業中発言し，その言語能力の高さが一般的な成績のよさにつながることを示してもいるだろう。しかし同時にそこからは，この実践の中では，どの時点で，誰に対して，どのような言語化が要請されていれば，その生徒の理解度を深化させ得たのかについての具体的な仮説が引き出せる。私たちは，この種の分析を丁寧に積み上げてゆくことによって，単に子どもたち同士に話をさせればよいというだけにとどまらない協調学習活動の作り方ついて提言できる知見を得たいと考えている。

■ 建設的相互作用説を実践に適用する

建設的な相互作用によって理解が深化するなら，それを使って大学でも学生が深い理解に導かれやすいカリキュラムを組むことができるだろう。私たちのこれまでの研究成果から考えて，建設的相互作用を起こすには，

- 1人1人が考えていることを外化しやすい
- 課題遂行とモニターの役割分担が起きやすく，入れ替わりやすい

- 1つの問題に抽象度の異なるたくさんの解や考えが出やすい
- たくさんの解をまとめ上げるきっかけや仕組みがある

などの条件が満たされていると良いと思われる。私たちは，これらの項目を1つ1つ学生の活動に移し替える工夫をして，現在，大学1,2年生が認知科学を学ぶ授業実践を行っている。同時にそこでの私たちの研究上の狙いは，学生がだんだんに自分の知識を構造化してゆく過程を明らかにすることである。学生が協調的に学ぶカリキュラムを開発し，記録を取るツール環境を用意して，自分たちで教えてそのプロセスをデータとして蓄積し，分析する。

研究の参加者は，大学で認知科学についての入門的な授業を受講する70名前後の学生である。授業の目標は，人の認知活動の基本的な特徴をつかみ，その知識を学習やインターフェイス評価など日常的な場面で応用できるようになることである。授業のやり方は，学生が各自の考えを発話や文章，概念地図などの形で外化し相互吟味しながら理解を深める協調的な形態を採用している。外化には ReCoNote (Reflective Collaboration Note) というツールを開発して使用し，その上で協調活動を支援するとともに学習プロセスの詳細な記録を取る。この研究は2000年度に開始し現在5年目に入っている。以下，そこで扱っている外化の工夫と，建設的相互作用を起こすための工夫を紹介し，5年間の成果をほんの一部だけ報告したい。

■ 認知過程の外化方法を工夫する

学習や理解の過程の記録する方法は，発話以外にもいろいろある。うまい方法が工夫できればそれらは，学習者自身にメタ認知活動の契機をもたらすだけでなく，研究者には貴重なデータを提供してくれる。以下私たちの研究室で試みてきたことを挙げてみよう。[1]

文章を読む過程はそのままでは観察しにくいが，1単語や1文を1枚のカードに印刷し，そのカードを2次元空間に配置しながら読んでもらうと，読みの過程を観察できる。このカード配置を2人で文献を読む際に利用すれば，2人が互いに相手の「読み方」にコメントしながら協調的に読む状況を作り出すことができる。カードを使って一文一文配置しながら読んでもらう研究か

---

1 以下の研究は，落合弘之，野田耕平，古田一義，益川弘如，湯浅且敏，土屋衛治郎，岡田美磯ほか研究室の多数のメンバーによって実施されている。

らは，こういう読み方が普通の読み方より批判的な読みを導き出しやすいことなどに加えて，読みの個人差や一般的な大学生が新書の一章を納得できるまで読むのにかかる時間，納得につながりやすい要約作成の支援方法などが分かってきた。

　読んだ文章の内容などを考えているとき，思いついた単語や文をカードに書いて概念地図をつくるのであれば，ことばで説明するよりは少しやりやすい。概念地図の作り方を段階的に指導することによって，学部生でも複数の文献資料を統合的に扱うスキルを身につけることができる。こういう空間配置そのものを電子的に行うツールをそろえれば，でき上がった概念地図を共有吟味する協調学習過程をデザインできるだけでなく，その作成プロセスそのものを再現して吟味するといったことも可能になってくる。概念地図を作ってもらう際，付箋に鉛筆書きでカードを作る作業と電子的なカードをコンピュータ上で操作する条件とを比較してみると，電子的に操作できる環境の方が一般的に内容の把握度が高くなる傾向も見られる。

　認知過程記録を保存する方法と，保存したデータから必要なところを抜き出してくる技術とは格段に進歩した。認知過程を「どうやって」外に記録として残すかについては，まだまだ工夫の余地がある。うまい工夫をすれば，10年前にはやりたくてもできなかった認知研究が可能になる。

■ 大学1, 2年生に認知科学を教える実践プロジェクト

　外化の工夫をうまく使っても，それだけで建設的な相互作業が起きるわけではない。私たちの授業では，2年間かけて少しずつ，先ほど挙げた条件を満たすような場面を作り，学生がそれぞれ自分の理解に従って自分の考えを外化し，互いに相手の外化に触れてさまざまな「解(考え)」を提供しあえるようなカリキュラムをテストしてきている。例えば1年次には学生自身がパズルを解いたりものを覚えたりする経験から経験則を見つけ，それらを既存の研究と結びつけて基礎知識を学ぶ。このときには，2, 3人で1つのパズルを共有することで役割分担を誘発する。1人1人の「違う」解き方が互いに「見え」て，いろいろな解き方に共通する経験則をまとめようとすることによって，建設的な相互作用が引き起こされる。2年次に入るとjigsaw方式と呼ばれる方法を使って，文献を理解するための建設的相互作用に従事する。やり方としては，認知科学の基礎資料を分担し，まず担当者士で読み合わせ電

子的なノート共有吟味システム (ReCoNote) にまとめる。その後，他の資料の担当者と互いの資料について説明しあう。各自自分の担当を持っているため，複雑な役割分担が起きる。説明しあった資料をさらに関連づけて新しい概念地図を作る。これを繰り返して交換する資料の範囲を徐々に拡大し，最終的には 30 前後の文献資料全体の統合を試みる。

これを 5 年間繰り返すと，実践データが集まってくる。入学年が同じ学生については個人について 2 年間の発達過程を追うことができる。同じ授業については少しずつやり方を変えた年度比較が数年分，条件を少しずつ変えて実験したのと似たような形で比較検討することが可能になる。これらの比較から，年度ごとのどのような改良がどのような成果に結びついたかを推測できるようになるだろう。

■ 学習成果の評価

一連の授業直後の学習達成度を見るために，2 年最後のレポートの成績変化を見てみよう。レポートでは，2 年後期に扱った 30 余資料を互いに関連づけ，自分なりに日常生活での活用方法を考えることを求めた。5 年間分，受講した上位 30 名について，レポートに取り上げられた資料数と互いに関連づけられて言及されていた資料数の個人平均を比べたものが図 1 である。

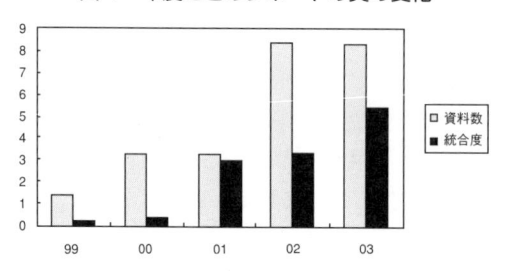

図 1　年度ごとのレポートの質の変化

99 年度をベースラインとして，徐々に扱える資料数が増え，それを追いかけるように扱った資料の間を関連づけられる数が増えている。2001 年には ReCoNote を改良して概念地図を描きやすくしたため資料間の関連づけが少し増えた。この年度の授業全般について授業 4 ヵ月後に事後インタビューを実施したところ，各自担当した資料についてはかなり詳しい内容が保持され

ていることが分かった。これを受けて 2002 年の授業では，担当資料の説明を数回繰り返す仕組みを導入した。結果レポートへの資料引用数は大幅に伸びている。1 名の受講生について ReCoNote 上に残された活動記録と事後インタビューでの保持の程度を詳細に追ったところ，授業期間内に繰り返し説明し活発に関連づけたパタンが授業 6 ヵ月後のインタビューでも同様に現れていた。授業が行われている間にどんな関連づけが起きているのかをさらに詳しく調べるため，2003 年度後期には 8 名の学生を対象に，毎週 1 回授業外に 1 時間前後インタビューを行い分析を進めている最中である。

　これらの授業については，授業案(活動プラン)，授業のビデオ，授業中のさまざまな課題についての回答，グループ活動の音声記録など，肌理は粗いが毎回の授業時の記録がすべて残されている。こうやってみると，このような記録を取ってはじめて，人はそもそも新しい領域についてどんなふうに知識を構造化してゆくものなのかを分析するデータがそろいつつあることが分かる。認知科学は，このようなデータをうまく分析する方法を発達させてきたわけではない。今後，分析方法そのものを開発しながら，蓄積されつつあるデータをうまく分析して，ある領域でなされている研究の相互関係や全体像がある程度分かるようになるまでの知識構成過程を明らかにしてゆきたい。

● **読書案内**

稲垣佳世子・波多野誼余夫．1982．『人はいかに学ぶか』中公新書．
　　日常的な場面で自然に起きる学習を捉えた数多くの研究を紹介し，学習について考えるための基礎を提供する。本格的に学習科学研究を志すのであれば，まずここに収録されている研究の原典に当たって出発点にするとよい。

Bransford, J. D., Brown, A. L., & Cocking, R. R. (Eds.) 2000. *How people learn: Brain, mind, experience, and school.* Expanded edition. National Academy Press. (森敏昭ほか訳『授業を変える』北大路書房，2002)
　　アメリカ合衆国での学習科学の現状とこれからの研究の方向性をまとめた報告書。アメリカ National Research Council が招聘した専門委員会が 2 年間かけてまとめた。前半に学習の認知科学的な基礎，後半に実践的な方略がまとめてある。翌年出された学習評価についての報告書 (Pellegreeno, 2003, "Knowing what students know") も参考になる。

東洋・大山正(監修). 1982.『認知心理学講座(全4巻)』東京大学出版会. 旧版. 認知科学初期の重要な研究がまとめて紹介されており, 今でも利用価値が高い. 第4巻『学習と発達』の東洋による序文「教育との関連で見た認知心理学」は, 認知的教育研究史をきわめて手際良く概観し, 教育研究がどうあるべきかを示す. 折に触れて読み返す価値のある小論文である.

引用文献

Bereiter, C. 2002. *Closing remarks*. ICLS 2002, Seattle, Oct., 22–24.
ブルーナー, J. (岡本夏木ほか訳) 2004.『教育という文化』岩波書店.
Bransford, J. D., Brown, A. L., & Cocking, R. R. (Eds.) 2000. *How people learn: Brain, mind, experience, and school*. Expanded edition. National Academy Press. (森敏昭ほか訳『授業を変える』北大路書房, 2002)
Brown, A. 1992. Design experiments: Theoretical and methodological challenges in creating complex interventions. *Journal of Learning Sciences*, 2(2), 141–178.
Chase, W. G., & Simon, H. A., 1973. Perception in chess. *Cognitive Psychology*, 4, 55–81.
Chipman, S., & Meyrowitz, A. L. (Eds.) 1993. *Foundations of Knowledge acquisition: Cognitive models of complex learning*. Kluwer Academic Publisher.
Clark, D., & Linn, M. 2003. Designing for knowledge integration: The impact of instructional time. *The Journal of the Learning Sciences*, 12, 451–493.
Collins, A. 1992, Toward a design science of education. In E. Scanlon & T. O'Shea (Eds.), *New directions in educational technology*. Springer-Verlag.
de Groot, A. D. 1965. *Thought and choice in chess*. Mouton.
Educational Researcher. 2003. Theme issue: The role of design in educational research. Vol. 32. Whole issue.
Engle, R., & Conant, F. R., 2002. Guiding principles for fostering productive disciplinary engagement: Explaining an emergent argument in community of learners classroom. *Cognition and Instruction*, 20(4), 399–483.
Ericsson, K. A., & Simon, H. A., 1980. Verbal reports as data. *Psychological Review*, 87, 215–251.
Journal of the Learning Sciences. 2004a. Special issue: Design-based research: Clarifying the terms. Whole issue.
Journal of the Learning Sciences. 2004b. Special issue: Scaffolding. Whole issue.
Lave, J., & Wenger, E., 1991. *Situated learning: Legitimate Peripheral participation*. Cambridge University Press. (佐伯胖訳『状況に埋め込まれた学習: 正統的周辺参加』産業図書, 1993)

Linn, M. C., Davis, E. A., & Bell, P. (Eds.) 2004. *Internet environments for science education*. Erlbaum.

Linn, M. C., & Hsi, S. 2000. *Computers, teachers, peers: Science learning partners*. Erlbaum.

Miyake, N. 1986. Constructive interaction and the iterative processes of understanding. *Cognitive Science*, 10(2), 151–177. (三宅なほみ「理解におけるインタラクションとは何か」『認知科学選書 4: 理解とは何か』69–98, 東京大学出版会, 1985)

三宅なほみ・白水始. 2003.『学習科学とテクノロジ』放送大学教育振興会.

Nas'ir, N. 2000. Point ain't everything: Emergent goals and average and percent understandings in the play of basketball among African-American students. *Anthropology and Education Quarterly*, 31(3), 283–305.

Newell, A., & Simon, H. 1972. *Human problem solving*. Prentice-Hall.

Nisbett, R. E., & Wilson, T. D., 1977. Telling more than we can know: Verbal reports on mental processes. *Psychological Review*, 84(3), 231–259.

Roschelle, J. 1992. Learning by collaborating: Convergent conceptual change. *The Journal of the Learning Sciences*, 2, 235–276.

白水始. 2004.『協調学習における理解深化過程の分析——発話を対象とした分析方法の提案』中京大学大学院情報科学研究科博士論文.

Shirouzu, H., Miyake, N., & Masukawa, H. 2002. Cognitively active externalization for situated reflection. *Cognitive Science*, 26(4), 469–501.

第3章

記　憶

梅田　聡

I. 記憶の世界への誘い: 記憶研究の過去と現在

　これから「記憶」について考えていくに当たって，読者の皆さんが今行っていること，すなわちこの文章を読んでいるときに，いったいどのような心理的活動が起こっているかを考えてみてほしい。まず感覚器官である目を通して情報を取り入れる。そして，そこに書かれた文字や単語の読み方，それぞれの持つ意味を思い出すことで，文章全体の内容を理解することが可能となると言える。読むという行為は，多くの読者にとって，おそらく非常に慣れ親しんだ行為であるため，思い出すという作業をあまり意識せずに，かなり自動的に文章を理解できているような印象を持つかもしれない。しかし，もしも文字や単語の読み方や意味を思い出すことができなければ，当然，その内容を理解することはできない。このような自動化された読むという行為であっても，脳の中では「思い出す」あるいは「理解する」という神経活動が起こっているのである。われわれが日常生活において常日頃から行っている行為のほとんどは，文字や単語などの知識を自動的に思い出す能力に支えられていると言える。このようなわれわれの持つ「知識」に関する記憶を**意味記憶**（semantic memory）と呼び，すでに多くの研究が行われている。

　では，もう1つの例を考えていただきたい。皆さんはどのようにこの本を手に入れたのであろうか。「本屋で見つけた」，「図書館でたまたま見かけた」，「友人に借りた」など，いろいろな答えが予想できる。このような記憶は，意味記憶のように自動的に思い出されるものではなく，程度の差はあるものの「思い出そう」と努力して思い出すことのできる記憶であり，これを**エピソード記憶**（episodic memory）と呼ぶ。どこで本を手に入れたかすぐに思い出

せた読者でも,「小学校に入ってはじめて行った旅行は?」と尋ねられると,かなり真剣に思い出す必要があるのではないだろうか。これらの例の場合には,学習や経験を通して獲得した情報を,必要に応じて取り出す能力が求められる。その能力が欠ければ,他者とのコミュニケーションがうまくいかなくなることもあり,安定した日常生活を営む上でエピソード記憶は重要な役割を担っていると言える。

近年の記憶研究を概観すると,実験心理学,認知科学,神経科学,分子生物学など,基礎的なメカニズムの解明を目標とする生命科学的なアプローチによるものや,文化や環境との相互作用の中でその役割や性質を捉えようとする社会科学的なアプローチによるものがあり,実にさまざまな角度から記憶について検討されていることが分かる。では,そのような多くの研究の中で,どのようなものを「認知的」(cognitive)な記憶研究と呼ぶのであろうか。人間の記憶を解釈する枠組みとして,これまで広く支持されているものに,**情報処理モデル** (information processing model) があり,このモデルをもとに記憶のメカニズムを捉えようとする立場の研究を,「認知的なアプローチによる記憶研究」と呼んでいる。情報処理モデルとは,人間の内部処理機構をコンピュータに準えて捉えたモデルであり,記憶の処理に3つの段階を仮定する。その段階とは,1) 符号化(記銘), 2) 貯蔵(保持), 3) 検索(想起)であり,各段階における処理の特性を解明することから,全体的な記憶のメカニズムを理解しようとするのが一般的である。では,情報処理モデルを仮定して,これまでにどのような記憶の研究が行われ,現在に至っているのか,以下にその経緯を簡単に振り返りたい。

初期の記憶研究を振り返ると,実にさまざまな記憶の分類が提案されており,その分類の妥当性をめぐる研究を通して,記憶研究が発展してきたといっても過言ではない。おそらく,その中で最も広く知られているのは,"**短期記憶** (short-term memory, STM)—**長期記憶** (long-term memory, LTM)"という記憶モデルであろう。このモデルは,比較的短い期間(15–30秒程度)の情報の保持を行う「短期記憶貯蔵庫」と,永続的な情報の保持を行う「長期記憶貯蔵庫」という2つの貯蔵庫を仮定することから,**二重貯蔵モデル** (Atkinson & Shiffrin, 1971) と呼ばれている。このモデルが広く支持された理由の1つとして,このモデルの妥当性を高める健忘症のデータが存在したことが挙げられる。すなわち,健忘症では,短期記憶にはそれほど目立った

障害はなく，むしろ長期記憶のみに障害を示すという実験結果である。これがきっかけとなり，その後の記憶研究では，ある記憶モデルの妥当性を考慮する際に，健忘症や脳損傷例のデータが重要な意味を持つと考えられるようになった。先に例として挙げた「エピソード記憶―意味記憶」いう分類も同様であり，両者のいずれかに選択的な障害を呈する症例についての報告がある（Baddeley, 2002）。

これまでに挙げた記憶は，そのほとんどが**再生**（recall）と**再認**（recognition）という測定方法を用いた課題で得られた結果をもとに導き出されたモデルである。再生とは，過去の事象をどの程度想起できるかを調べる方法であり，「さきほど学習した単語を思い出してください」などと実験者が教示する場合（これを自由再生と呼ぶ）がこれに当たる。一方，再認とは，過去の事象に再び遭遇したときにどの程度同定できるかを調べる方法であり，「これから提示される単語が，先ほど学習したものかどうかを思い出して答えてください」などと教示する場合がこれに当たる。これらの方法で調べられる記憶は，想起したときに「思い出した」という感覚を伴う場合が多く，これを**顕在記憶**（explicit memory）と呼ぶ。しかしながら，われわれの記憶の中には，想起したときに「思い出した」という感覚を伴わない場合も多く，これを**潜在記憶**（implicit memory）と呼ぶ。たとえば，自転車の乗り方や泳ぎ方のような身体で覚えた記憶について考えると，その行為を行っている最中に，思い出しているという感覚を伴うことはほとんどない。このような身体を使った技能の記憶を**手続き記憶**（procedual memory）と呼ぶが，潜在記憶は身体を使う場合に限られるわけではない。

たとえば，皆さんが「みかん」と「ぶどう」という単語を短い時間，観察したとする。そしてその数時間後，「り＿＿」という単語を完成してほしいと言われたとする。可能性のある解答としては，「りくつ，りかい，りえき，りそく」などが挙げられる。しかし，この場合には「りんご」という解答が最も多くなる。そして，その答えを報告する瞬間には，「事前にフルーツに関する単語を学習していた」という意識はなく，「りんごが自然に頭に浮かんだ」という報告が多くなる。統制条件として，事前に「みかん」と「ぶどう」ではなく，「机」と「椅子」を覚えた被験者にも同様の課題を行わせると，今度は「りんご」という解答が少なくなるのである。このような現象を**プライミング効果**（priming effect）と呼び，潜在記憶を特徴づける現象として，1980

〜90年代に数多くの研究が発表された。

　これらの記憶の分類は，すべて実験室において人工的な課題を用いて得られた結果から，その妥当性が高められた例である。その意味では**実験室記憶**（laboratorical memory）と呼ぶことができる。このような伝統的な方法論に対する否定的な見解として，より日常場面における記憶の特異性に注目した**日常記憶**（everyday memory）と呼ばれる一連の研究がある（Neisser, 1978）。日常記憶としてしばしば取り上げられるテーマには，目撃者の記憶と証言の信頼性，自己の歴史に刻まれるような顕著な出来事の記憶である自伝的記憶（autobiographical memory），予定の記憶である展望的記憶（prospective memory），顔や名前の記憶，地図やシーンの記憶，協同想起などがある。これらの記憶現象に共通する特徴とは，その現象に関連のある要因が非常に多く，かつ複雑に絡み合っているために，実験室でこの現象を再現させるのが難しい点にある。しかし，日常記憶の重要性を主張する研究者が指摘する通り，実験室において単語や絵の材料を使って調べられる実験に限界があるのは事実である。よって，統制された実験室記憶と日常記憶の両者の研究を同時並行的に進めることが，記憶の本質に到達するために最も重要なことであり，現在はそのような認識が一般的である（Tulving, 1991）。

　1990年代後半に入ると，記憶の研究は大きく様変わりした。その流れのきっかけとなったのは，認知神経科学研究，すなわち脳研究の急速な発展である。上にも述べた通り，それまでの研究でも，健忘症をはじめとする脳損傷や痴呆症の症例を対象とした神経心理学研究のデータは，モデルや理論の妥当性の検証にとって重要な意味を持っていた。しかし，fMRI（functional magnetic resonance imaging）やPET（positron emission tomography）などの高性能な画像研究技法が，認知研究にも用いられるレベルにまで発展したことは，記憶のみならず，認知科学全般の発展に多大な影響を与えた。現在では，記憶のモデルや理論を確立させる上で，脳研究のデータは行動実験のデータとともに必要不可欠なものとなっている。近年，そのような流れを受けて発展している代表的なテーマとしては，短期記憶という概念を機能的側面から捉え直した**作動記憶**（working memory），記憶の信頼性，感情を伴う出来事の記憶などが挙げられる。また，ニューラルネットワークを用いた記憶モデルのコンピュータ・シミュレーションの研究も注目されている。

　このように記憶研究は現在，さまざまなテーマについて，さまざまな手法

を用いて進められつつある。以下では，具体的な記憶研究の例として，著者がこれまでに行った記憶研究のテーマを2つ取り上げ，複数のアプローチによる研究によって，それぞれどのようなデータが得られ，その結果を統合して考えたときに，いったいどのような見解が導き出されるのかについて述べたい。

II. 虚再認研究と展望的記憶研究

1. 虚再認研究: その記憶は本当に正しいのか

まず1つ目のテーマとして，実験室記憶の一研究として確立され，その後，日常場面に応用されたり，脳研究でその神経基盤の解明が進められている「虚再認」(false recognition) という現象について取り上げる。

虚再認とは，実際には経験していない出来事を誤って経験したと判断してしまうような記憶のミスをいう。より広義の意味では**虚記憶**(false memory) と呼ばれることも多い。人々の持つ記憶の真偽性については，主に目撃証言の信頼性に関する研究で取り上げられており，その成果として「われわれの記憶は実際の場面の再現ではなく，その経験から再構成されたものである」という見解が得られている。では，この見解を支持する劇的な実験結果を紹介しよう (Loftus & Palmer, 1974)。まず，走っている車が事故にあう場面のフィルムを被験者に見せ，そのあとでその事故についての質問紙に答えさせた。その質問の中には，車のスピードについての質問が含まれており，ある被験者には「車が接触したとき，どのくらいのスピードで走っていたか」と尋ねた。また別の被験者には「接触した」の部分を「ぶつかった」「衝突した」「激突した」などの表現に代えて質問を行った。その結果，報告される車のスピードは，質問文の表現の強さに対応して，時速50キロ程度から65キロ程度まで変化したのである。この例から，われわれの記憶の判断は予想以上に曖昧であることが分かる。しかしながら，このような実験場面では「走っていた車などなかった」と報告されるような記憶のミスはほとんどない。虚記憶という現象は，実際にはなかったものをあったと判断してしまうような場合を指すのだが，どんな場面でそのような現象が起こるのであろうか。

虚記憶という用語が使われるようになったきっかけは，子どもに対する性

的虐待や，それに伴う心的外傷後ストレス障害（PTSD）について調べた研究で，幼い頃に起きた性的虐待の抑圧された記憶が，あとになって回復されたという数々の事例が報告されたことにある。この報告の真偽については，明らかに対立する2つの立場に分かれた。その1つは，報告された記憶が**回復された記憶**（recovered memory）であり，その記憶は真実であるとする立場である。この主張の背景には，「ときに生々しい感覚の再現を伴うような報告者の鮮明な記憶が，間違って作られるはずなどない」という見解があった。もう1つは，報告された記憶がその人によって作り出されたものであり，この記憶は**偽りの記憶**（false memory）であるとする立場である。この主張の背景には，「実際の場面の一部を再現するような事態を作り出した上で記憶の正確さを調べると，実際には起こっていない出来事まで起こったと判断してしまうような反応傾向が意外に強い」という実験的証拠があった。この論争は，「回復された記憶／偽りの記憶論争」（recovered memory / false memory debate）と呼ばれ，2つの立場の間で激しい論争が繰り広げられた（Conway, 1997; Pezdek & Banks, 1996）。この論争については結局，明白な結論が得られていないが，長い期間が経過した後の記憶は非常に曖昧であり，真偽のほどを確定するのはきわめて難しいということがあらためて認識されるきっかけとなった。そして「偽りの記憶」を実験的に作り出す記憶実験のパラダイムが必要となり，以下に述べる「虚再認パラダイム」（false recognition paradigm）が考案された。

　このパラダイムは，記憶の評価方法として再認課題を用いることからそのように呼ばれており，Deese（1959）によって考案され，Roediger & McDermott（1995）によって確立された実験方法であることから，各著者の頭文字をとって **DRM パラダイム**とも呼ばれている（Deese, 1959; Roediger & McDermott, 1995）。DRM パラダイムでは，まず被験者に学習段階として，意味的に関連のある複数の単語セットを数多く覚えさせる(例：バター，トースト，サンドウィッチ…)。続いて，テスト段階で再認課題として，① 学習リストの中にあった単語(例：バター)，② 学習リストの中になかったが意味的に関連している単語(例：パン)，③ 学習リストの中になく，意味的にも関連していない単語(例：ピアノ)の3種類の単語に対する判断を求める。健常者に一貫して見られる傾向は，① と ③ の単語には高い確率で正答できるのに対して，② の単語には間違って「あった」と反応してしまう虚再認が起

こりやすいというものである。これまでの心理実験では，なぜこのようなミスが起こるのかについて，刺激材料の質，刺激の提示時間，反応時間，被験者の年齢などの側面から詳しく検討されているが，基本的には，文脈に関する漠然とした記憶しかないために虚再認が起こると考えられている。

　著者はこのパラダイムを用いて，脳損傷を伴う症例を対象とした実験を行い，その生起メカニズムを認知神経科学的な側面から検討した（Umeda & Kato, 2000; Umeda et al., 2001）。対象としたのは，前頭葉の眼窩部（がんか）と呼ばれる部位に損傷のある複数の症例である。まず，なぜこの部位の障害に焦点を当てたかについて述べる。これまでの研究から，前頭葉は高次な認知機能を司る部位であり，われわれの日常生活を円滑に保つためのさまざまな活動に関与していることが知られている。そして，前頭葉の部位によってその役割に質的な違いがあることも明らかにされている（加藤・鹿島, 1996）。具体的には，前頭葉の上部に当たる背外側部は，作動記憶や注意などに関与することが知られており，この部位の損傷例は，それらの活動を検出する課題で実際に困難を示す。一方，前頭葉の下部に当たる眼窩部は，感情を伴う処理，推論，問題解決，社会的認知などに関与することが知られている。眼窩部の損傷例は，背外側部の損傷例に見られるようなパフォーマンスの低下を示さない一方で，人格変化，借金，放浪などの社会的行動異常を示すことが多い（Damasio, 1994; 梅田・加藤, 2003）。眼窩部が具体的にどのような認知処理に障害があるために上記のような行動異常を示すのかについては，まだ十分に解明されていない。1つの仮説として，記憶の歪みがそれらの行動異常を引き起こすことが予想された。そこで，虚再認パラダイムを用いた検討を試みたのである。実験の結果，健常者と比較して眼窩部損傷例の方が，虚再認が多い（上記の②に対する誤答率が高い）ことが分かった（図1）。

　では，この結果から眼窩部損傷に伴う社会的行動異常をどのように解釈することができるだろうか。日常場面である問題状況に遭遇し，その場に対処するためには，まず自らが置かれている状況を正しく認識し，その状況と類似する過去の経験を想起することが必要とされる。その際，「過去にそのようなことがあった」という経験を漠然と想起するのでは不十分であり，より具体的な情報まで想起することが必要とされる。たび重なる借金という行動異常を例にとると，以前に借金をしたことを漠然と想起しただけでは，むしろ「あのときは助かった」などのポジティブな印象だけが思い出されるかもしれ

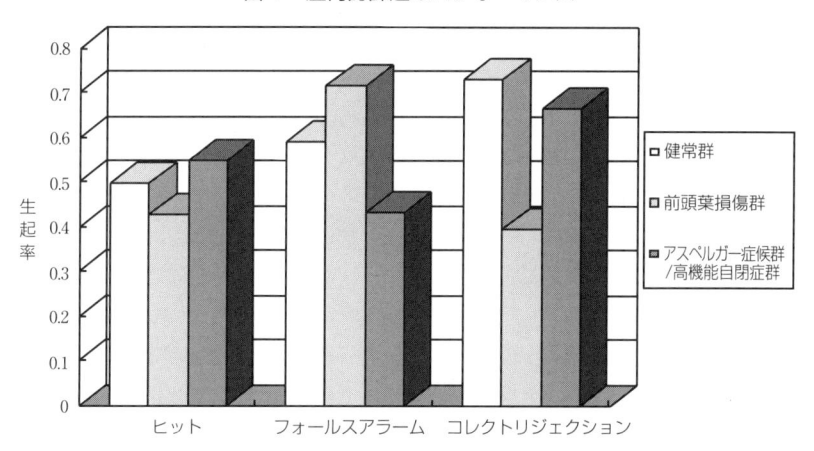

図1 虚再認課題のパフォーマンス

ヒットは文中の①の単語に対して，フォールスアラームは②の単語に対して，コレクトリジェクションは③の単語に対して，それぞれ正しく再認できた場合を表す。

ない。借金という行動を抑制するためには，以前の借金に関連する詳細な記憶を検索し，「あとで返済に困り，家族にも嫌がられた」というようなネガティブな印象を思い出す必要がある。虚再認の課題に正しく解答するためにも，非常に類似した処理が必要とされる。すなわち，「"食事"に関する単語があった」ということを思い出しただけでは不十分であり，「"バター"はあったが"パン"はなかった」という情報まで引き出さなければ誤答につながってしまうのである。このように，虚再認パラダイムを用いることで，記憶という側面から，人格のような複雑な特性の一部を解きほぐすことができるのである。

さらに，虚再認パラダイムは，自閉症の研究にも役立てられている（Beversdorf, 2000; Bowler et al., 2000）。自閉症の中でも，アスペルガー症候群や高機能自閉症と呼ばれる症例においては，重度の自閉症に見られるような社会性の重篤な障害はなく，日常場面における他者とのコミュニケーションにぎこちなさがある程度で，知的レベルも高いことが知られている。この症候群における障害の1つの特徴は，「心の理論」(theory of mind) の障害，すなわち他者の発言や表情からその人の心の中を理解したり，その場の状況や

雰囲気を読んだりすることを苦手とする点にある (Frith, 2003; 梅田, 2004)。では，アスペルガー症候群や高機能自閉症に対して，虚再認パラダイムを行うと，いったいどのような結果が得られるのであろうか．著者が行った実験の結果を図1に示す．驚くべきことに，眼窩部の損傷例とは逆に，アスペルガー症候群や高機能自閉症では，健常者よりも虚再認が少ないことが図から読み取れるだろう．この理由としては，アスペルガー症候群や高機能自閉症では，"バター，トースト，サンドウィッチ" のような単語リストから "食事" や "朝食" といった文脈を抽出できていない可能性が考えられる．このパラダイムの場合，健常者でもある程度の虚再認が起こるが，それは単語リストの文脈を理解するからである．アスペルガー症候群や高機能自閉症の場合は，提示された単語1つ1つを覚えるだけで，その単語リスト全体をまとめるような文脈の抽出を苦手とするために，逆に虚再認が起きにくいという結果が導き出されたものと考えられる．このようにして，自閉症における「心の理論」の障害も，特殊な記憶の障害という側面から理解できる可能性が示された．

2. 展望的記憶研究: なぜあのとき思い出せなかったのか

2つ目のテーマとして，虚再認の研究とは逆に，日常記憶の一研究として確立され，その後，実験室において詳細が検討されたり，その神経基盤の研究が進められている「展望的記憶」について取り上げる．日常記憶において「記憶」というと，通常は過去に起こった出来事や知識の記憶を意味する場合が多い．「今日の朝食は何を食べたか」，「先週はどんな出来事があったか」などの記憶は，現在までの経過時間に違いはあるものの，すべて過去の出来事に関する記憶である．また，家族の顔や名前のような記憶も，過去に覚えてそれを反復して用いることにより，知識として定着した記憶である．一方，日常場面で使われる記憶について考えてみると，「帰りにコンビニに寄って飲み物を買って帰ろう」，「1時間経ったらもう一度Aさんに電話しよう」，「今度，B先生に会ったときには必ずお礼を言おう」などの例のように，ある行為を未来に行なうという意図の記憶も，過去の記憶とともに重要な役割を担っていることが分かる．このような記憶を「展望的記憶」(prospective memory) と呼び，過去に起こった出来事の記憶である「回想的記憶」(retrospective memory) と区別して捉えられている (Brandimonte *et al.*, 1996; 梅田・小谷

津, 1998)。

　では，展望的記憶は回想的記憶と比べて，どのような点に特徴があるのだろうか．展望的記憶の最大の特徴は，意図した行為を「タイミングよく自発的に想起する」ことにある．たとえば，3時に待ち合わせをしていて，そのことを4時になって思い出したのでは，もはや手遅れである．3時の待ち合わせに遅れずに行くためには，そのことをそれ以前にタイミングよく想起し，実行に移すことが必要とされる．通常，過去の記憶を思い出す場合には，その必要性が生じて思い出すことがほとんどである．たとえば，友人との会話の中で昨年の旅行の記憶を思い出す必要性が生じたり，テレビに出てきた俳優の名前を思い出す必要性が生じたりすることがきっかけとなって，過去の記憶を検索し始めるのが普通である．しかし，意図した行為を思い出すときには，たいていの場合，そのような手がかりがないことが多く，「想起の自発性」が必要とされる．われわれはよく手帳やカレンダーなどの記憶補助を用いるが，それらの補助は予定の確認のために有効であるものの，タイミングよく想起することの直接的な補助にはなりえない．そのため，社会生活を円滑に営むためには，自発性を一種のスキルとして身につける必要がある．では，この自発性という機能は，どのような神経基盤に依存するのであろうか．以下では，著者が行った一連の神経心理学の視点からの研究について解説する．

　用いた課題は「ブザー課題」と呼ばれるもので，手続きは以下の通りである．まず，実験開始時，「実験中にこのブザーが鳴ったら手をたたいてください」と被験者に伝え，実施にブザーの音を聞かせる．そして，実験開始から20分が経過した時点で，実際にブザーを鳴らし，被験者が手をたたくかどうかを見る．もしブザーが鳴っても被験者が何もしない場合には，「何か忘れていませんか」（プロンプトA）と手がかりを与える．それでも何もしない被験者には，さらに「あることをお願いしたのですが」（プロンプトB）という手がかりを与える．そして，被験者がどの時点で手をたたくかによって成績をつける．実験の結果，健常者はブザーが鳴った時点で，すぐに全員が手をたたくことができた．一方，ほとんどの痴呆症患者はプロンプトBまでの手がかりを与えても手をたたくことはできなかった（図2）．さらに，ブザーが鳴ったら手をたたくという課題を実験者に依頼されたこと自体を覚えているか尋ねたところ，痴呆症患者8名中5名から「覚えていない」という答えが返っ

図2 ブザー課題のパフォーマンス

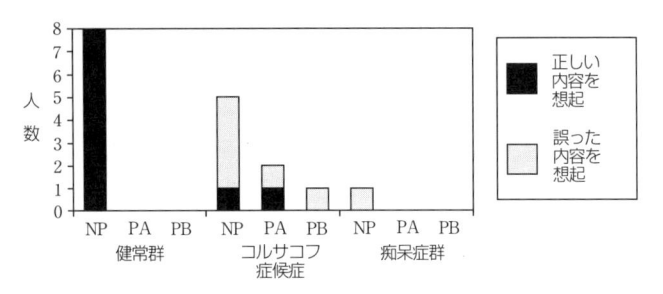

各群ともに対象は 8 名。NP はプロンプトなしでの想起，PA はプロンプト A を与えた時点での想起，PB はプロンプト B を与えた時点での想起を表す。

てきた。この実験で対象としたのは，初期段階のアルツハイマー型痴呆症患者であり，記憶以外の認知障害はそれほど顕著ではなかった。すなわち，展望的記憶のパフォーマンスが，アルツハイマー型痴呆の初期段階の指標として役立つことが分かる。

では，記憶障害のみを呈する健忘症の場合には，どういう結果が示されるのであろうか。ここでは，健忘症の一種であるコルサコフ症候群を対象としたブザー課題の結果について述べる（梅田ら，2000）。コルサコフ症候群では，連続飲酒などに伴うビタミン B1（チアミン）欠乏を原因として発症し，それに伴い，視床や乳頭体と呼ばれる脳の部位に損傷が及び，重篤な健忘症状を呈することが知られている。コルサコフ症候群における展望的記憶のパフォーマンスは，図 2 に示した通り，健常者や痴呆症とは異なるものであり，半数を越える患者において，ブザーが鳴った時点で，手をたたく以外の行動を示した。すなわち，ブザーが鳴ったら何かを行うということは想起できても，それが実際にどんな行為であったかを正しく想起することはできなかった。では，この結果からどのようなことが考えられるのだろうか。

意図の想起には，「何か行うべき行為がある」ということの想起と，その行為の内容の想起が含まれている。読者の皆さんにも，「何かしなければならないことがあるような気がするが思い出せない」と後ろ髪を引かれるような思いをして，少し時間が経ったあとで「そうだ！ 〜をやるつもりだったのだ」とその内容を思い出したという経験があるだろう。筆者は，前者を「存在想起」，後者を「内容想起」と呼び，両者が独立の想起メカニズムを持つことを

示した(梅田ら, 2000; 梅田, 2003)．上に述べたコルサコフ症候群の結果は，存在想起にはそれほど障害がなく，内容想起には障害があることを示していると解釈できる．この結果は，健常者のみを対象とした実験から得られるものではない．健忘症を対象とした研究によってはじめて存在想起と内容想起の独立性を示す結果を得ることができたのである．

このようにして得られた展望的記憶の研究成果は，さまざまな場面に生かされている．たとえば，航空管制官の作業内容と関連づけた研究では，航空管制官に求められる連続的な意図の想起活動(飛行機 A を離陸させたあとで，飛行機 B を滑走路 X に下ろして，次に飛行機 C を離陸させたあとで，飛行機 D を滑走路 Y に下ろして...)において，いかにミスをなくすかが検討されている(Vortac *et al*., 1993)．展望的記憶のミスが原因で起こる大惨事を未然に防ぐために，基礎的な研究が役立てられているのである．

本章では，記憶の研究の歴史とともに，虚再認および展望的記憶の具体的な実験方法および結果について触れた．人間は高次な認知処理を行う際，その多くの部分が記憶の処理に支えられている．その意味で，認知科学にとって，記憶の研究は必要不可欠である．認知科学はさまざまなテーマについて統合的に考える魅力的な学問であり，記憶を幅広い観点から理解する絶好の機会であると言える．柔軟性を持った記憶研究が，今後の認知科学の発展に必要とされよう．

● **読書案内**

Tulving, E., & Craik, F. I. M. (Eds.) 2000. *The oxford handbook of memory*. Oxford University Press.
  リーディングポジションにある 2 人が編集した，最近の記憶研究をカバーした総括的ハンドブック．
Bjork, E. L. & Bjork, R. A. 1996. *Memory*. Academic Press.
  記憶の基礎的な処理に関する理論や実験データを包括的に詳しく，かつ平易に解説された良書．
森敏昭(編著). 2001.『おもしろ記憶のラボラトリー』北大路書房.
  実験的，日常的記憶研究の意義，方法，成果について，研究者の視点から初心者向けに解説された入門書．

引用文献

Atkinson, R. C., & Shiffrin, R. M. 1971. The control of short-term memory. *Scientfic American,* 225, 82–90.

Baddeley, A. D., Kopelman, M. D., & Wilson, B. A. 2002. *Handbook of memory disorders. 2nd ed.* Wiley.

Beversdorf, D. Q., Smith, B. W., Crucian, G. P., et al. 2000. Increased discrimination of "false memories" in autism spectrum disorder. *Proceedings of the National Academy of Sciences of the United States of America,* 97, 8734–8737.

Bowler, D. M., Gardiner, J. M., Grice, S., et al. 2000. Memory illusions: False recall and recognition in adults with Asperger's syndrome. *Journal of Abnormal Psychology,* 109, 663–672.

Brandimonte, M. A., Einstein, G. O., & McDaniel M. A. (Eds.) 1996. *Prospective memory: Theory & applications.* Lawrence Erlbaum Associates.

Conway, M. A. (Ed.) 1997. *Recovered memories and false memories.* Oxford University Press.

Damasio, A. R. 1994. *Descartes' error: Emotion, reason, and the human brain.* Putnam. (田中三彦訳『生存する脳――心と脳と身体の神秘』講談社, 2000)

Deese, J. 1959. On the prediction of occurrence of particular verbal intrusions in immediate recall. *Journal of Experimental Psychology,* 58, 17–22.

Frith, U. 2003. *Autism: Explaining the enigma. 2nd ed.* Blackwell.

加藤元一郎・鹿島晴雄. 1996.「前頭葉機能検査と損傷局在」『神経心理学』12, 80–98.

Loftus, E. F. & Palmer, J. C. 1974. Reconstruction of automobile destruction: An example of the interaction between language and memory. *Journal of Verbal Learning and Verbal Behavior,* 13, 585–589.

Neisser, U. 1978. Memory: What are the important questions? In M. M. Gruneberg, P. E. Morris, & R. N. Sykes (Eds.), *Practical aspects of memory,* 3–24. Academic Press.

Pezdek, K., & Banks, W. P. (Eds.) 1996. *The recovered memory / false memory debate.* Academic Press.

Roediger, H. L. III, & McDermott, K. B. 1995. Creating false memories: Remembering words not presented in lists. *Journal of Experimental Psychology: Learning, Memory and Cognition,* 21, 803–814.

Tulving, E. 1991. Memory research is not a zero-sum game. *American Psychologist,* 46, 41–42.

梅田聡. 2003.『し忘れの脳内メカニズム』北大路書房

梅田聡. 2004.「「心の理論」の発達」『学習科学』(波多野誼余夫・大浦容子・大島純編著)放送大学教育振興会, 22–33.

Umeda, S., Akine, Y., & Kato, M. 2001. False recognition in patients with ventromedial prefrontal lesions. *Brain and Cognition,* 47, 362–365.

Umeda, S., & Kato, M. 2000. Receiving emotional signals and retrieving past similar events: Higher-order cognitive dysfunction following damage to the ventromedial prefrontal cortex. In G. Hatano, N. Okada, & H. Tanabe (Eds.) *Affective Minds,* 111–115. Elsevier.

梅田聡・加藤元一郎・三村將ほか. 2000.「コルサコフ症候群における展望的記憶」『神経心理学』16, 193–199.

梅田聡・加藤元一郎. 2003.「虚記憶と前頭前野の機能について」『臨床精神医学』32, 1515–1520.

梅田聡・小谷津孝明. 1998.「展望的記憶研究の理論的考察」『心理学研究』69, 317–333.

Vortac, O. U., Edwards, M. B., Fuller, D. K., *et al.* 1993. Automation and cognition in air trafic control: An empirical investigation. *Applied Cognitive Psychology,* 7, 631–651.

第4章

創発的認知から見た問題解決

鈴木宏昭

　本章では，創発認知という観点から思考，特に問題解決を検討する。具体的な問題に入る前に，まず創発認知という考え方がどのように生じてきたのかを論じる。

I. 創発認知的アプローチ

　認知科学は計算と表象という観点から，より具体的には**コンピュータメタファー**を用いることにより飛躍的な発展を遂げてきた。この計算と表象の概念は現在においてもきわめて有効であることは疑い得ない。

　しかしながらこうしたメタファーにもとづいて研究を進めていく中で，いくつかの正当化できない仮定が紛れ込み，その結果興味深い現象の説明がきわめて困難になった。第1の問題は，表象の安定性，固定性の仮定である。さまざまな状況に適用可能な，巨大な構造を持つ知識(スキーマ，メンタルモデル)がデータ，あるいはプログラムという形で，長期記憶(＝ハードディスク)に存在し，必要に応じてワーキングメモリ(＝RAM)にコピーされ，利用されるという図式である。しかしながら，実際に1つの構造でさまざまな状況に対処しようとすると構造が極端なほど複雑になってしまう。

　第2の問題は，1つの認知・行為に対して1つのプログラム(群)が対応するという単一性の仮定である。ある1つの課題を行うには1つのプログラム，あるいはそのサブ課題を実行する一連のプログラムが対応するという図式である。このような場合，プログラムが働くための条件が一部でも欠けていると動作不可能になってしまう。これでは人間の持つ柔軟性，適応性を表現することは難しい。

第3の問題は，中央制御の問題である．単一性の仮定で述べたように，課題に関連するプログラム群が存在するとき，それらをどのようなときに，どのような順番で働かせるかを考えねばならない．こうした場合は，サブタスクを遂行するプログラムを中央で管理するようなプログラムがあればよい．しかしながら，人間の生活する状況は思いのほかバラエティに富んでおり，中央制御プログラムはいきおい複雑なものとならざるをえない．これでは人間の示す柔軟性を表現することはできない．また，そうした複雑な中央制御プログラムが，多様な状況の中からいかに獲得されるのか，という獲得の解明も困難になる．

　第4の問題は，外界とのかかわりに関する仮定である．認知，あるいは行為にある特定のパターンが生じると，それは認知システムの内部にあるプログラムの動作の結果と考えたくなる．そしてそのプログラムは外界とは独立に自己完結的に存在しているように見える．しかし人間はそれらのプログラムを動作させつつも，図を描いてそれを見たり，人に相談したり，体を動かしたりするなど，きわめて頻繁に外部を参照している．自己完結的な内部プログラムが動作しているとすると，どうして人間がそれほど外界と相互作用をするのかが分からなくなる．また，プログラムの中のある部分を実行すれば，外部に変化が生じるが，自己完結的なプログラムはその変化自体をも内部に表現しなければならなくなる．これでは当該状況の逐次的変化をすべてあらかじめ知っていなければならないという，不可能な状況へとわれわれを導いてしまう．

　これらの問題の深刻さが認識されるにつれ，認知科学は初期の単純なコンピュータメタファーを放棄するようになってきた．そして人間の認知と生物システムとの類比をベースにした研究が盛んになってくる．こうした動向は，脳と認知機能との関係を探る認知神経科学，脳の構造と親和性がより高いモデルを可能にするコネクショニズム，人間の認知を進化の所産と捉える進化心理学，生物が必ず有する身体と認知の関係を解明しようとする身体性認知科学[1] に顕著に現れている．

1　これにはGibsonに端を発するアフォーダンス研究，ロボットを実際に環境中で動作させることを通じて構成論的に認知を研究するロボティクス，認知の時間依存性，変動性，自己組織性を非線型物理とのアナロジーで考えるダイナミックシステムズアプローチが含まれる．

これらのアプローチに共通するのは，認知の創発的性質の解明をめざしているという点である．つまり，すでに存在している確固とした処理モジュール，知識の適用過程として認知を捉えるのではなく，

- 認知は生成的であり，
- 複数の処理，知識が並列的に動作し，
- これらが局所的に相互作用しながら，
- 外界と密な相互作用を持つもの

として捉えるというものである(鈴木, 2003)．

II. 洞察問題解決

1. 洞察という現象

第I部で述べた動向は1990年中頃から問題解決研究においても顕著になってきた．問題解決の過程を，ヒューリスティクスを用いた問題空間の探索，スキーマなどの既有の知識の適用過程として捉えるのではなく，結果として観察されるヒューリスティクス，スキーマ，ストラテジーがさまざまな内的・外的資源の相互作用から生み出されていく過程として捉えようとするのである．この流れの中で1990年近辺からは，図を用いた問題解決，共同による問題解決研究など外的資源と問題解決の関係を解明しようとする研究が盛んになった．

これら外的資源研究と並んで重要なのが，本章で取り上げる洞察問題解決（より一般的には創造的問題解決）である．洞察問題とは定型的な知識によっては解決できず，発想の転換，ひらめきが必要とされる問題のことを指す．つまり洞察問題では，解・解法を創発する必要があるのである．この創発がいかにして生み出されるかが，洞察研究の主要な課題となる．

この分野の研究はそもそも前世紀初頭のゲシュタルト心理学者たちによって始められたが，その後現象の神秘性ゆえ認知心理学のメインストリームの研究となることはなかった．

洞察は単に解を創発する問題という以外にも標準的な問題解決とは異なる特徴が存在する．第1に，気づいてしまえば簡単なのになかなか解けない．心理学実験で用いられる洞察問題は，たかだか数ステップ程度解ける問題がほ

とんどである。こうした単純性にもかかわらずなかなか解くことができない。第2に，同じ過ちを繰り返す。探索による問題解決ではある探索経路がうまくいかない場合は，他の経路を探すことが仮定されている。しかし洞察問題ではうまくいかないと分かっていても何度も同じ過ちを繰り返すことが頻繁に観察される。第3に，有効な情報を無視する。被験者はたまたま解に近づくことがあるが，そこから一気に解決できることは少なく，失敗と分かっているやり方に戻ってしまう。第4に，少なくとも主観的には解は突然ひらめいてしまう。

こうした複雑な現象に対して，いくつかのアプローチが試みられてきた(詳しくは三輪・寺井 (2003), 鈴木・開 (2003), Sternberg & Davidson (1995) を参照のこと)。これらを通して，いくつかの一般的な指針も明らかになった。1つは，洞察は決して神秘的なものではなく，科学的な研究の対象となることであり，また洞察に固有なメカニズムを導入せずとも研究が可能であるということである。2つめは，有効な情報の利用可能性には時間依存性があるということである。つまり，問題解決者にはレディネスのようなものがあり，たまたま有効な情報を生み出すことができても，十分な経験を積まない限り，その情報をうまく利用することができないということである。3つめは，外界との相互作用である。問題解決者は決して沈思黙考して洞察に至るわけではなく，何度もの試行を通して外界に働きかけ，そこからさまざまな情報を得ているということである。

■ 2. 制約の動的緩和としての洞察問題解決

このような知見をベースにして，鈴木と開は「制約の動的緩和理論」を提案し，これにもとづく実験を数多く行い，理論の検証を行ってきた。本節ではまず洞察における制約概念について簡単な説明を行う。次に，筆者らが扱ってきたTパズルという洞察を必要とする図形パズルを取り上げ，これを制約の動的緩和の観点から分析する。

2.1 洞察における制約

一般に，制約とは，多様な情報，仮説の中から特定の情報，仮説を選びだす生体の内的傾向性，あるいは生体に特定の情報，仮説を選択させる外界の特性を指す(波多野・稲垣, 1997; 鈴木, 2001)。制約の概念はきわめてパワフ

ルであり，言語獲得，知覚，類推などさまざまな分野で用いられている。

　制約の動的緩和理論に従えば，洞察問題解決に関与する制約とは**対象レベルの制約，関係の制約，ゴールの制約**の3つである。どうしてこの3つなのかという理由は，これらが問題解決の基本的要素だからである。問題状況中にはさまざまな対象が関与している。パズルの「ハノイの塔」でいえば，ディスクやペグがそれに当たる。また対象はばらばらに存在しているわけではなく，それらが関係を通して相互に結びついている。たとえば，「一番小さなディスクは3番目のペグにある」という時，この小さなディスクが「何々にある (on)」という関係で結びついている。このように問題状況はそこに存在する対象とそれらのあいだの関係の総体として記述することができる。しかしこれだけでは単なる状況の記述である。問題解決を単なる状況記述から区別するのは，ゴールである。われわれはゴールに近づくべく問題解説を進める。したがって当然ゴールは制約とならねばならない。

　こうした抽象的なレベルで制約を措定することにより，さまざまな問題に適用可能な理論となることができる。洞察問題解決のモデルには私たち同様に制約という概念でアプローチするものもあるが，その多くは問題に固有，つまり問題の難しい部分を制約ということばで言い換えたに過ぎない (Isaak & Just, 1995; Knoblich, Ohlsson, Haider, & Rhenius, 1999)。これではことばの遊びに過ぎなくなってしまう。

　もう1つ大事なことは，制約は緩和されねばならない，ということである。他の領域において，制約はある種の常識を表現しており，多くの状況において有用性の低い情報を排除してくれる。このおかげで私たちはフレーム問題 (橋田・松原, 1994) に悩むことはなくなる。この意味で制約は概してポジティブな働きをする。しかし洞察においてはこの常識を体現するような制約が働くがゆえに，解決が困難になるのである。したがって洞察問題の解決では制約緩和が必要となる。

　さらに付け加えるべきことは，制約は各タイプ内で複数存在するということ，そしてそれらは働き方の強さに応じた値を持っているということである。ハノイの塔の場合でいえば，通常はディスク一枚一枚が対象として存在しており，そうした対象化を促す対象レベル制約が強く働く。しかし，ディスクを重ねたものを「ピラミッド」として対象化(カテゴリー化)することも可能である。ただしこうした非標準的な対象制約はその働きが弱く，あまり用い

られることはない。

2.2 Tパズル

Tパズルとは図1に示したものである。課題は，左の4つのピースを用いてTの形を作る，というものである。ピースが4つしかないこと，またTという見慣れた図形がゴールとなることから，一見このパズルは簡単に解決できるように思える。

ところがこのパズルは存外に難しい。私と共同研究者は30分から40分くらいかかってやっと解くことができた。これは私たちが愚かなせいとは言えない。多くの実験を行ってきたが，何のヒントももらわずに，このパズルを15分以内で解ける人は10人に1人くらいである。答えは右端に示した通りで，解決の鍵は五角形ピースの使い方である。

このパズルには第II部1節で述べた4つの特徴が顕著に見られる。まず上述したように簡単なのになかなか解けないこと，同じ失敗を何度も繰り返すこと，偶然いい置き方をしてもそれをよく無視すること，そして突然解けてしまうこと，である。

さて，それではTパズルにおける制約とは何であろうか。まず対象レベルの制約は，1つのピース（対象）の置き方についてのものとなる。ピースは回転させることにより，無限に置き方を変化させることができる。しかし人はピースの辺，特にその長辺を基準線（机の端）に平行，あるいは垂直になるように置くことがきわめて多い。この制約は必ずしも誤りとは言えないが，これが五角形のピースに適用されると解決を阻害することになる。

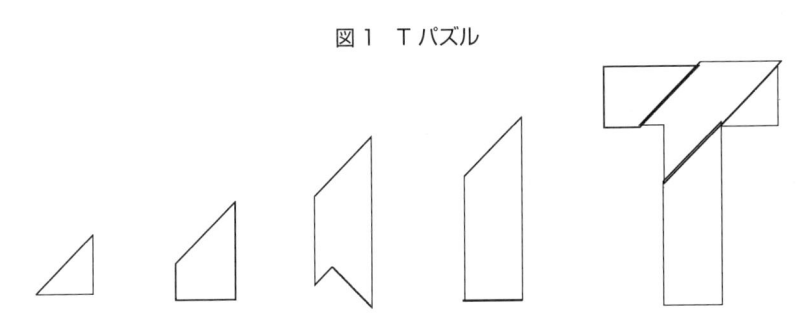

図1 Tパズル

左側の4つのピースを用いてTの形になるようにする。正解は右端の通り。

関係の制約は，複数のピースの接続の仕方についてのものとなる。接続の仕方も無限に存在するが，Tパズルのようなパズルにおいて支配的なのは，きれいな形を作るという制約である。ここできれいな形とは，接続の結果できる図形ででこぼこしていない，つまり頂点数の少ない図形という意味である。この制約も対象レベル制約同様必ずしも誤りとは言えないのだが，これが五角形ピースに適用されると問題解決を阻害することになる。図1にあるように五角形のへこんだ部分はTの縦棒と横棒のなす直角に相当する。しかし，被験者の多くは，このきれいでないへこみの部分を他のピースを使ってなんとかきれいにしようとする。

このように対象レベル制約，関係制約の働きにより，多くの人は解決ができない状態に陥る。こうした制約を緩和させるのがゴール制約である。[2] ゴール制約は正解のイメージ，およびそれと現状との差を検知する関数からなっている。これによって失敗になった試行のときに働いた制約の働きは弱まり，見込みのある試行を行ったときに働いた制約はその働きが強くなる。

図2に制約の動的緩和理論から見た洞察問題解決のプロセスを示した。さまざまな強度を持った対象レベル制約，関係制約の集合が存在する。ここから特定の制約が確率的に選択され，ある試行がなされる。するとゴール制約

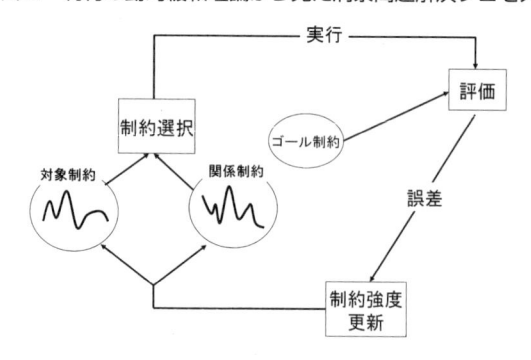

図2 制約の動的緩和理論から見た洞察問題解決プロセス

---

2 問題によっては，ゴール制約自身が解決を阻害することもあり，この場合はゴール制約も緩和されねばならない。ただしTパズルは正解の状態についてのイメージがはっきりと示されているので，これ自体は緩和される必要はない。またゴールの状態が明確でない問題も多い。こうした問題におけるゴール制約については鈴木（2004）を参照されたい。

による評価が行われ，ゴールと現状との差＝誤差が計算される。その結果にもとづき，制約強度の更新が行われ，新たな制約強度分布が得られることになる(詳しいアルゴリズムは開・鈴木(1998)を参照のこと)。

■ 3. ゴール制約による制約の緩和

今までの研究から対象レベル制約，関係制約の存在や，その働きの強さに関しては支持的な証拠が得られている。そこで本節では，これらの制約がゴール制約によっていかに緩和されていくのかを論じることにする。

前にも述べたように，このパズルは不適切な対象レベル制約，関係制約の作用がきわめて強く，これによって問題解決者は不適切なストラテジー用いることになる。前述した理論に従えば，これらの初期に支配的な制約が何度も失敗を生み出すことで，その働きは徐々に弱くなり，これらの制約を逸脱した試行が増加することとなる。もしこの仮定が正しいとすれば，制約の逸脱は解決過程で徐々に増加することが予測できる。

この予測を確かめるために，被験者にTパズルを解かせ，その過程で制約逸脱の時間的推移を求めてみた(Suzuki, Abe, Hiraki, & Miyazaki, 2001)。分析の基本となるのは私たちがセグメントと呼ぶ単位である。これはおおざっぱに言えば，あるやり方を試してみて，それが失敗(あるいは成功)に終わり，それをやめること，つまり1つの試行(trial)に対応している。被験者ごとに解決中のすべてのセグメントを時間の順に四分割して，その各々での制約の逸脱率を示したのが図3である。なおここで対象レベル制約の逸脱

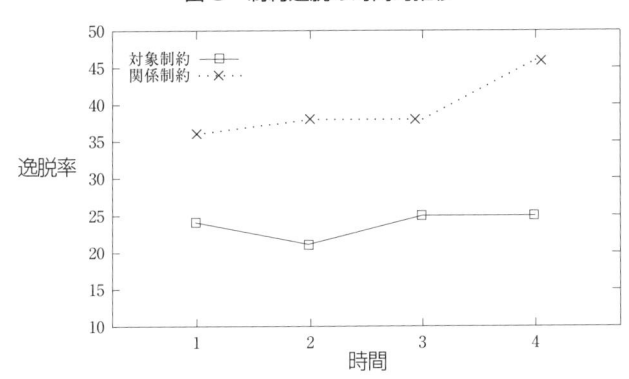

図3 制約逸脱の時間的推移

とは五角形の長辺が基準線に平行,垂直でないものを,関係制約の逸脱とは五角形のへこんだ部分に他のピースを接続しないセグメントとした。

ここから分かるように制約の逸脱はほとんど増加していない。この原因は2つ考えられる。1つめは悲しい解釈で,そもそも理論が間違っており,制約の緩和が洞察に結びついているわけではないというものである。残りの1つは,この実験条件下では制約の緩和がまだ十分に起こっていないというものである。

そこで2の可能性を検討するために,ゴール制約の作用がより強くなるような実験条件を考えてみた。ゴール制約は現状とゴールとの差を検知するという働きを持つ。そこで完成時のTと同寸のTが黒く印字された型紙を1枚用意し,この「黒い部分をピースで埋めつくすように」という教示を与えてみた。つまり内的にのみ働いていたゴール制約の機能の一部を外化してしまうということである。これによって実際の試行がどの程度マッチしているのかを判断することが容易になり,制約の逸脱が生じやすくなると考えられる。この条件での制約緩和の進行を図4に示した。

対象レベル制約は第4段階になると飛躍的に増加していることが分かる。一方,関係制約ははじめから高い値を示し,特に変化はない。これは型紙がはじめからこの制約の緩和に影響があったことを示していると思われる。自分で解いてみると分かるのだが,五角形のへこんだ部分に他のピースを接続すると必ずTの型紙からはずれてしまう。こうしたことから関係制約の緩和がはじめから起きやすかったのではないかと推測される。

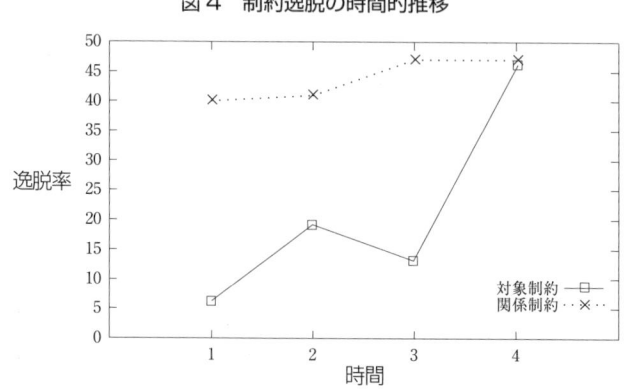

図4 制約逸脱の時間的推移

上の実験で注意すべきことは解決に至るかなり前から制約の逸脱は起きているという事実である。1つ目の実験で言えば，対象制約については4, 5回に1回程度は逸脱が起きているし，関係制約についてははじめからかなり逸脱が起きている。言い換えれば，多くの被験者は惜しい試行を行っているにもかかわらず，その価値に気づけないのである。

これはゴール制約の持つマッチングの機能に関係しているのではないだろうか。問題となる五角形はTの中でどの位置に来るのかがわかりにくい。たとえば他のピースの辺で外周に現れる部分の割合はかなり高く60〜80%にもなる。しかし五角形ピースは20%程度となっている。したがってたまたま正しく置いたとしても，それがTのどの部分に該当するのかがわかりにくい。

そこで五角形のピースの辺の外周に現れる割合を変えた変形Tパズルを用いた実験を行ってみた。ただし，変えるといっても大幅に変えてしまうと，まったく違うパズル，あるいは完成図形がTとは言えない形になってしまうので，外周への露出を23%, 29%としたパズルを作った。[3] 被験者たちは標準的なTパズル，23%パズル，29%パズルのいずれかに8名ずつランダムに割り当てた。

結果は劇的であった。23%パズルでは8名中5名，29%パズルは8名中

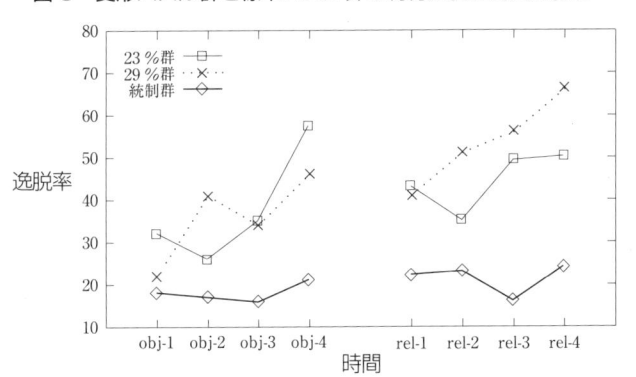

図5 変形パズル群と標準パズル群の制約逸脱の時間的推移

左側のobjとあるのは対象レベル制約，右側のrelとあるのは関係制約を表す。

---

[3] ただし29%パズルの五角形は2つの長辺間の長さが他のパズルよりもやや大きくなった。

6名が15分以内に自力で解決することができた。一方，標準パズルのグループでは15分以内に解決できた被験者はいなかった。制約緩和についてはどうだろうか。前述した実験同様，被験者の試行を4分割し，その時間的推移を表したのが，図5である。ここからわかるように，変形パズルを解いた2つのグループははじめから制約の逸脱が多く，それがさらに増加し，最終段階ではほとんどの試行が制約を逸脱したものとなっている。

このように外周への露出面積を数％程度で変えただけでもパフォーマンスにきわめて大きな影響を与えるのである。これはゴール制約の持つマッチングの機能が外化によって増幅されたためであると考えられる。

■ 4. まとめ

このように，制約の動的緩和理論は人間の洞察問題解決のプロセスについて従来の理論では詳細な説明ができなかった現象について妥当な説明を行うことができる。

最後に前節で述べてきた結果を第Ⅰ部で述べた創発的認知の4つの性質とからめて検討してみよう。

生成性

洞察問題は通常の知識では解決できない非典型問題である。したがってこうした問題を解く場合には，既存の解法を検索するのではなく，解法自体を生成しなければならない。これについて私たちは3つの制約とその緩和が鍵となる，制約の動的緩和理論を提案し，その検証のための研究を重ねてきた。ただし，注意深い読者は「正解をもたらす制約もはじめから問題解決者の中に存在しているわけだから，これは本当の生成ではない」と反論するかもしれない。

しかしこれは生成，あるいは洞察，創造についてまったく正当化されない仮定にもとづくものである。もしこの立場をとると，そもそも既有の構造を利用した場合，それらはすべて発見，創造とは無縁なものとされてしまう。例えば，ワトソンとクリックの遺伝子の二重螺旋構造の発見は科学史上の重大な発見と言われている。しかし，前述の見方に従えば，ワトソンはそれ以前に当然螺旋構造について知っていたであろうから，この発見は創造的ではないということになる。また，この見方に従えばダーウィンの自然淘汰説も，彼

はその発見以前に人為淘汰を知っていたので，創造的とは言えないということになってしまう。

生成にとって重要なことは，関連する事柄を以前に知らなかった，ということではない(そもそも本当に知らなかったかどうかは確かめようのない問題である)。そうではなく，通常用いられない場面で既知の事柄を用いる，あるいは通常は組み合わせることのない複数の事柄を組み合わせる，ということが生成(あるいは発見，創造)にとって重要なのである。

冗長性

上の実験で注意すべきことは，解決に至るかなり前から制約の逸脱は起きているという事実である。1つ目の実験で言えば，対象レベル制約については4, 5回に1回程度は逸脱が起きているし，関係制約についてははじめからかなり逸脱が起きている。つまり，不適切なものも含めて複数の制約が存在しているのである。こうした知見は別の課題を用いた洞察・発見研究でもよく見られる (Kaplan & Simon, 1990; MacGregor, Ormerod, & Chronicle, 2001; Terai & Miwa, 2003)。

一般に制約というと，遵守しなければならない(多くの場合単一の)原理という形で語られることが多い。また発達心理学の文献などで「何歳になるとこれこれの制約が利用できる」などとあると，それ以前はその制約がまったく使えず，またそれ以降は専らその制約を使うようになると解釈しがちである。しかし実際のデータを見ればこうした解釈はまったく成り立たない。0に近いレベルから突然100に近いレベルに行くのではなく，そのあいだには複数の制約やストラテジーが併用される時期が存在するのである。発達心理学においてもこうした冗長性について強い関心が集まってきている (Goldin-Meadow, 2003; Siegler, 1996)。

したがって認知のプロセス，特にその変化のプロセスを考えるときには，複数の制約の存在を確認すること，そしてそれらの動作のメカニズムを特定することが重要な課題となる。

局所相互作用

認知を中央制御システムとするのではなく，さまざまな小さな認知的部品が局所的に相互作用するシステムであると第I部で述べた。この主張につい

ての直接的，かつ厳密な証拠は前節の実験から得ることはできない。

ただしTパズルの問題解決過程全体が中央制御されているとはなかなか考えにくい。むろん，問題解決初期の頃はある種のプランに沿ったような行為がないわけではない。しかし，同じ過ちを何度も繰り返すのはどうしてなのだろうか。どうして適切な配置を無視してしまうのだろうか。こうした現象は意識的な，中央制御の考え方とは折り合いが悪いと思われる。そうした意味で多くの洞察問題の解決は全体的なプランの実行過程というよりも，緩やかな傾向性を表現する制約と，自らの行為の結果の観察(それも部分的な)とのあいだで局所的に決定されていると考える方がよいのではないだろうか。

ここで私は意識的な制御がまったくないと主張しているわけではない。ここでの論点は，そうした制御は存在するが，それがプロセス全体を支配しているわけではなく，数ある認知的リソースの中の1つに過ぎないということである。

なお，その適用範囲はまだ限られているが，意識的な中央制御を用いない認知・行為のシステムはBrooks (1991), Pfeifer & Scheier (1999) などのロボット系の研究ではよく用いられているので参考にされたい。

開放性

前節の実験はゴール制約の機能であるマッチングや評価を外化 (externalize) させた。それによってパフォーマンスにきわめて大きな差を生み出すことができた。つまり通常は内的に働くものを外化することにより，認知の負荷を軽減したり，新たな特徴を発見することが可能になり，結果としてパフォーマンスが改善されることがある。

私たち人間は沈思黙考することもむろんできるのだが，外に働きかけ，その変化に応じて自らの認知・行為を調整し，また外に働きかけを行うという形で認知活動を行っている。実際，人間は問題解決において外界にある情報を積極的に利用する強い傾向があることが明らかになっているし (Shirouzu, Miyake, & Masukawa, 2002)，それによって自分の認知システムに適合するように状況を変化させることも明らかになっている (Kirsh & Maglio, 1994)。そうした意味では，私たちの認知は内部と外部に**分散**しているという，一見当惑するような主張 (Hutchins, 1995; Zhang & Norman, 1994) も説得性を持つ。

認知と外界を分散システムとして考えるというアプローチは，こうした理論的な問題だけではなく，道具の設計 (Norman, 1988)，教材の開発 (Barwise & Etchemendy, 1990)，インタフェースの設計 (植田・遠藤・鈴木・堤, 2002) などさまざまな実践的な問題に対してもきわめて有益である。

本章では，創発認知の観点から，問題解決，特にひらめきを必要とする洞察問題解決のプロセスとメカニズムの解明を試みた。認知の創発性は洞察だけに見られるわけではむろんない。脳科学（茂木, 2003），記憶（Loftus & Kecham, 1994），発達（Granott & Parziale, 2002; Thelen & Smith, 1994），会話(たとえば人工知能学会誌 16 巻 6 号の特集「社会的相互行為」)，ロボティクス (Pfeifer & Scheier, 1999)，哲学 (Clark, 1999; 門脇・信原, 2002) などのさまざまな分野において，その創発的性質の解明に向けて精力的に研究が続けられている。日本認知科学会でも 1999 年には「複雑系科学の観点からみた知能の創発」という特集号が組まれているし，人工知能学会でも 2003 年に「知の起源」，「複雑系と集合知」，2004 年には「創造的活動の理解と支援」などが学会誌，論文誌の特集として組まれている。今後，こうしたさまざまな分野において，創発認知研究がさらに盛んになっていくことであろう。

● **読書案内**
安西祐一郎．1985.『問題解決の心理学』中公新書．
　問題解決の本質をつかむために最適である。やや古い本ではあるが，今日においても重要なテーマが数多く取り上げられている。
市川伸一．1997.『考えることの科学』中公新書．
　本章では思考の中でも問題解決を中心に論じてきたが，思考研究のもう 1 つの柱である推論については，本書を勧める。
鈴木宏昭．2001.「思考のダイナミックな性質の解明に向けて」『認知科学』8, 212–225.
　本章では 1990 年代以降の展開をもとに論を進めたが，70, 80 年代の動向をも含めたものとしては，この論文をご覧になっていただきたい。

引用文献
Barwise, J., & Etchemendy, J. 1990. Visual information and valid reasoning. In W.

Zimmerman & S. Cunningham (Eds.), *Visualization in teaching and learning mathematics,* 9–24. Mathematical Association of America.
Brooks, R. A. 1991. Intelligence without reason. *Artificial Intelligence,* 47, 139–160.
Clark, A. 1999. *Being there: Putting brain, body, and world together again.* MIT Press.
Goldin-Meadow, S. 2003. *Hearing gesture: How our hands help us think.* Harvard University Press.
Granott, N., & Parziale, J. 2002. *Microdevelopment: Transition processes in devlopment and learning.* Cambridge University Press.
橋田浩一・松原仁. 1994.「知能の設計原理に関する試論: 部分性・制約・フレーム問題」『認知科学の発展』7, 159–197.
波多野誼余夫・稲垣佳世子. 1997.「領域と制約」『児童心理学の進歩』36, 222–246.
開一夫・鈴木宏昭. 1998.「表象変化の動的緩和理論」『認知科学』5, 69–79.
Hutchins, E. 1995. *Cognition in the wild.* MIT Press.
Isaak, M. I., & Just, M. A. 1995. Constraints on thinking in insight and invention. In R. J. Sternberg & J. E. Davidson (Eds.), *The nature of insight,* 281–325. MIT Press.
門脇俊介・信原幸弘. 2002.『ハイデガーと認知科学: 第三世代の認知科学』産業図書.
Kaplan, C. A., & Simon, H. A. 1990. In search for insight. *Cognitive Psychology,* 22, 374–419.
Kirsh, D., & Maglio, P. 1994. On distinguishing epistemic from pragmatic action. *Cognitive Science,* 18, 513–549.
Knoblich, G., Ohlsson, S., Haider, H., & Rhenius, D. 1999. Constraint relaxation and chunk decomposition in insight problem-solving. *Journal of Experimental Psychology: Learning, Memory, and Cognition,* 25, 1534–1555.
Loftus, E., & Kecham, K. 1994. *The myth of repressed memory.* St. Martin's Press. (仲真紀子訳『抑圧された記憶の神話』誠信書房, 2000)
MacGregor, J. N., Ormerod, T. C., & Chronicle, E. P. 2001. Information processing and insight: A process model of performance on the nine-dot and related problems. *Journal of Experimental Psychology: Learning, Memory, and Cognition,* 27, 176–201.
三輪和久・寺井仁. 2003.「洞察問題解決の性質: 認知心理学からみたチャンス発見」『人工知能学会誌』18, 275–282.
茂木健一郎. 2003.「脳における生成とクオリア」『人工知能学会誌』18, 385–391.
Norman, D. A. 1988. The psychology of everyday things. Basic Books. (野島久雄訳『誰のためのデザイン: 認知科学者のデザイン原論』新曜社, 1990)
Pfeifer, R., & Scheier, C. 1999. *Understanding intelligence.* MIT Press. (石黒章夫・小林宏・細田耕訳『知の創成: 身体性認知学への招待』共立出版, 2002)
Shirouzu, H., Miyake, N., & Masukawa, H. 2002. Cognitively-active externalization for situated reflection. *Cognitive Science,* 26, 469–501.

Siegler, R. S. 1996. *Emerging minds: The process of change in children's thinking.* Oxford University Press, New York.
Sternberg, R. J. & Davidson, J. E. 1995. *The nature of insight.* MIT Press.
鈴木宏昭. 2001.「思考と相互作用」『認知科学の新展開 2 「コミュニケーションと思考」』163–201. 岩波書店.
鈴木宏昭. 2003.「認知の創発的性質: 生成性, 冗長性, 局所相互作用, 開放性」『人工知能学会誌』18, 376–384.
鈴木宏昭. 2004「創造的問題解決における多様性と評価」『人工知能学会論文誌』19, 145–153.
Suzuki, H., Abe, K., Hiraki, K., & Miyazaki, M. 2001. Cue-readiness in insight problem-solving. *Proceedings of the Twenty-Third Annual Conference of the Cognitive Science Society,* 1012–1017. Lawrence Erlbaum Associates.
鈴木宏昭・開一夫. 2003.「洞察問題解決への制約論的アプローチ」『心理学評論』46, 211–232.
Terai, H., & Miwa, K. 2003. Insight problem solving from the viewpoint of constraint relaxation using eye movement analysis. *Proceedings of the 4th International Conference of Cognitive Science Society,* 671–676.
Thelen, E., & Smith, L. B. 1994. *A dynamic systems approach to the development of cognition and action.* MIT Press.
Zhang, J., & Norman, D. A. 1994. Representations in distributed cognitive tasks. *Cognitive Science,* 18, 87–122.
植田一博・遠藤正樹・鈴木宏昭・堤江見子. 2002.「課題分割の可視化によるインタフェース」『認知科学』9, 260–273.

第5章

創造性

堀　浩一

I. 創造性とは

■ 1. 創造性へのアプローチ

　本書の他の章で紹介されているようなさまざまな認知プロセスが解明されるにつれ，研究者の興味がこれまではなにやら神秘的なものとして扱われることも少なくなかった創造性という対象にまで広がってきたのは自然の成り行きであろう。まだ十分に多くの研究がなされてきたとは言いがたいが，少しずつ創造性にかかわる認知科学研究の成果があがりつつある。本章ではそれを紹介してみたい。

　まず，創造性というのは，いったいなにものであろうか？

　創造性の前に，創造とは何かを考えてみると，「創造とは，いままでになかった新しい価値あるものを作り出すことである」というのがごく一般的になされる説明である。新しくてかつ価値がある，というのを創造の判定基準として用いるのがふつうである。

　他の認知科学の研究領域では，「理解」「発話」などという行為を表す単語の後ろに「性」という字を付加して，「理解性」「発話性」というような単語が用いられることはない。なぜ，創造にだけ創造性という単語が付随しているのであろうか。その１つの理由は，創造というのは何か特殊な行為で，それを可能ならしめる何か特殊な能力あるいは性質があるに違いないと考え，それに創造性という名前をつけたからである，と考えることができよう。創造

　本章の記述の一部は，堀による人工知能学会誌解説論文（2004年）および日本デザイン学会誌解説論文（2002年）をもとにしている。

性にかかわる認知科学研究で明らかになったことは，そのような特殊な能力あるいは性質というものは存在しないと言ってよい，ということである．以下に，その中身を紹介していこう．

創造性への研究のアプローチには，大きく分けて3種類のアプローチがある．1種類目は，**逸話的**(anecdotal)と名づけられるアプローチである．これは，過去に創造的な仕事をなしとげた人々の創造の過程を分析し，そこから創造にかかわる特徴を抽出しようとするアプローチである．2種類目は，**認知的**(cognitive)と名づけられるアプローチである．これは，創造にかかわる認知プロセスのモデルを構成し，それを心理学的な実験などにより検証しようとするアプローチである．3種類目は，**創造活動支援**(creativity support)と名づけられるアプローチである．これは，創造活動を支援するツールを作成し，そのツールの使用から生じる認知プロセスの差分を調べることにより，創造の認知プロセスを探っていこうとするアプローチである．

第1のアプローチの場合は，単に伝説を述べるにとどまり，十分に一般性を持たない知見を提出するにとどまることも少なくないが，その中でも相当きちんと議論した仕事の例としては，Gardner (1993) の研究を挙げることができる．Gardnerは，フロイト，アインシュタイン，ピカソ，ストラビンスキー，エリオットなどの創造過程を追いかけて，そこから創造性に迫ろうとしている．

Edmonds & Candy (2002) は，創造的な設計者の仕事を分析した結果，創造的な仕事においては，次のような条件が共通して存在していたとしている．

- Breaking with convention: いつものやり方，いつもの考え方からの逸脱が重要．
- Immersion: 仕事に没頭できることが重要．余計なことに邪魔されてはいけない．
- Holistic view: 問題の全体を系統的にまた多視点から見ることが重要．
- Parallel channels: 多くの異なるアプローチや視点を同時に活性化させておくことが重要．
- Intrinsic motivation: 外的動機づけよりも内的動機が重要．

第2のアプローチと第3のアプローチについては，節をあらため，少し詳しく紹介する．さらに，その中で第3のアプローチの具体例を第II部で紹介

する。

■ 2. 創造的認知

本節においては，創造的認知（creative cognition）と呼ばれる研究のアプローチを紹介する。

創造的認知のアプローチのめざすところは，創造を特徴づける認知プロセスの原理を明らかにすることであるが，結論を先に言ってしまえば，創造という1つの特別の認知プロセスが存在するのではなく，さまざまな認知プロセスの集大成として創造という行為が成立していることが分かってきた。さらに，その認知プロセスの集大成がマクロに見て創造的となるかどうかを制御するミクロなパラメータの存在も次第に明らかになりつつある。

Boden (1991) は，まず H-Creativity と P-creativity という 2 種類の creativity を区別することを提案した。H-creativity というのは歴史的 (historical) に見て新しいものを生み出すという意味での creativity である。P-creativity というのは心理学的 (psychological) に見てその人の頭の中で今までにはなかった新しいものを生み出すという意味での creativity である。ただし，新しいものを生み出すといっても，ある決められたルールに従い，同一の概念空間の中で新しいものを生み出すプロセスは，creative なプロセスとは言わない。概念空間を変形し，別の空間の中で新しいルールで新しいものを生み出したとき，creative と言おうと Boden は定義した。その後，P-creativity と H-creativity との区別は無意味であるというような批判も出たが，後述する創造活動支援の研究者の多くは筆者も含めて，新しい概念空間を作ってそこで新しいものを生み出すという意味での creative なプロセスを支援しようとしていると言ってよい。たとえば Gero は，設計を 1) routine design, 2) innovative design, 3) creative design の 3 種類に区別することを提案した (Gero, 1994)。routine design とは，すべての必要な知識がそろった状態でなされる設計のことである。innovative design とは，扱う変数はいつもと同じだが，変数のとりうる値をいつもとは違う領域に振るような設計である。creative design とは，新しい変数を導入して行う設計である。この Gero の creative design の定義も，ものを考える空間自体が新しいものに変わるという意味で，Boden の提案と共通していると言える。

これらの大枠の議論に比べてもっと詳細な議論を心理学的な実験にもとづ

いて行った最初の研究は，Finke らによるものである (Finke *et al*, 1992; Smith *et al*, 1995)。Finke は，geneplore モデルと称する generation と exploration のサイクルからなるプロセスのモデルを提案した。これは，generation of preinventive structure（発明先行構造の生成）と preinventive exploration and interpretation（発明先行探索と解釈）という2つのプロセスのループから創造の過程が成り立っているとするモデルである。それぞれのプロセスは，product constraints（産出物への制約）を受けており，また，2つのプロセスのループにおいて，focus or expand concept（概念の絞り込みと拡張）がなされる。

このモデル自体は，エンジニアリングの観点から見れば単に generate and test のモデルに過ぎないと言うこともできるが，Finke らの研究が興味深いのは，さまざまに条件を変えて，どういうときにどういうふうにそれらのプロセスが変化するかを調べたことである。たとえば，「creative に作ってみてください」という教示を与えたときと与えなかったときで，作品の質は変わるだろうか，構造を考えてからその機能を考えてくださいという教示を与えたときと機能を考えてからその構造を考えてくださいという教示を与えたときの違いはどうだろうか，などというようなことを実験により調べている。いろいろな実験がなされているが，基本的には，半球や円，直線などのさまざまな部品の絵を被験者に与えて，被験者に目をつむらせて頭の中でそれらの部品を組み合わせることにより新しい作品を作ってもらう，という方法で実験が行われた。創造的であったかどうかの評価は，作品の質を専門家が採点するという方法により調べられている。いくつかの実験結果を下に例示してみる。

- 使える部品を制限した方が制限しないときよりも創造的になった。
- 解釈の領域を制限する場合，物のカテゴリーあるいは機能(たとえば座るための物)を制限する場合，物の特定の型(たとえば椅子)を制限する場合，という3種類の場合を比較したところでは，カテゴリーあるいは機能を制限するときにもっとも創造的になり，特定の型を制限するともっとも悪い結果となった。
- 解釈のカテゴリーを先に決めない方が創造的になる。
- 自分が生成したものに解釈を与えた方が，他人が作ったものを解釈する場

合よりも創造的になる。
- 機能を考えてから形を考える（form follows function）場合よりも，形を考えてから機能を考える（function follows form）場合の方が創造的になる。

これらの中でも，後述する創造活動支援ツールを作る立場から興味深いのは，「機能を考えてから構造を考える」（form follows function）場合と「構造を考えてから機能を考える」（function follows form）場合との比較である。普通に設計支援システムなどのツールを作る場合，設計は機能から構造へと進むと考えるのが一般的なので，ツールもその流れに合わせて作られている。ところが，Finke の実験によると，なんでもいいから構造を先に考えてあとからその機能を考えた方が，機能に従って構造を考える場合よりも創造的な作品ができる，という結果が示されている。この結果を実際に設計などの仕事に取り入れるとすれば，ツールはもちろんのこと，設計の仕事の流れそのものの大きな変革を要求することになる。しかし，残念ながら Finke の実験は，心理学的なコントロールを厳密に行うために，非常に限定された状況で行われており，それをそのまま実践の場に持ち込むことはできない。また，次節で示すように，実際の優秀な設計者の仕事の分析からは，Finke の示した結果とは少々異なる認知プロセスが観察されている。

諏訪は，建築設計の専門家による建築の初期設計の段階の仕事を詳細に分析し，手描きの図面の効果を明らかにし，設計者が図面から何を読み取り，どのように思考空間が変遷していくかを，詳細に分析した（Suwa *et al.*, 1998）。その結果，優秀なプロの知覚・認識のプロセスには，素人とは異なるプロセスが存在していることを明らかにしつつある。

認知プロセスにおいて，概念空間が，ある条件下ではどうして1つの固定された空間にとどまってしまい，ある条件下ではどうして新しい空間に遷移しうるのかを，数学的に議論しようとする試みもなされている（開・鈴木，1998; Hori, 1993; 堀, 1994a; Hori, 1996）。これらの定式化は，創造的認知プロセスの特徴をできるだけ客観的かつ定量的に議論するために有用であると思われるが，容易に想像されるように，創造的認知プロセスにおいては，数多くのパラメータが非線形に関係していると考えられる。今後，それらのあいだの関係を少しずつ明らかにしていくことが必要である。

■ 3. 創造活動支援ツール

　創造活動支援ツールと称する一群のツールの研究が存在している。創造性支援という用語も使われることがあるが，筆者は，創造性支援というのはややまぎらわしい用語なので，創造活動支援の方がよいのではないかと考えている。creativity support という用語も最近は広く使われるようになってきている。

　筆者をはじめとする多くの創造活動支援ツールの研究者が暗黙のうちにかもしれないが前提としているのは，次のような仮説である。

　仮説: 使用するツールを変えると，ツールを利用しながら行う仕事にかかわる認知プロセスは変化する。

　これは，一見自明なことのようにも思われるが，必ずしもそうではない。多くの人工知能研究においては，なんらかの知能のモデルを作り，それを計算機上に実現してみることにより，モデルの正当性を検証する，という方法が取られてきた。創造活動支援の研究は，それとは一線を画することになる。なぜなら，この仮説は，創造的認知プロセスというものが先にあって，それをまねしたり支援したりするツールを作る，という人工知能研究と同じような研究方法が不可能であることを意味するからである。ツールを作って使ったとたんに，認知プロセスそのものが変化してしまうのである。したがって，先にプロセスのモデルを作って，それに合ったツールを提案する，という方法は取れないことになり，ツールを作って使ってみては，認知プロセスの変化を観察し，その結果を受けて，またツールを作り直してみる，という試行錯誤のループを繰り返さざるをえないということになる。理想的には，それらの繰り返しの結果，人間の認知プロセスとツール使用の効果の全体を包含したモデルの構築をめざす，ということになるであろう。

　ツールを変えると認知プロセスが変化する，という仮説を実際的な仕事の場面で実証することは必ずしも容易ではない。特に創造的な認知プロセスというものをあまり頻繁に生じないプロセスに限定するならば，入手できるデータが極端に少なくなってしまい，認知プロセスの変化がツールの効果によるものなのか別の要素によるものなのかを区別するのが困難になってしまう。が，創造的なプロセスに限定せず，認知プロセス全般に広げるならば，この仮説が成立していることを示した研究は多く存在しており，創造的認知プ

ロセスについても同じ仮説が成立することは，ほぼ間違いないであろうと推測される．

初期の研究においては，創造的認知プロセスの特徴的な部分のみを取り出して支援するようなツールの研究が多かったが，現在においては，一般的な機能との全体的な統合が重視されるように変わってきている．

ツールの観点から見たときも，2節で紹介した異なる概念空間への遷移を支援することが，創造活動支援ツールの重要な目標の1つになる．この目標を含むかどうかが，一般的な知的活動支援ツールと創造活動支援ツールを区別する1つの目安になると考えられる．

では，どうすれば，概念空間の変化を支援できるであろうか．この問いに対する正解が1つに定まっているはずはなく，研究者は，さまざまな方法を試してきている．

2節で紹介したように，Finke は，"function follows form" というプロセスの方が "form follows function" というプロセスよりも創造的な産物を生むという実験結果を示した．では，実際の優秀なプロの設計者の場合はどうであろうか．これについては，設計学の分野において，プロの設計者による設計の過程の詳細なプロトコル分析が積み重ねられつつある．たとえば，Cross が調べたところによると，当然かもしれないが，実際の設計において，function と form のあいだの関係は，一方向に1回だけ進むのではなく，問題と解のあいだを行ったり来たりしながら進むことが明らかにされ (Cross, 1996)，さらに優秀な設計者の場合は，解空間をさがす戦略的知識が異なることも示されている (Cross, 2001)．

Fischer et al. (2001) は，概念空間を変化させるために必要なのは，Human-Computer Interaction ではなく，Human-ProblemDomain Ineraction であると主張し，なんらかの breakdown によって概念空間の遷移が起こるとしている (Fischer, 1994)．また，Fischer らは，知識の creation, integration, dissemination のサイクルを統合的に扱う必要がある，と主張している．

Candy et al. (1993)は，perception-action link から知識が生まれると主張した．

堀は概念を2次元の空間に表現する AA1 と称するシステムの実験を行い，空間表現の効果を主張した (Hori, 1994b)．

Shneiderman (2000; 2002) は，創造活動には，collect, relate, create, donateの4種類の活動が含まれ，支援ツールとしては，searching, visualizing, consulting, thinking, exploring, composing, reviewing, disseminatingの8種類のタスクを支援しなければならないと提案している．

創造活動支援の研究をもっとも実践的に進めているのは，イギリスのラフバラ（Loughborough）大学から最近オーストラリアのシドニー工科大学に移ったEdmondsのチームであろう．Edmondsのチームにおいては，芸術家と情報技術者が協力しながら，芸術作品を創作するという壮大な実験を進めているが，芸術的にも価値のある作品が生み出され始めている（Edmonds & Candy, 2002）．

すでに，創造活動支援の研究は，言わば研究者の遊びの時代は終わり，本当に役に立つ実践の時代に入ったと言ってよい．第4回ACM Creativity and Cognition国際会議のパネル討論において，Shneidermanは，そろそろdepartment of creativity and ITを大学に設置することを提案できるくらいの段階になってきたのではないかと述べた．この新しい学科の可能性とミッションなどを例題に，creativity supportの役割に関して会議後も議論が続いたが，その結果を，Candyと堀がまとめて報告している（Candy & Hori, 2003）．

II. 創造活動支援ツールの研究

筆者らのグループの庄司は，買い物における店員と客の会話のような日常的な行為の場面においても，これまでに創造活動支援研究が明らかにしてきたような創造的認知プロセスが働いていることを見出した（庄司・堀, 2001; Shoji, 2003）．これについて少し詳しく紹介してみたい．

庄司は，16人の被験者を使って，買い物に行くときにはいつもテープレコーダを持参してもらって，店員との会話を録音してもらう，という観察を行った．107件の買い物のプロトコルデータのうち録音状態の悪いものと指示語の使用などにより意味不明のものを除いた51件のデータについて分析を行った．その結果，優秀な店員とそうでない店員とでは，インタラクションのパタンに違いがあることが発見された．その典型的な例を示そう（図1）．

異なる被験者の異なる買い物の事例なのだが，たまたま5件の買い物において，購入しようとしたジャケットの丈が短いと思うという同じ状況に陥った．まず，購買に至らなかった会話の例を1つ示す．

図1　客と店員の会話例

客「短い」
店員「ではこの長いのを」
→ 購買不成立

客「短い」
店員「バランスの問題です」
→ 購買成立

客: そうそう，もうちょっと長くね。これだと，ちょっと短すぎて。なるべくお腹をかくしたいんで。
店員: それですと，こちらなんか，いかがでしょうか？　ウエストにタックをとって，裾は長くとったデザインになっていますよ。
客: うーん。そうですねー。ちょっと，こういうのは雰囲気合わないです。

次に，購買に至った会話の例を示す。

客: ちょっと丈が短いですよね。
店員: 今年はこういうデザインになってるんですよね。どこも大体，短めですね。長めの丈がお好きでいらっしゃいますか？
客: もうちょっと腰のあたりがないと，カバーできないっていうか。
店員: 下に持ってくるものとのバランスですよね。今は，短めのタイトスカートなので，そうお思いになると思うんですが，ロングスカートですと，それほど気になりませんよ。

結果として，後者の例では，ジャケットとロングスカートの両方を売ることに成功している。

ここで特徴的なのは，前者の購買に至らなかったケースでは，客がジャケットが短いと言ったら店員は素直に長いジャケットを提示したのに対して，後者の購買に至ったケースでは，ジャケットの丈という変数を問題にする世

界から，バランスという別の変数を扱う世界にメンタルワールドを変化させていることである。これに創造的会話という名前をつけることは大げさかもしれないが，思考の対象としている概念空間が別の空間に不連続にジャンプするという現象は，まさに創造的認知プロセスの特徴と合致している。

　従来，創造性と言うと，芸術家や研究者などの特殊な職業の人々の特殊な能力と思われることが多かった。しかし，上の例を見ると，人々は，日常の買い物のような場面においても，創造性を発揮している，あるいは，創造性を特徴づける認知過程と同様の過程を上手に実現している，ということが言えそうである。

　このような人と人とのあいだの豊かなインタラクションを，人とコンピュータのあいだのインタラクションに期待することはできるだろうか。すぐに思いつくのは，優秀な店員同様の優秀なコンピュータを作るという道である。人工知能研究における知識処理の研究やエージェントの研究の成果を総動員すれば，それも不可能ではないと思われる。優秀な店員は，商品に関する豊富な知識を持っているはずだし，さらに，客とのインタラクションを創造的に進めるためにその商品知識を上手に使う上位の戦略的な知識も持っているはずである。実際，筆者らのグループは，知識処理システムと思考支援システムを結合したシステムを作ることにより，優秀な店員と同じではないがそれと同等の役割をコンピュータに持たせることができることを実証した。これは，飛行機の設計知識を十分に蓄えた知識処理システムを用意し，さらに，その知識の使い方をいつもとは違うような使い方，すなわち機能要求を平均的に満たすのではなく，要求の優先順位に極端に差をつけて，極端な変数の値が得られるような使い方を，ユーザーに示唆できるようなシステムであった (Hori, 1997)。このシステムは，ユーザーとインタラクトしながら，従来考えられなかったような飛行機の設計案を自動的に提案することができたが，その研究から明らかになった1つの課題は，ユーザーのメンタルワールドを効果的に変化させるためには，そのための戦略的な知識の問題を考えなければならないということであった。人間とコンピュータが上手にインタラクトするためには，それをコントロールするための戦略的知識があるはずで，その戦略的知識を使った戦略知識処理が必要なのではないかと筆者らを含め多くの研究者が考えるようになった。戦略的知識は，一言で言ってしまえば，知識を使うための知識であるが，実際に人間の知的活動においてどの

ような戦略的知識が存在してどのように利用されているのかは，まだ十分に分析されていない (Hori, 2000)。

コンピュータが戦略知識を直接用いてインタラクションをコントロールするという方法とは別の方法として，筆者らが試みているもう1つの方法がある。それは，コンピュータから人間に情報を提供する際の表現操作系を変化させると，異なる戦略知識に従ってインタラクションを制御したのと同等の効果が得られる，という考え方にもとづく方法である。

庄司と筆者は，オンラインショッピングにおけるユーザーインタフェースで，商品の検索結果の表示を変化させることにより，ユーザーの認知プロセスがどう変わるかを実験的に調べるという研究を行った（Shoji & Hori, 2003)。このシステムは，日本酒のデータベースを備えており，ユーザーは自分の欲しい日本酒をデータベースから探すことができる。被験者には，たとえば，新入生歓迎コンパで飲むお酒を決まった予算で選んでほしいとか，外国からのお客さんを招くパーティのためのお酒を選んでほしいというような課題を遂行してもらった。被験者は，お酒に詳しい人とそうでない人，またコンピュータの利用経験が豊富な人とそうでない人に分類されていた。図2(a)は，普通に多くのシステムでも見られる検索結果のリスト表示である。この例では，純米大吟醸酒または純米吟醸酒または大吟醸酒で，値段が2000円から5000円のものという条件で検索した結果が示されている。一方，図2(b)（巻頭の口絵参照）は，商品と商品の類似度にもとづき，多次元尺度構成法を用いて，商品を2次元空間上に配置したものを表示した例である。この図の例の場合は，産地，基本分類，値段，原料米，アルコール度，日本酒度，酸度，アミノ酸度という属性の値にもとづいて類似度を計算した結果を空間表示したものである。どの属性を類似度の計算に用いるかは，ユーザーが指定できる。2種類の酒が空間の中で近い位置にあるほど，類似度の高いお酒であることを意味する。縦軸と横軸に明示的な意味はない。さらに，この空間の中で，たとえば，値段が2000円から5000円のものというような条件を指定することができて，空間の中で条件を満たした酒を表す点は別の色で表示される。さて，この図2(a)のリスト表示を行うシステムの場合と図2(b)の空間表示を行うシステムの場合とでは，ユーザーとコンピュータとのインタラクションから生まれるユーザーのメンタルワールドの変化には違いがあるだろうか，ないだろうか。庄司と筆者らは，それを詳細に分析した。その

図2(a)　酒データベースの検索リストの表示

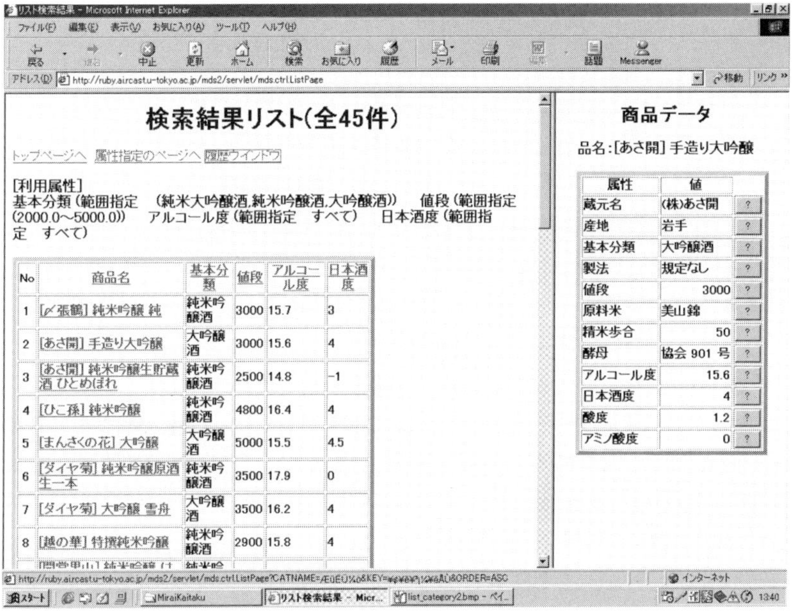

結果，リスト表現の場合は，あまり優秀でない店員との会話同様に，特定の属性にとらわれて検索が進むのに対して，空間表現の場合は，優秀な店員との会話同様に，別の属性を組み合わせて考えるメンタルワールドをユーザーが新しく構成する，という現象が観察された。その詳細は文献（Shoji, 2003）に譲るが，ここで言いたいことは，リストが駄目で空間は良い，ということではない。そうではなく，表現操作系を少し変化させただけで，戦略的知識を適用するのと同様な効果が生まれるという事実である。たとえば，この実験システムにおける空間表現の場合は，検索要求を満たしたという色づけのされた商品の集まりの中に色づけされていない商品が混ざっていることに着目することにより，メンタルワールドが大きく変化するというような現象が観察された。

　しかし，表現操作系の何をいつどのように変化させると，認知プロセスの何がどう変わるのか，という分析はまだ十分に行われていない。筆者らの研究をはじめ，いろいろな研究者により，この問題に関する知見が少しずつ蓄えられようとしているところである。

創造活動支援システムに関する研究は，今，統合と実践の時代に入りつつあると言ってよい．創造的認知プロセスはまだ分からないことだらけだが，いずれにしてもさまざまなプロセスのさまざまなパラメータが複雑に非線形に関係し合っていることは間違いないであろう．認知科学の立場からは，それらの関係を1つずつ明らかにしていく必要があるが，ツールを作る立場から言うと，ほんの少しのパラメータをいじっても実用上役に立たないので，仕事の全体を支援するためのツールを作って，実際の仕事に使ってもらいたいと考えるように変わってきている．

　筆者らは，日常的にかつ長期的に使われる創造活動支援ツールを提案してきている．それらのツールは，単独の特殊なツールとして使われるのではなく，普段の仕事に用いられるツールと統合されて使われることをめざしている．柴田は，研究者や実務者の普段の情報管理ツールと文章作成ツールに創造的認知プロセスを支援する機能を組み込んだツール群を提案した (Shibata & Hori, 2003)．網谷は，モーターショーなどのイベントを創造的に設計するための支援システムを提案しているが，そこでは，イベント来場者にウェアラブルコンピュータを装着してもらい，従来は把握できていなかった来場者の行動を把握することにより，知識の見直しを行うというような，設計の仕事全体の見直しにつながるような，統合的なシステムを提案し，成功をおさめている (Amitani et al., 2002; 網谷, 2003)．筆者らは，これらのシステムに共通するシステムの概念として，知識の液状化と結晶化のサイクルからなる知識再構成支援システムの概念を提案している (Hori et al., 2004)．このシステムの基本概念は，知識を静的なかたまりとして扱うことはできず，動的に有機的な存在として扱わなければならない，という Fischer et al. (2001) の主張と基本的な考え方を共有している．

　10年ほど前には怪しい研究分野と思われることも少なくなかった創造性にかかわる研究は，着実に進歩を続けている．残念ながら科学的な実験結果の蓄積はまだ不十分だが，工学的な実践の仕事は広がりと深みを増してきている．この分野の研究を進めるためには，いろいろな分野の研究者の協力が必要不可欠である．認知科学や人工知能の研究は，もともとそのような性格を持っていたが，認知科学の黎明期のような興奮渦巻く研究の活力を取り戻すためにも，創造活動支援と創造的認知プロセスの研究は，良い研究対象であるに違いない．

● 読書案内

Finke, R. A., Ward, T. B., & Smith, S. M. 1992. *Creative cognition.* MIT Press.（小橋康章訳『創造的認知——実験で探るクリエイティブな発想のメカニズム』森北出版, 1999）
創造性にかかわる認知プロセスを認知心理学的な実験により明らかにしようする著者らの一連の仕事を述べた書。心理学的に制御された実験とその結果が面白い。

Boden, M. 1991. *The creative mind: Myths and mechanisms.* Basic Books.
それまであまりに多くの要素をごっちゃに議論されることの多かった創造性の問題に認知科学的にアプローチすることの可能性を示した書。

引用文献

Amitani, S., Mori, M., & Hori, K. 2002. An approach to a knowledge reconstruction engine for supporting event planning. In E. Damiani *et al.*(Eds.), Proc. of KES2002, 1281–1285, IOS Press.

網谷重紀・森幹彦・柴田博仁・庄司裕子・堀浩一, 2003.「イベント設計における知識創出のための方法論と知識再構築支援システムに関する研究」『日本知能情報ファジィ学会誌』15(3), 286–296.

Boden, M. 1991. *The creative mind: Myths and mechanisms.* Basic Books.

Candy, L., O'Brien, S. M., & Edmonds, E. A. 1993. End-user manipulation of a knowledge-based system: A study of an expert's practice. *International Journal of Man-Machine Studies,* 38(1). 129–145.

Candy, L., & Hori, K. 2003. The digital muse: HCI in support for creativity: Creativity and cognition comes of age: Towards a new discipline. *ACM Interactions,* 10(4), 44–54.

Cross, N. 1996. Creativity in design: Not leaping but bridging. Proceedings of 2nd International Symposium on Creativity and Cognition, 27–35. Loughborough UK.

Cross, N. 2001. Strategic knowledge exercised by outstanding designer. In J. S. Gero, & K. Hori (Eds.), *Strategic knowledge and concept formation III.*

Edmonds, E., & Candy, L. 2002. Creativity, art practice, and knowledge. *Communications of the ACM,* 45(10), 91–95.

Finke, R. A., Ward, T. B., & Smith, S. M. 1992. Creative cognition. MIT Press.

Fischer, G. 1994. Turning breakdowns into opportunities for creativity, *Knowledge-Based Systems,* 7(4), 221–232.

Fischer, G., & Ostwald, J. 2001. Knowledge management: Problems, promises, realities, and challenges. *IEEE Intelligent Systems,* 16(1), 60–72.

Gardner, S. 1993. *Creating minds.* Basic Books.
Gero, J. S. 1994. Computational models of creative design processes. In T. Dartnall (ed.), *Artificial intelligence and creativity (Studies in Cognitive Systems,* Vol. 17), 269–281. Kluwer Academic Publishers.
開一夫・鈴木宏昭. 1998.「表象変化の動的緩和理論: 洞察メカニズムの解明に向けて」『認知科学』5(2), 69–79.
Hori, K. 1993. A model for explaining a phenomenon in creative concept formation. *IEICE Transactions on Information and Systems,* E76-D (12), 1521–1527.
堀浩一. 1994a.「発想支援システムの効果を議論するための一仮説」『情報処理学会論文誌』35(10), 1998–2008.
Hori, K. 1994b. A System for aiding creative concept formation. *IEEE Transactions on Systems, Man, and Cybernetics,* 24(6), 882–894.
Hori, K. 1996. A model to explain and predict the effect of human-computer interaction in the articulation process for concept formation. In Y. Tanaka, H. Kangassalo, H. Jaakkola, & A. Yamamoto (Eds.), *Information Modelling and Knowledge Bases,* 7, 36–43. IOS Press.
Hori., K. 1997. Concept space connected to knowledge processing for supporting creative design. *Knowledge-Based Systems,* 10(1), 29–35.
Hori, K. 2000. An ontology of strategic knowledge: Key concepts and applications. *Knowledge-Based Systems,* 13(6), 369–374.
Hori, K., Nakakoji, K, Yamamoto, Y, & Ostwald, J. 2004. Organic perspectives of knowledge management: Knowledge evolution through a cycle of knowledge liquidization and crystallization. *Journal of Universal Computer Science,* 10(3), 252–261, Springer.
Shibata, H., & Hori, K. 2003. An information management system with the facility to support long-term creative thinking. *New Generation Computing,* 21(1), 23–36.
Shneiderman, B. 2000. Creating creativity: User interfaces for supporting innovation. *ACM Transactions on Computer-Human Interactions,* 7(1), 114–138.
Shneiderman, B. 2002. Creativity support tools. *Communications of the ACM,* 45(10), 116–120.
庄司裕子・堀浩一. 2001.「オンラインショッピングシステムのインタフェースの向上へ向けて——実購買行動の分析結果からの示唆」『情報処理学会論文誌』42(6). 1387–1400.
Shoji, H., & Hori, K. 2003. Creative communication for chance discovery in shopping. *New Generation Computing,* 21(1), 73–86.
Smith, S. M., Ward, T. B., & Finke, R. A. (Eds.) 1995. *The creative cognition approach.* MIT Press.
Suwa, M., Purcell, T., & Gero, J. 1998. Macroscopic analysis of design processes based on a scheme for coding designers' cognitive actions. *Design Studies,* 19(4), 455–483.

第6章

言 語

大津由紀雄・今西典子

はじめに

　心 (mind) の構造と機能の解明をめざす認知科学にとって，言語は特別な意味を持つ。事実，言語学は，認知心理学，計算機科学，脳科学などとともに，現代認知科学を支える重要な柱の1つと言われてきた。この章では，言語の認知科学について，その主要な問題の整理と研究事例の紹介をする。

　「言語」という術語はさまざまな意味に用いられるので，行き違いが起こらないように，まず，この章でいう「言語」とは，話者の脳に内蔵された知識を指すという点を明確にしておこう。たとえば，日本語とは，日本語を母語とする人(以下，「日本語話者」［一般に，X語を母語とする人を「X語話者」と呼ぶ］)が脳に内蔵している言語知識を指す。[1] なお，日本語とかスワヒリ語とか，特定の言語を問題にするときには，「個別言語」と呼ぶことがある。

I. 言語の認知科学

　認知科学にとって言語が重要である理由は多岐にわたるが，なかでも大切なのは次の諸点である。

(1) 言語は種に固有である。(**種固有性**)
(2) 言語は種に均一である。(**種均一性**)
(3) 言語の個体発生には**生得** (innate properties) と**学習** (learning) のいずれもが重要な役割を果たしている。

---

[1] この点を明確にするために，「内部言語」(Internal language, I-language) という術語を使う場合もある。

言語を身につけることができるのはヒトという生物種（*homo sapiens*）だけである（種固有性）。[2] また，ヒトという生物種に属する個体は，（生まれつきの重度な神経障害などを伴わない限り）例外なく，言語を身につける潜在的能力を持っている（種均一性）。

　ここで，言語の個体発生（以下，簡略に「**言語獲得**」）について考えてみよう。最終的にどの個別言語が獲得されるのかは，生後どの個別言語の経験（生後，外界から取り込む情報）を取り込むかによって決まるのであるから，言語獲得に学習が関与していることは間違いない。

　次に，言語獲得の最終産物である，大人の言語（知識）の性質について考えてみることにしよう。現代の理論言語学の成果は，① 大人の言語知識の豊かさと抽象性から判断して，その獲得は経験と一般的知識獲得機構を想定しただけでは説明できるとは思われないということと，② 表面的な多様性にもかかわらず，ヒトが獲得できる言語（「**自然言語**」）は共通の基盤に支えられている（普遍性がある）と考えられるということを理論的および実証的に示している。

　① について，具体的な例を挙げて説明しよう。

(4)　太郎が　机を　　押した
(5)　机を　　太郎が　押した

(4) と (5) の違いは，「太郎が」と「机を」の語順が入れ替わっているだけである。「が」を伴った表現と「を」を伴った表現をこのように入れ替えても，（ニュアンスの違いはあっても）基本的な意味は変わらない。押し手は太郎で，押している対象は机である。このような入れ替え操作を「**かきまぜ**」（scrambling）と呼ぶ。表面的には，かきまぜは「が」を伴った表現と「を」を伴った表現を入れ替えているだけのように見える。これだけのことであれば，日本語を獲得しようとしている子どもが (4) と (5) に類する経験を取り込み，それが基本的に同義であることを認識さえすれば，一般的知識獲得機構を使って[3]，日本語はかきまぜが許されるという知識を獲得することが可

2　「言語（ことば）を身につけたチンパンジー」という表現を使う場合もあるが，それはあくまで比喩的な意味での「言語」で，ヒトの言語と同質の知識をヒト以外の生物種が身につけることができるということではないことに注意しなくてはならない。
3　実際のところは，そんなに単純な話ではなが，ここでは深入りしない。

能だと言えるかもしれない。ところが、目に見えないところ（抽象的なレベル）ではそれ以上のことが起きているのである。そのことを見るために、次の文をみよう。

(6) みんなが　なにかを　押している
(7) なにかを　みんなが　押している

いま、話をわかりやすくするために、太郎、次郎、三郎の3人と机、椅子、棚の3つのものしかない世界を想定しよう。さらに、太郎も、次郎も、三郎もなにか共通のもの（たとえば、机）を押している状況（世界Ⅰ）を考える。この世界Ⅰで、(6)は真となる（成立する）。しかし、(6)は太郎は机を、次郎は椅子を、そして三郎は棚を押している状況（世界Ⅱ）でも真となりえる。つまり、(6)は2つの解釈を許すあいまいな（ambiguous）文なのである。

(7)は(6)にかきまぜを適用しただけの文である。ここで、(7)の解釈を考えてみよう。(7)は世界Ⅰでは真となりえるが、世界Ⅱでは偽となる（成立しない）。

日本語話者はだれでも(6)，(7)に関してこれらの判断を下すことができる。[4] そして、そのような判断を下すことができるのは日本語話者に限定される。では、その基盤にあると考えられる日本語（の知識）は一体どのようにして獲得されたのだろうか。それが経験と一般的知識獲得機構のみによって獲得されたとは考えられないことは明らかである。

①の状況を「**刺激の貧困**」（poverty of the stimulus）と呼び、それにもかかわらず言語獲得が可能なのはなぜかという問題を、プラトン『対話篇メノン』でのソクラテスと奴隷の少年との対話に準えて、「**プラトンの問題**」（Plato's problem）と呼ぶ。

言語の普遍的基盤については、以前から、類型論（typology）研究者などの関心を集めてきたが、現代の理論言語学は、言語普遍性は遺伝によって規定された（その意味で、生得的な）言語機能（faculty of language, FL）に由来するものと考え、生物学的な意義づけをした。具体的には、②は①と融合され、次のような言語獲得モデルが提案されている。

---

[4] 急いで付け加えておけば、日本語話者はだれでも即座にそのような判断を的確に下すことができるというわけではない。自分が下しうる判断がどのようなものであるのかを見極めるためにはある程度の訓練が必要とされる場合がある。

経験 → 言語獲得装置（Language Acquisition Device, LAD）→ 個別言語

LAD は FL をその中核に含むものと考える。このモデルは FL という言語獲得に固有の仕組みがあると考える点に重要な特徴がある。なお，FL の初期状態の理論を**普遍文法**（Universal Grammar, UG）と呼ぶ。言語普遍性に生物学的意義づけをすることにより，言語の種固有性（= 1）と種均一性（= 2）を説明しようとする試みなのである。LAD は生物学的意義づけがなされているから，定義により生得的である。しかし，LAD だけでは言語の獲得は達成されない。経験が不可欠である。この言語獲得モデルを基盤に研究を推進しているのが生成文法理論の研究者たちである。

このモデルを実質化するにあたって，考慮しなくてはならない要件が 2 つある。1 つは，LAD の中味は刺激の貧困状況が存在するにもかかわらず言語獲得が可能であることを説明できるほどに豊かな内容のものでなくてはならない。しかし，同時に，適切な経験を取り込みさえすれば，表面的には多様な可能性を許容する個別言語のいずれであっても獲得が可能であることを説明できるほどに抽象的な（個別言語から距離を置いた）ものでなくてはならない。

この両方の要件を満たすモデルとして，広く受け入れられている考え方が「**UG に対する原理とパラメータのアプローチ**」（Principles-and-Parameters Approach to UG, P&P）である。P&P は，UG は可変部（parameter）を含む有限個の原理から成っている体系で，言語獲得の過程は，経験と照合させることによって，その可変部の値を設定する過程（parameter setting）であると考える。P&P を出発点に膨大な量の理論的・実証的研究が行われ，認知科学の進展に大きな貢献をしてきた。

生成文法理論は，上に述べた，言語の性質の特定（普遍性と個別性）とその獲得に関する研究に加えて，言語理解や言語産出（発話）に代表される言語（知識）の使用に関する研究もその一翼を担わせることによって，言語の認知科学の堅固な基盤を築き上げた。そして，近年では，進展著しい，高次脳機能に関する研究と相まって，言語の脳科学の地平を切りひらき始めている。進化研究との有機的な共同プロジェクトも視野に入り始めているが，現在のところはまださほど実質的な成果はあがっていない。

第 II 部では，事例研究として，言語の普遍性と多義性という観点から再帰

代名詞の問題を取り上げる。そこで整理される普遍性と多様性を心がどのように許容するのかについて考えてみたい。

II. 言語の普遍性と多様性

認知科学の進展に理論的にも実証的にも貢献をなす言語の研究事例の1つに照応（anaphora）に関する研究がある。照応表現（anaphoric expression）には，有形のもの(音形を伴う代用)と無形のもの(削除ないし音形を伴わない代用)があるが，いずれの場合であっても，それ自身だけでは担うべき意味内容が確定せず，それが生起する言語的文脈(文や談話)ないし非言語的文脈(状況)の中で，なんらかの関係で特定の情報(先行詞)に結びつくことによって，その意味内容が完結するような言語形式のことを指す。照応表現は，言語表現の冗長性を削減し，伝達情報の既知性を形式的に明示化する機能を果すものである。照応表現を使用すると，重出表現を回避することができるので，話し手も聞き手もともに，できるだけ少ない労力で伝達の効率を高めることができる。

ここでは，世界の諸言語において，ある1つの特定の照応関係がどのような言語形式によって担われているのかについて具体事例を概観しながら，照応関係を担う表現手段に関して言語に共通する普遍的特性とはどのようなものか，また，各個別言語に固有な特性とはどのようなものかを考える。言語に見られる多様性がどのようにして生じるかという問題は，普遍性と多様性をともに説明しようとする生成文法理論研究にとって，基本的な研究課題の1つである。

1. 英語の再帰代名詞

まず，照応表現の一例として，英語の再帰代名詞（reflexive pronoun）の特性を見る。英語の再帰代名詞は，人称代名詞(の所有格ないし対格の形式)にいわゆる「自己」を意味する -self が複合した形態をなしている。たとえば，1人称単数の人称代名詞 I が主語名詞句で，me が目的語名詞句である(8)では，人称代名詞の指示対象が話し手であるという意味的必然により，主語と目的語のあいだに同一指示関係が成り立つことになるが，普通の状況では，(8)は英語の適格な文であるとは見なされない。代わりに，(9)のよう

に，目的語が再帰代名詞 myself になると，主語と目的語とのあいだに成り立つ同一指示関係が適格なものとなる。(9) のように，主語と目的語とが同一指示となると，主語の担う意味役割である行為者と目的語の担う意味役割である被行為者が同一であることになり，そのような文(の述語)は，再帰的関係(「自己を～する」)を表すことになる。以下，先行詞と再帰代名詞は斜字体で示す。(文頭の * は非文法性を示す)

(8) **I* criticized *me.*
(9) *I* criticized *myself.*

(10) が示すように，再帰代名詞は，人称代名詞と異なり，人称/数/性という特性に関して一致する文中の他の名詞句(先行詞)に結びつくことによりその指示対象が定まる**束縛照応形** (anaphor) として機能する。すなわち，再帰代名詞は，指示的に不完全 (referentially defective) な要素であり，(11) の文の論理的意味の表示と言える (12) に見られるように，先行詞(束縛子)に呼応してその指示対象の値が変異する束縛変項として捉えられる。

(10) *Mary* criticized *him*/*himself.*
(11) *Everyone* criticized *himself.*
(12) ∀ x λ x (x criticized x)
   (すべての x について，x が x を批判するということが成立する)

再帰代名詞が束縛照応形として認可されるかどうかは，先行詞となる名詞句との文内での相対的位置関係による。非適格な (13b) や (14b) では，(9) とは異なり，1 人称複数の再帰代名詞 ourselves は 1 人称複数の人称代名詞である先行詞 us に先行している。非適格な (15a) では，先行詞は再帰代名詞と異なる節 (clause) にある。先行詞と再帰代名詞が同一節内にあっても，(17a), (18a) は非適格である。(17a) では目的語位置の再帰代名詞を束縛する先行詞は主語名詞句の一部をなしているだけである。また，非適格な (18a) では，先行詞の主語名詞句に束縛される再帰代名詞が目的語の一部をなしているだけである。なお，再帰代名詞 ourselves の代わりに人称代名詞 us が生起する文 (15b), (16b), (17b), (18b) では，同一指示関係が適格に成り立つ。

(13a) *We* like *ourselves.*

(13b)　*Ourselves like us.
(14a)　Mary told *us* about *ourselves*.
(14b)　*Mary told *ourselves* about *us*.
(15a)　*We think that she likes *ourselves*.
(15b)　We think that she likes *us*.
(16a)　*Our* friends like *ourselves*.
(16b)　*Our* friends like *us*.
(17a)　*Those* pictures of *us* offended ourselves.
(17b)　*Those* pictures of *us* offended *us*.
(18a)　*We found a letter to *ourselves* in the trash.
(18b)　We found a letter to *us* in the trash.

　(13)-(18)のような言語事実を考慮すると，英語では，先行詞と再帰代名詞が同一の述語の項(述語が要求する要素)である同節項(coargument)であって，先行詞が再帰代名詞に先行していれば，再帰代名詞は束縛照応形として認可されると言える。さらに，これまでに見た例にもとづけば，再帰代名詞と人称代名詞の生起は相補分布（complementary distribution）（一方が生起しうる場所では他方が生起できない)をなすと言える。P&Pでは，このような観察をもとに，UGの一部を成す**束縛理論**（binding theory）という一般原理として定式化し，再帰代名詞は局所的に束縛される（locally bound）領域に生起しなければならず，一方，人称代名詞は局所的に束縛される領域には生起してはいけないと規定し[5]，相補分布を捉えようと試みた（cf. Chomsky, 1981, 1986; Reinhart & Reuland, 1993）。

　しかし，英語の言語事実をより詳細に見ると，上述のような一般化に反するような再帰代名詞の事例が見られる。前置詞の目的語位置についてもう少し詳しく見ると，再帰代名詞と人称代名詞は必ずしも相補分布をなさない場合が見られる。

(19a)　We sent the book to *ourselves/*us*.
(19b)　We saw a snake near **ourselves/us*.

---

[5] 粗述すると，再帰代名詞は同節内の構造的に等位か，より上位の位置に先行詞を持たねばならず，一方，人称代名詞は同節内の構造的に等位か，より上位の位置に先行詞を持ってはならない，ということになる。

(20a) *We* wrapped the blankets around *ourselves/us*.
(20b) *We* admired the pictures of *ourselves/us* in the album.

(19a)では，着点を表す to を伴う前置詞句は動詞 send の項なので，再帰代名詞 ourselves は主語名詞句 we と同節項となり，局所的に束縛される照応形として認可される。(19b)では，場所を表す near を伴う前置詞句は(動詞 see の項ではなく)動詞句の付加詞なので，主語名詞句と前置詞句は同節項ではなく，主語名詞句との同一指示関係は人称代名詞 us しか担えない。これに対して，(20a)は(19a)と同じ構造をなしているが，人称代名詞の生起も容認されうる。また，(20b)は，(18a)と同じ構造(すなわち，先行詞の主語名詞句と同節項となるのは目的語全体)であるが，目的語の一部をなしている再帰代名詞は容認可能である。

(21a)や(21b)も，局所的には束縛されない環境に再帰代名詞が生起可能となっている事例である。(21a)のように節の境界を越えて同一指示関係を担う再帰代名詞は，**長距離束縛照応形**(long-distance anaphor)と呼ばれる。

(21a) *John* said that there was a picture of *himself* in the post-office.
(21b) *Bismarck's* impulsiveness has rebounded against *himself*.

1人称や2人称の再帰代名詞には，同一文内に先行詞となる名詞句がない(22)のような場合にも，容認可能となる事例が見られる。このような再帰代名詞は，同節項の同一指示関係にもとづいて述語が再帰的意味を表す場合とは異なり，**発話照応**(logophora)と呼ばれる。先に見た長距離束縛照応の中には発話照応と見なされる事例もある(cf. Ross, 1970; Kuno, 1987)。

(22a) This paper was written by Ann and *myself*.
(22a′) *She gave *myself* a dirty look.
(22b) Physicists like *yourself* are rare.
(22b′) *A famous physicist has just looked for *yourself*.

(23a)の再帰代名詞 herself は，主語名詞句 the Queen に対して修飾部として「女王その人自身」(no one other than the Queen)を意味する。(23b)の再帰代名詞 myself は動詞句の付加詞部として「一人で(alone)/独力で(without help)」を意味するが，このような再帰代名詞は強調詞(intensifier)

として機能していると言える。

(23a)　*The Queen herself* will come to the final.
(23b)　*I* have swept this court *myself*.

再帰代名詞が再帰的意味を担う場合，先行詞と再帰代名詞は同一指示となることを先に見たが，再帰代名詞は厳密に指示が同一でなくても，再帰的意味関係を担うことがある。ある特定状況を想定してみよう。たとえば，the Beatles の一員の Ringo Starr が著名人の蝋人形を陳列した蝋人形館に行き，自分の人形を見つけたとしよう。このような状況では，(24) は二通りに多義な (ambiguous) 文となる。1 つの意味は，「Ringo が Ringo 自身が着ている服を脱いだ」という文字通りの同一指示による再帰的関係を表す。もう 1 つの意味は，「Ringo が蝋人形の着ている服を脱がせた」というもので，再帰代名詞が現実の Ringo ではなく彫像の Ringo を指して，現実の Ringo を指す先行詞との再帰的関係(**彫像読み**)を表す (cf. Jackendoff, 1992)。

(24)　All of a sudden *Ringo* started undressing *himself*.

ここで 1 つの疑問が生じる。それは，英語の再帰代名詞が彫像読みも含め「再帰的」，「発話照応的」，「強調的」という異なる意味を担うことが可能で，さらに各意味に対応して異なる分布特性を示すことが単なる偶然なのかどうかということである。この疑問に対する答えを探求しようと，① 現代英語だけでなく英語の歴史的変化における再帰代名詞の有り様 (cf. van Geldren, 2000; Keenan, 2003)や ② 英語以外の言語における再帰代名詞の有様が考察され，数多くの興味深い知見が得られている (cf. Aikawa, 1999; Kostor & Reuland eds., 1991; Huang, 2000, 2004; König & Siemund, 2000; Lidz 2001a, 2001b; Reuland, 2000, 2001; Safir, 2004)。紙幅に制約があるので，以下では，② の観点から，オランダ語とカンナダ語の再帰代名詞に見られる特徴を概観する。

■ 2.　英語以外の言語の場合

ゲルマン系諸言語では，束縛照応をなす再帰代名詞として，英語のような形態的に複雑な語形のほかに，いわゆる SELF 形と複合していない単純な語形が見られる。たとえば，オランダ語では，以下の (25) から (29) のよう

に，zich (SE 照応形) と zichzelf (SELF 照応形) という 2 つの再帰代名詞があり，その分布特性は異なる。ただし，この 2 つの形態は，3 人称に専用の形態で，1 人称や 2 人称の場合には，英語の事例 (8) とは異なり，(25a)，(25b) のように人称代名詞が再帰的関係も担う。

(25a) *Ik* voelde *mij* wegglijden.
　　　 I felt me slide away
(25b) *Jij* voelde *je* wegglijden.
　　　 you felt you slide away
(25c) *Hij* voelde *zich/*hem* wegglijden.
　　　 he felt SE/him slide away

zich も zichzelf も述語の項として用いられる場合には，再帰的意味を担うが，その分布に関しては，動詞の意味による選択制限が見られる。これは，1 つの言語内に単純形と複合形の 2 種類の再帰代名詞を持つような言語に共通して見られる特徴のようである。

一般に，(26a) の「憎む」(や「殺す」) などの他志向 (other-directed) の述語では SELF 照応形が，(26b) の「恥じる」(や「防御する」) などの非他志向 (non-other directed) の述語は SE 照応形が選択される。(26c)，(26d) のように SELF/SE 両方の照応形を選択する述語も見られるが，いずれが選択されるかによって意味的相違が見られる。たとえば，(26d) の zichzelf は意図的行為を表すが，zich には意図性は伴わない。zich が選択された (26c) のようなオランダ語の文は，再帰代名詞を伴わずに語彙的再帰 (inherently reflexive) 述語によって同じ意味を表す英語の文 Oscar washed に対応する。

(26a) *Oscar* haat *zichzelf/*zelf*.
　　　 Oscar hates himself/SE
(26b) *Oscar* schaamt **zichzelf/zich*.
　　　 Oscar is ashamed of himself/SE
(26c) *Oscar* wast *zichzelf/zelf*.
　　　 Oscar washes himself/SE.
(26d) *Freddy* sneed *zichzelf/zich*.
　　　 Fred cut himself/SE.

zichzelf は，(27a) のような述語の項となる前置詞句内で許容されるが，(27b) のような付加詞となる場所を表す前置詞句内や (27c), (27d) のように同節項でない場合には，zich が選択される．

(27a)　*Simone* zorgt voor *zichzelf/*zich/*hem*.
　　　　Simone looks after herself/SE
(27b)　*Jan* zag een slang naast **zichzelf/zich/hem*('*m*).
　　　　John saw a snake near himself/SE/him.
(27c)　*Jans* maat voelde **zichzelf/zich* wegglijden.
　　　　John's mate felt himself/SE slide away
(27d)　*Henk* hoorde *zichzelf/zich/*hem* zingen.
　　　　Henk heard himself/SE/him sing

zich は，(28a) のように(制約は見られるが)長距離束縛照応形として，また，zelf は (28b) のように強調詞として機能する．

(28a)　dat *Marie* Piet voor *zich* liet werken.
　　　　that Mary let Pete work for her
(28b)　*Jan* gaf hem het boek *zelf*.
　　　　John gave him the book himself

オランダ語では，(29b) のように zichzelf のみが彫像読みを許し，zich は同一指示の読みしか許さない．

(29a)　Ringo scheert zich.
　　　　Ringo shaves SE (Real-Ringo).
(29b)　Ringo scheert zichzelf.
　　　　Ringo shaves himself (Real-Ringo/Statue-Ringo)

一般に，再帰代名詞の形態的複雑さと分布特性とのあいだには相関性が見られ，述語の同節項として再帰的意味を担うのは形態的に複雑な SELF 照応形で，この形態は彫像読みも許す．ゲルマン系諸語とは類型論的に異なり，単純形と複合形の 2 種類の再帰代名詞を持つ，接尾辞 -kol-（過去の場合は -koND-）付加がなされた動詞によっても再帰的意味を表すカンナダ語の事実も，このような普遍的特性があることを裏づける．

カンナダ語では，(30a) のように単純形の tannu はそれだけでは同節項の再帰代名詞としては許容されず，(30b) のように再帰標示 (REFL) の接尾辞が付加された動詞形と共起すると，同節項再帰代名詞として機能する。これに対して，(31) のように複合形 tannu-tanne は単独で同節項再帰代名詞として機能し，(32) のように長距離照応形とはならない。

(30a) *Hari tann-annu hoDe-d-a.
　　　 Hari self-ACC hit-PST-3SM
(30b) 　Hari tann-annu hoDe-du-koND-a.
　　　 Hari self-ACC hit-PP-RFEL-PST-3SM
(31) 　 Hari tann-annu-tanne hoDe-d-a.
　　　 Hari self-ACC-self hit-PST-3SM
　　　 Hari hit himself
(32) 　 Hari Raaju tann-annu/*tann-annu-tanne hoDe-d-a anta heeL-id-a.
　　　 Hari said Raaju hit him

カンナダ語において彫像読みを許すのは，(34) のように複合形 tannu-tanne のみである。

(33) 　Ringo tannu-annu boolis-i-koND-a
　　　 Ringo self-ACC shave-PP-REFL-PST-3SM
　　　 Ringo shaves himself (Real Ringo)
(34) 　Ringo tannu-annu-tanne boolis-id-a
　　　 Ringo shaves himself (Real Ringo / Statue-Ringo)

3. 認知体系による動機づけ

このようにさまざまな言語の事実を詳細に検討し始めると，再帰代名詞の分布は束縛理論が予測するほど単純なものではないことが明らかである。ここで重要なことは，個別言語では，「再帰関係」という意味的関係が言語間で異なるさまざまな形態統語 (morpho-syntactic) 様式により形式的に捉えられ (標示され) ていても，その背後には以下のような一般性が見られるという点と，その一般性は人間の心を構成する認知体系の特性 (及び働き方) に帰される (動機づけられている) という点である。以下，この2点について，簡単に

記す。

　再帰関係を担う述語の意味が他志向(基本的には行為者と被行為者の指示対象が異なる出来事を表す)である場合には，形態的に複雑な標示が必要となる。形態的に複雑な標示によって明示的に再帰関係が表示されると，その再帰関係は，指示対象が完全に同一の場合だけではなく，近似的に同一(彫像読み)の場合にも可能な解釈が付与される。ある出来事において，行為者と被行為者の指示対象が完全に同一であるか，近似的に同一であるかという概念は，人間が外界をどのように把握して内的表示(mental representation)として取り込むかという認知的営みを基盤とするものである。

　非他志向という述語の意味や述語の項の人称・数の同一性による再帰関係は，ある意味で(語用論的・語彙的)推論により導出される意味的関係であり，意味的な表示にもとづき算出・付与される解釈(完全な指示の同一性)しか許さない。これに対して，言語の基本特性である形態統語標示による再帰関係は，形式的に確立される構造的関係であり，統語的な表示にもとづき算出されうる意味的関係が許容する範囲内で付与される解釈(表現形式の同一性にもとづく指示の近似的同一性)も許すと考えられる。

　このような一般性は，さらに歴史変化(本質的には言語獲得)を踏まえれば，再帰代名詞の強調的用法に動機づけられていると言えよう。

おわりに

　現代認知科学において，言語はもっとも重要な研究対象の1つである。第I部で略述した研究プログラムに沿った研究は，心や脳の解明に向かって，大きな貢献をしている。しかし，言語理論研究の専門性のゆえに，言語以外の対象を研究している認知科学者との有機的な連携は必ずしも順調であるとは言えない。言語理論研究も以前と比べて，成熟の度合いを増しているので，近い将来，その状況に大きな変化が見られることを期待して本章を閉じることにする。

● 読書案内

ジャッケンドフ，R.(水光雅則訳) 2004.『心のパターン——言語の認知科学入門』岩波書店.
　　生成文法の認知科学観を正確に，しかし，平明に解説した書物である。訳

文もこなれていて読みやすい。

大津由紀雄・池内正幸・今西典子・水光雅則(編). 2002.『言語研究入門——生成文法を学ぶ人のために』研究社.

主として,英語と日本語から具体例を引きながら,生成文法の方法を平明に解説した書物である。

Chomsky, N. 1986. *Knowledge of language: Its nature, origin, and use.* Praeger.

チョムスキーによる,UG に対する原理とパラメータのアプローチにもとづく生成文法の解説書である。腰を据えて読めば,得るところ大である。

引用文献

Aikawa, T. 1999. Reflexives. In N. Tsujimura (Ed.), *The handbook of Japanese linguistics,* 154–189. Blackwell.

Chomsky, N. 1981. *Lectures on government and binding.* Foris.

Huang, Y. 2000. *Anaphora: A cross-linguitic study.* Oxford University Press.

Jackendoff, R. 1992. Madame Tussaud meets the binding theory. *Natural Language and Linguistic Theory,* 10, 1–31.

König, E., & Siemund, P. 2000. Intensifiers and reflexives: A typological perspective. In Z. Frajzyngier & T. S. Curl (Eds.), *Reflexives: Forms and functions,* 41–74. John Benjamins.

Lidz. J. 2001a. Condition R. *Linguistic Inquiry,* 32, 123–140.

Lidz. J. 2001b. Anti-antilocality. *Syntax and Semantics,* 33, 227–254, Academic Press.

Reinhart, T., & Reuland, E. 1993. Reflexivity. *Linguistic Inquiry,* 24, 657–720.

Reuland, E. 2000. The fine structure of grammar: Anaphoric relations. In Z. Frajzyngier & T. S. Curl (Eds.). *Reflexives: Forms and functions,* 1–40, John Benjamins.

Reuland, E. 2001. Primitives of binding. *Linguistic Inquiry,* 32, 439–492.

Safir, K. 2004. *The syntax of anaphora.* Oxford University Press.

[第 I 部については大津が,第 II 部については今西が,それぞれ草稿を用意し,それを回覧して,手を加え,合議の上,最終稿を作成した。なお,本章で展開した言語の認知科学に関する生成文法アプローチに対して,認知言語学(cognitive linguistics)と呼ばれるアプローチがある。認知言語学では言語機能という言語に固有な認知モジュールを想定しない点に根本的な違いがある。]

第7章

語用論と認知科学

西山佑司

I. 語用論とは

1. 語用論とは

Chomsky (1988: 3) が指摘するように，言語研究には以下のような4つの課題がある。

(1) a. 言語の知識とはいかなるものか。
    b. 言語の知識はいかにして獲得されるか。
    c. 言語の知識を使用することを可能にしている仕組みは何か。
    d. 言語の知識は脳内に，どのように具現されているか？

(1a) と (1b) は生成文法理論の研究対象であり，(1d) は言うまでもなく神経生理学の問題である。それに対して，(1c) は語用論 (pragmatics) の研究対象であると見なされることもあるが，これには若干注意を要する。厳密な意味での語用論は (1c) の問題，すなわち「言語使用を支配している原理や規則は何か」といった一般的な問題に取り組むのではなく，「人間が言語を用いてコミュニケーションを行うことがいかにして可能であるか」というより特定的な問題に取り組むものである。より正確に言えば，語用論は (2) の問題を解明することを目標とするものである。

(2) 発話として使用された言語表現の意味 (linguistic meaning) と両立可能な解釈は多数存在するにもかかわらず，なぜ，聞き手は話し手の意図した意味をいとも容易に把握できるのであろうか。

語用論と密接に関係している隣接分野は「意味論」(semantics) である。意

味論は文法の一部門であり，言語表現がそれ自体で有している言語的意味を扱う。言語的意味は，コンテクストと独立のレベルで規定されるものであり，語用論で問題になる**話し手の意図した意味**(これは，「話し手の意味」(speaker's meaning)とも呼ばれる)とは区別される。

　人間は言語を，論理的思考，詩作，気詰まりな沈黙の打破，ひとり言，といった多様な目的のために使用するが，コミュニケーションもその目的の1つである。われわれは日常，言語を用いては相手にメッセージ(=話し手の意味)を伝えようと試み，多くの場合，成功する。それがいったいなぜ可能であるかという問題は(2)のような問題設定で考え直してみるならば，知的挑戦に値するきわめて高度な問題であることが分かるであろう。

■ 2. コードモデル

　人間は言語を用いてコミュニケーションを行うが，それがいかにして可能であるかという問いに対するもっとも素朴な答えは，〈話し手は自分のメッセージを一定の言語音に変え (encoding)，それを耳にした聞き手は言語音からその意味を解読する (decoding) からだ〉というものであろう。これはコミュニケーションに対するアリストテレス以来の古典的な考えで「コードモデル」と呼ばれる。コードモデルの背後には，〈話し手が抱くメッセージは心的で個人的なものであって，第三者には分からない。その個人的なメッセージを公の記号として表現するのがことばである。つまり，ことばは元のメッセージの記号(代替物)である。聞き手の仕事は，公の記号であることばを手掛かりにそれが表現している元のメッセージを復元することである〉とする言語記号観がある。ところが，ことばを話し手のメッセージの記号と捉えるこの考えには問題がある。発話で用いられた文の言語的意味と，話し手の意図した意味とのあいだには大きなギャップがあるからである。たとえば，話し手は，(3)–(6) の各 (b) を伝えるつもりで，対応する (a) の文を口にすることはコンテクスト次第では十分可能である。

(3) a. 先ほど町に行ったが，誰にも会わなかった。
　　 b. 先ほど町に行ったが知っている人には誰にも会わなかった。
(4) a. この荷物は重すぎるよ。
　　 b. この荷物は6歳の子供が持つには重すぎるよ。

(5) a. 理事の何人かは理事長の意見に反対だ。
　　b. 理事の全員が理事長の意見に反対であるわけではない。
(6) a. （パーティで，夫が妻に）あら大変，もう 11 時よ。
　　b. 私たちは，すぐ帰らなくてはいけないわ。

一般に，われわれが伝えようとするメッセージは，完全にはコードの形に載せることができないのである。にもかかわらず，上の各文の (a) を耳にした聞き手は容易に各 (b) の意味を理解できるのである。結局，語用論の目的は，聞き手は，言語表現自体の意味と話し手の意味とのあいだのこのギャップをいかにして埋めているか，という問題を解決することにあると言える。もちろん，コミュニケーションにおいて，言語が用いられている限り，「コード化」および「コード解読」という過程が関与していることは否定できない。しかし，人間の言語コミュニケーションにおいて，発話で用いられた言語表現の言語的意味を解読したとしても，それは発話解釈の第一歩でしかない。聞き手は，話し手の意味を把握するためには，コンテクスト情報を参照して，解読された言語的意味以上の情報を推論を駆使して理解する必要があるのである。言語コミュニケーションに対するこのようなアプローチは「推論モデル」と呼ばれる。そして，語用論における「推論モデル」をはじめて提唱したのは言語哲学者 Grice である。

■ 3. Grice の語用論

　Grice (1989) は，聞き手による発話解釈なるものは推論にもとづく合理的な行為である，と見なした。Grice によれば，発話は，話し手の意図した意味に対する証拠の役割を果たすものでしかなく，聞き手はこの証拠にもとづいて話し手の意図した意味について仮説を構築する。Grice は，そのような仮説構築を可能にさせているものは，話し手が (7) のような協調の原理を，そしてより具体的には (8) のような格率を遵守しているからにほかならない，とした。

(7)　協調の原理 (cooperative principle)
　　 会話の各段階で，会話の目的や方向から要求されるように貢献せよ。
(8)　格率 (Maxims)
　　 1. 量の格率 (Maxims of quantity)

要求されている情報量の貢献をせよ。要求以上の貢献をするな。
2. 質の格率（Maxims of quality）
偽と信じていることを言うな。十分な証拠なきことを言うな。
3. 関係の格率（Maxims of relation）
関係のあることを言え。
4. 様態の格率（Maxims of manner）
明瞭で，簡潔に，順序立てて述べよ。

聞き手は，話し手がこのような協調の原理および格率を遵守して発話をしていると仮定しているからこそ，可能な多くの解釈の中で，この仮定と合致する解釈のみを選択できるのである。そして選択された解釈が1つ残れば聞き手は，それがまさに話し手の意図したメッセージである，と推論できるのである。

　(8) の個々の格率の妥当性の問題は別にしても Grice のアプローチには問題がある。第1に，Grice が念頭においていた意味論は「真理条件的意味論」であり，Grice にとって語用論の役割は，真理条件的意味論をいたずらに複雑化しないために考え出された補助装置でしかなかった。そこには，語用論が人間の認知能力に対する心的モデルであるという視点が欠如していた。第2，Grice が (8) の格率で説明しようとしたことは，「**推意**」（implicature）と呼ばれる暗黙のうちの含意に限られるものであった。しかし，実は，語用論上の推論は，推意のみならず，「**表意**」（explicature）と呼ばれている「発話によって明示的に言われている内容」の把握のレベルでも働くのである。Grice は表意の把握についても語用論的推論が働くという点を看過していたのである。

■ 4. 関連性理論

　1980年代のはじめ，Sperber & Wilson は，Grice 理論の「推論モデル」の精神を継承しながらも，Grice 理論を批判し，「関連性理論」（Relevance Theory）と呼ばれる新しい語用論モデルを開発した。関連性理論は，発話解釈にあたって，聞き手の頭の中でどのような認知活動が行われているかについての説明を試みる本質的に認知的な理論である。Sperber & Wilson によれば，人間は生まれながらにして，「関連性の高い情報」を求めるように認知

的に仕組まれているのである。このような認知上の特性を有しているがゆえに，発話という**意図明示的な伝達行為**(第 II 部 1.3 節参照)において，聞き手は，話し手の意図した意味を瞬時に理解できるのである。Sperber & Wilson (1986/1995: 260)では，この点を関連性の伝達原理(第 II 部の (7) 参照)として定式化した。関連性の伝達原理は，Grice の格率 (8) とはかなり異なっている点に注意すべきである。Grice の格率が，話し手への指令であり，遵守したり，違反したりしうる規則であったのに対して，関連性の伝達原理は，人間のコミュニケーションにまつわる普遍的事実の陳述なのであって，遵守したり，違反したりしうる性質のものではない。この原理を立てることによってはじめて (2) の問いに科学的に答えることができるのである。

■ 5. 語用論とモジュラリティ

　関連性理論は，発話解釈なるものを，心的表示に対してなされる推論的計算がかかわる認知的な事柄であると見なす。この理論は，人間の認知体系における言語能力モジュールと語用論能力モジュールとのあいだには本質的な区別があることを強調する。この考えが意味論と語用論を峻別する基盤にもなっている。文法能力が情報的に遮蔽されている (encapsulate) のに対して，語用論能力はコンテクスト情報に依拠して働く。その場合，コンテクスト情報のタイプには原理的には制約がなく，あらゆる種類の情報がコンテクストになりうる。Sperber and Wilson (1986/1995) においては，語用論能力は，グローバルな入力情報を統合し，記憶の中の情報に照らして推論を行うがゆえに Fodor (1983) の言うモジュールではなく，**認知の中央系** (central system) に属するシステムであると見なされていた。ところが，最近の関連性理論の研究では，ある認知体系がモジュールをなすかどうかは，情報の遮蔽性よりも，特定の目的を有した自立的で生得的なメカニズムであるか否かの方が決定的だと考えられるようになった。この新しいモジュール観では，**他人の心を読む能力**も，語用論的能力もともに，一般的な推論機構とは異なり，それぞれ固有の目的に特化した推論機構であり，その意味でモジュールをなしているということになる (cf. Sperber, 2000; Wilson, 2000; Sperber & Wilson, 2002)。残された問題は，語用論的能力は一般的な「心を読む能力」といかなる関係を持つかという点である。*Mind and Language,* Vol. 17 (2002) は，この点をめぐる特集を組んでいる。

関連性理論は今日多くの賛同者を得て，多様な言語について広範囲の語用論的現象がこの枠組みで考察されつつある。それらの研究成果の一端は，*Lingua*誌の2巻にわたる関連性理論特集号（Wilson & Sperber, 1992; 1993）から見てとることができる。もちろん，今日の語用論研究が関連性理論一色，というわけではない。多くの語用論研究者にとって，語用論の標準的なモデルはなんといっても Grice 説の延長線上にあるネオ・グライス理論である。ネオ・グライス理論の立場から，Horn（1989）は否定の問題を，また Levinson（2001）は，**一般化された会話の含意**（generalized conversational implicature）の問題を扱っており，関連性理論を批判している。いずれにせよ，現代の語用論研究が関連性理論を無視して行われることはありえないであろう。

II. 語用理論と心の理論——関連性理論の観点から

　ここでは，語用論のモデルとして近年注目を浴びている関連性理論の立場からコミュニケーション能力（communicative ability）と心を読む能力（mind-reading ability）との関係について考察しよう。

■ 1. コミュニケーションと情報伝達
1.1　情報伝達と意図

　日常，「コミュニケーション」という語は「情報伝達」と区別されないで用いられているが，「情報伝達」と言われるものすべてが厳密な意味で「コミュニケーション」と言えるわけではない。たとえば，幼児が咳をしていれば，「この子は風邪をひいているかもしれない」という情報を周囲の者に伝えるが，子供が意図的に咳をしているのではないかぎり，これを「コミュニケーション」と呼ぶ人はいないであろう。また，ある女性が駅の販売機で切符を買おうとしてもたもたしていたところ，後ろの男性から（1）のことばをかけられたとしよう。

　（1）　何してんねんな。はよせんかいな。

その女性は，この発話から「(1)の話し手は大阪出身だ」という情報を得ることができるであろう。しかし，(1)の話し手は「自分は大阪出身だ」とい

うことをこの女性に知らせようと意図してこのことばを口にしたわけではない。このように話し手が情報を知らせようとする意図（これを「情報意図」(informative intention) と呼ぶ）がないにもかかわらず，偶然的に情報が伝わる場合は，普通，「コミュニケーション」と呼ばれないのである。では，「意図的な情報の伝達」であれば，つねに「コミュニケーション」と言えるであろうか。その点を次節で考えよう。

1.2 意図非明示的情報伝達

花子は夫の太郎と別れたいと思っているが，花子は太郎に面と向かってそのことを言う勇気はないとしよう。花子として一番望ましいのは，太郎が花子の気持ちを察してくれることなのである。そこで，花子は，メモ帳に (2) のような走り書きを記し，そのメモを太郎がきっと読むであろうと期待して机の上に他の書類や本と一緒にさりげなく置いたとしよう。

(2) このままでは2人ともダメになる。太郎と別れるのがベストだ。

ある日，花子の机の上のメモ帳にたまたま気づいた太郎は (2) を目にしたとしよう。その結果，(2) という情報は花子が意図したとおり，太郎の知るところとなったのである。この場合，花子の行為は，太郎に (2) を意図的に知らせているとはいえ，コミュニケーションとは言いがたい。このように，話し手の情報意図そのものをあからさまにせず，いわば隠している場合の情報伝達は「意図非明示的情報伝達」(covert information transmission) と呼ばれ，厳密な意味での「コミュニケーション」から区別されるのである。

1.3 意図明示的情報伝達

通常のコミュニケーションでは，話し手は情報を相手に知らせようと意図しているばかりでなく，その意図を有していることを聞き手に認識させようとする意図をも有している。後者の意図を**「伝達意図」**(communicative intention) と呼ぶ。例えば，次の対話を考えよう。

(3) a. 太郎: 今夜，コンサートに一緒に行きませんか。
　　b. 花子: 来週，論理学の試験なの。

(3b) によって，花子は，〈来週，花子が受けなければならない論理学の試験

がある〉という情報を太郎に明示的に知らせようとしているが,同時に,〈今夜,コンサートに行くことができない〉という情報をも暗黙のうちに知らせようと意図している。前者のような明示的情報を「表意」(explicature),後者のような暗黙の情報「推意」(implicature)と呼ぶ。注意すべきは,この場合,花子はこれらの情報を太郎に知らせようと意図しているが,この意図を有していること自体をも太郎に隠すことなくあからさまにしようとしている点である。つまり,花子は情報意図のみならず伝達意図を持ち,また太郎は,花子がそのような伝達意図を持っていることをも承知しているはずである。このように,あるメッセージを意図的に相手に知らせようとするだけでなく,その情報意図を話し手・聞き手の双方にとって顕在的にしている場合の行為のことを,「意図明示的情報伝達」(ostensive communication)と呼ぶ。そして,情報伝達が厳密な意味で「コミュニケーション」と見なされるためには,それが意図明示的な情報伝達であることが本質的である。

■ 2. コミュニケーション能力と言語能力
2.1 非言語的コミュニケーション

コミュニケーションは言語を用いて行われるのがもっとも典型的であるが,言語を用いないコミュニケーションも少なくない。混雑した居酒屋で,ある客が少し離れたところにいるウェイターに向かって,空のジョッキグラスを高く上げて,そのジョッキを振れば,(4)に相当する情報を意図明示的に伝達していることになり,コミュニケーションを行っていると言える。

(4) 生ビールをお願いします。

それに対して,混雑した居酒屋で,ある客が,(4)の情報をウェイターに知らせようと意図してウェイターが近くに来たときに,ウェイターの目に止まるような位置で,さりげなく空のジョッキグラスをテーブルの上に置くとしよう。これは意図非明示的情報伝達である。ウェイターがこの客は(4)の情報を自分に知らせようとしていると見なす証拠をどこにも提示していないので,困惑するかもしれない。この客の行為はコミュニケーションとは言えないであろう。

このように見てくると,コミュニケーションなるものはことばを媒介にするものであれ,非言語的なものであれ,単なる「情報伝達」以上の行為であ

り，話し手の意図が介在した高度に複雑な精神行為，とりわけ意図明示的な行為であることが分かる。ある人間 A が別の人間 B とコミュニケーションするということは，A は，自分の行為を通して B にある信念を形成させようと意図するだけではなく，A はこの意図を有していることを A, B 双方にとって明白にすることを意図する，きわめて特殊な行為なのである。これは，人間なら誰しも行っている行為であるが，この種の行為が他の動物にも観察されるかどうかは定かではない。

2.2 コミュニケーション能力と言語能力の関係

コミュニケーション能力は，聞き手が話し手の伝達意図を認知するという心的な働きであり，その意味で人間の心 (mind) を構築する重要なモジュールであるが，同じく人間の心を構築する**言語能力モジュール**とは以下の理由で独立のものである。第 1 に，2.1 で述べたように，言語によらないコミュニケーションは珍しくない。第 2 に，コミュニケーション能力は言語能力モジュールと異なり，多種多様な入力情報 (コンテクスト情報) をもとに推論を行うものであり，情報的に遮蔽されていない。第 3 に，コミュニケーション能力は，3 節で述べるように相手の意図を読むというどこまでもメタ心理的な過程である。第 4 に，ことばの獲得に至っていない幼児 (2 歳児) であっても母親と推論的コミュニケーションが可能である。たとえば，幼児は，母親の注意を引こうとしたり，ものをねだったり，ウインクをしたり，すねたりすることによって，意図明示的な行為をことば以外の手段で行うことができるのである。

これらの事実はコミュニケーション能力を言語能力の延長線上で考えるわけにはいかないことを示している。もちろん，言語能力とコミュニケーション能力が質的に異なる認知機構であるということは，両者が互いに影響しあわないということを意味するわけではない。むしろ，両者は深いレベルで相互作用するのである。特に，幼児の言語獲得を駆動するものとして，コミュニケーションがきわめて重要な役割を果たすことはよく知られている。Bloom (2002) の指摘によれば，幼児は，大人が幼児にとって新しい語を用いてどの対象を指示しようとしているかを大人の視線や表情を観察することを通して推論するのである。そして，幼児がその語を習得するにあたって，この推論は決定的に効いてくるのである。もしこの見解が正しいならば，コミュニ

ケーション能力が欠如している幼児は，語の習得にも支障をきたすであろう。

■ 3. コミュニケーション能力と心を読む能力
3.1 心を読む能力

われわれは他人の行動からその人の心の状態を読むことができる。例えば，音楽会の最中にある女性の携帯電話が鳴り，彼女はややきまり悪そうに足早にホールから出ていったとしよう。それを見た人は，その女性は携帯電話を受信しようと思っているとか，彼女は携帯電話の電源を切っておかなくてまずかったと思っているなどと推論するであろう。そして，多くの場合，そのような推論は的はずれでないのである。では，人間はなぜこのように，他人の心的状態を推論することができるのであろうか。それに対する答えは，人間には〈心を読む能力〉（mind reading ability）あるいは，〈心の理論〉（theory of mind）があるからだ，というものである。人間が有すると思われるそのような〈心を読む能力〉については理論説（theory-theory）やシミュレーション説（simulation theory）などいくつかの仮説がある。このような仮説の妥当性をめぐっては多くの議論があるが，ここで立ち入るわけにはいかない（cf. Carruthers & Smith, 1996）。

3.2 発話解釈能力と心を読む能力

コミュニケーションにおいて，聞き手が発話を解釈するということは発話という刺激を基礎にして話し手に特定の意図を帰すことにほかならない。したがって，発話解釈能力は，一種の「心を読む能力」である，と言って差し支えない。では，発話解釈能力は，（一般的な）心を読む能力をコミュニケーションという特定領域に適用したものと見なして差し支えないであろうか。必ずしもそうは言えないのである。

たしかに発話解釈能力と（一般的な）心を読む能力とのあいだにはかなりの相関関係があることは実験的にも確認されている。自閉症児はしばしば両方の能力に欠陥があることはよく知られている。また，"Sally-Anne task"と呼ばれる誤信念課題（false-belief tasks）をこなせる子供は心を読む能力を有しているとされるが，この課題をこなせる能力と，相手が指示表現で指示しようと意図している対象を認定できる能力とあいだには強い相関関係があることも報告されている（cf. Baron-Cohen, 1995; Bloom, 2002）。

しかしながら、このようなデータにもかかわらず、発話解釈能力と(一般的な)心を読む能力とのあいだには本質的な違いがあるように思われる。通常の行為については、その可能な範囲はかなり限られたものであることに注意しよう。われわれは、いまだかつて見たこともないような行為にお目にかかることは稀である。走ったり、歩いたり、怒ったり、笑ったり、泣いたり、といった人間の行為のタイプは過去経験した人間の行為のいわば繰り返しである。つまり、人間にとって可能な行為のタイプというものは無制限に拡大するものではないのである。そして、可能な行為のタイプの範囲が限られている以上、その背後にある(と他人から推測される)意図の多様性も限られているのである。われわれが他人の行為から背後にある意図を容易に把握できるのも、このように可能な行為のタイプの範囲が限定されているからにほかならない。

一方、発話という行為は、どれ1つとして同じものはない。「おはよう」「さようなら」「ありがとう」のようなごくわずかな決まり文句を別にして、大部分の発話に登場する文は、かつてChomskyが指摘したように、改新的(innovative)であり、1回、1回、まったく新しい文の発話なのである。しかも、(第I部で指摘したように)文の意味と話し手の意図した意味とのあいだには大きなギャップがある。したがって、話し手の意図している意味は、その可能な範囲という点でも、また各意味相互のあいだの微妙な相違という点でも、日常の行為の背後にある意図とは比べようがないほど、複雑かつ膨大なものなのである。それにもかかわらず、われわれは、話し手が意図した意味をなんの苦もなく把握できるのである。このことは、発話解釈能力は、通常の行為から行為者の信念や欲求を推論する能力とは異質の能力であることを強く示唆している (cf. Sperber & Wilson, 2002: 11; Wilson, 2003: 112–113)。

さらに、上で述べたように、コミュニケーションにおける発話は、意図明示的行為であるため、話し手は情報意図ばかりでなく伝達意図をも有しており、聞き手はそのような高次の意図をも理解しなければならない。したがって、発話を解釈するためには、(5)のような高次のメタ表象 (metarepresentation) が介入するのである (cf. Sperber & Wilson, 1986/1995; Sperber 1994)。

(5) 話し手は、Pという情報を聞き手に知らせようと意図しているということを聞き手に知らせようと意図する。

それに対して，日常の行為から行為者の心を読む場合は，「Pと信じている」「Pを望んでいる」といったせいぜい一次のメタ表象で十分なのである。

よく知られているように，2歳の幼児は，誤信念課題をまだこなせない。つまり，2歳の幼児は「心の理論」をまだ身につけていないのである。ところが，2歳の幼児であっても周囲の者とコミュニケーションは行うことができるのである。ということは，2歳の幼児はコミュニケーションに伴う高次のメタ表象を把握できるのである (cf. Sperber & Wilson, 2002: 12)。このことは，心の理論をまだ完備せず，また個別言語の文法能力を完成していない状態であっても，非言語的手段による意図明示的伝達行為は十分可能であることを示している。これらの事実は，コミュニケーション能力(すなわち，話し手の意味を推論する能力)は，通常の心を読む能力とは別の能力であることを示唆している。

■ 4. 関連性の伝達原理

語用論の新しいモデルとして注目を浴びている関連性理論（relevance theory）は，発話に代表される意図明示的伝達行為には，「聞き手に関連性の期待を引き起こす」という他の行為に見られない特殊な規則性があることに着目する。この規則性があるがゆえに，聞き手は，話し手の意味を推論することができるのである。関連性理論でいう「関連性」(relevance)は，認知過程に対する入力情報が持つ性質であり，「**認知効果**」(cognitive effect)を持つ」いうことにほかならない。ある人が自分の頭の中で表示できる想定(assumption)の総和を「**認知環境**」(cognitive environment)と呼ぶならば，認知効果を持つとは，聞き手の認知環境を改善することである。たとえば，聞き手が有している既成の想定を削除したり，確認したり，既成の想定と相互作用して演繹的に新しい想定を獲得することなどが認知環境の改善にあたる。もっとも，認知環境を改善する際にはそれなりの**処理労力**(processing effort)が不可欠である。認知効果が増えるほど関連性の度合いは上昇するが，逆に，処理労力が増えるほど関連性の度合いは低下するのである。このように，関連性は認知効果と処理労力のバランスの上に成り立っている。人間は誰しも不必要な処理労力をかけることなく，自分の認知環境をできるだけ改善することを願っている存在である。Sperber & Wilson は，このことを (6) のような一般原理で述べた。

(6) 関連性の認知原理: 人間の認知は，関連性を最大にするようにデザインされている。(Sperber & Wilson, 1986/1995: 260)

聞き手が発話を解釈するためにはなんらかの処理上の労力を払わなければならないが，もしその発話が関連性のない情報であるならば，そのような労力は無駄になってしまうため，そのような発話に耳を傾けることなどしないであろう。したがって，発話は，聞き手がそれを解釈するための労力を払うに値する程度の関連性を有していると(聞き手に)期待させるようなものでなければならない。もちろん，話し手には自分の好みや能力上の制約がある。したがって，話し手の好みや能力で可能な範囲以上に関連性の高い情報は提供できないことも事実である。このような制限された関連性を「**最適な関連性**」(optimal relevance) と呼ぶ。ここから，発話解釈を支えている原理 (7) が出てくる。

(7) 関連性の伝達原理: 発話など意図明示的伝達行為は，それ自体の最適な関連性の見込みを伝達する。(Sperber & Wilson, 1986/1995: 260)

つまり，発話にあたって，話し手は「私のことばに耳を傾けなさい。あなたの認知環境を改善する情報が不必要な処理労力なしに得ることができますよ」ということを保証しているのである。聞き手は，この点が保証されていると信じているがゆえに，推論によって発話を解釈することができるのである。聞き手はまず発話で用いられた文の言語的意味(論理形式)を解読する。次に，それをもっとも入手しやすいコンテクスト情報にもとづいて，最小の処理労力で語用論的操作を行う(たとえば，曖昧性を除去したり，指示対象を割り当てたり，内容を拡充したりする操作を施す)。その結果得られた解釈が聞き手の認知環境改善をもたらすならば，そこで解釈はストップする。聞き手はそれを適切な解釈(つまり，話し手の意図した意味)と見なし，それ以外の可能な解釈を探ることはしないのである。したがって，(7) の原理は発話解釈機構に対してもっとも重要な基盤を与えているのである。

上の (3b) の例でこの点を説明してみよう。太郎は花子にコンサートを誘ったところ，花子は (3b) で応答したのである。太郎にとって，明日，論理学の試験が行われるか否かはどうでもよいことであり，そのかぎりで (3b) は太郎の認知環境改善につながるような情報ではない。しかし，太郎は，花子

の発話 (3b) は，この状況で，花子の意図する意味を伝達するのに最適な関連性を持つ発話であると信じている。そこで太郎はできるだけ少ない処理労力で推論しようとする。その情報を彼の認知環境にある入手しやすい想定(たとえば，〈論理学の試験を受けるには準備が大変である〉，〈コンサートに行くとかなりの時間がとられる〉，〈準備なしに試験を受けると落第する〉，〈人間は落第することは避けたいと思う〉など)と結びつけるならば，〈今夜，花子はコンサートに行くことができない〉が論理的に導出される。その帰結は太郎の問いかけに対するまっとうな応答であり，また，コンサートに行けない理由を太郎に理解してもらうのにもっとも効率のよい手掛かりになっているのである。その意味で，花子による (3b) の発話は，太郎にとってあきらかに認知効果があるのである。

このように見てくると，発話解釈モジュールは，相手の心を推論によって読む能力であるとはいえ，「関連性」という概念を中核に据えたきわめて特殊なモジュールとであるということができる。関連性理論の研究を通して，人間の心の機構の中身が浮き彫りにされるゆえんである。

● **読書案内**

Grice, H.P. 1989. *Studies in the way of words.* Harvard University Press. (清塚邦彦訳『論理と会話』勁草書房, 1998)
 1967 年，グライスがハーバード大学で行ったウィリアム・ジェームス記念講演 "Logic and conversation" など重要論文が収録されている。

Sperber, D. & Wilson D. 1986/1995. *Relevance: Communication and cognition.* Blackwell. (内田聖二他訳『関連性理論: 伝達と認知』研究社, 1993/1999)
 関連性理論のバイブルと目される書。この理論が哲学や認知科学といかにつながっているかがよく分かる。1995 年の改訂版の後書きは重要。

Sperber, D. & Wilson, D. 2002. Pragmatics, modularity and mind-reading. *Mind and Language,* 17, 3–23.
 意図明示的な情報伝達に特化したモジュールが「心を読む能力」モジュールの下位部門として存在することを主張している貴重な論文。

Carston, R. 2002. *Thoughts and utterances.* Blackwell.
 関連性理論の立場から語用論の最近の動向を丁寧に論じたもの。特に明

意と文の意味との関係についての議論は興味深い。

引用文献

Baron-Cohen, S. 1995, *Mindblindness: An essay on Autism and theory of mind*. MIT Press.
Bloom, P. 2002. Mindreading, communication and the learning of names for things. *Mind and Language,* 17. 37–54.
Carruthers, P., & Smith, P. K. 1996. *Theories of theories of mind*. Cambridge University Press.
Chomsky, N. 1988. *Language and problems of knowledge*: The Managua lectures. MIT Press.（田窪行則・郡司隆男訳『言語と知識——マナグア講義録（言語学編）』産業図書, 1998）
Fodor, J. A. 1983. *The Modularity of mind*. MIT Press.（伊藤笏彦・信原幸弘訳『精神のモジュール形式』産業図書, 1985）
Horn, L. R. 1989. *A Natural history of negation*. University of Chicago Press.
Levinson, S. C. 2001. *Presumptive meanings: The theory of generalized conversational implicature*. MIT Press.
西山佑司. 1992.「発話解釈と認知: 関連性理論について」『認知科学ハンドブック』（安西祐一郎他編）466–476. 共立出版.
Sperber, D. 1994. Understanding verbal understanding. In J. Khalfa (Ed.), *What is Intelligence?,* 179–198. Cambridge University Press.
Sperber, D. (Ed.) 2000. *Metarepresentations: An interdisciplinary perspective*. Oxford University Press.
Wilson, D. 2003. New directions for research for pragmatics and modularity. *Working Papers in Linguistics,* 15, 105–127. University College London.
Wilson, D., & Sperber, D. 1986. Pragmatics and modularity. *Parasession on pragmatics and grammatical theory,* 22, 67–84. Chicago Linguistic Society
Wilson, D., & Smith, N. (eds.) 1992/1993. *Special issue on relevance theory, Lingua,* 87(1/2), 90(1/2).

第8章

他者理解

板倉昭二

はじめに

　高度な社会的構造を持つ人間にとって，他者の心的状態や意図を理解したり，推測したりすることはきわめて重要なことと思われる。こうした能力を有することにより，効率的で円滑なコミュニケーションを行ったり，良好な人間関係を築いたりすることができる。発達的には，こうした能力の獲得は，一般に「心の理論」の成立として集約される。「心の理論」それ自体は，Premack & Woodruff（1978）がチンパンジー研究にもとづいて提唱したものであるが，その後，さまざまな領域を巻き込んで今もなお重要な研究テーマであり続けている。

　特に近年は，脳科学の視点から，Frith & Frith（2003）が，この問題に精力的に取り組んでおり，他者に心的状態を認めるシステムを**メンタライジング・システム**（mentalizing）と呼び，その神経的基盤の解明を目指している。

　本稿の第Ｉ部では，この分野を概観的に説明し，メンタライジングの重要性について述べる。

I. 他者理解の発達パスウェイ
──暗示的な TOM から明示的な TOM へ

　「心の理論」（theory of mind, TOM）は，Premack & Woodruff（1978）のチンパンジーを対象とした研究により提唱されてきたにもかかわらず，チンパンジーは心の理論を持つかという問いにはまだ明確な解答が得られていない。これに対して，ヒトは他者に心を見出す，他者に心的状態を認める，というある種の心理学的到達点に達するのは明らかである。それでは，ヒトはどの

ようにその能力を発達させるのだろうか。また，その個体発達の起源はどこにあるのだろうか。

Winmmer & Perner (1983) は，「心の理論」のテストとして，新しいパラダイムを考案した。それが，「**誤信念課題**」(False Belief Task) である。その後，この課題に修正を加えた数多くの「心の理論」課題が考案され，ヒトの子どもは，5歳〜6歳を過ぎるころに明確に「心の理論」を持つようになるという。しかしながら，Rochat (2001) は，こうした明示的な心の理論 (explicit theory of mid) が成立するずっと前から，他者の心を暗黙のうちに想定しているような，暗示的な(直感的な)心の理論 (implicit theory of mind) をすでに持っているのではないかと主張した。

第Ⅰ部では，こうした他者理解の萌芽となる社会的知覚から心の理論の獲得への経路，そしてその後の他者理解の進展を概観することにする。

0〜3ヵ月

たとえ生まれたばかりの赤ちゃんでも，社会的知覚の原初的なものは十分に認められることが知られている。新生児は，ダイナミックな音刺激に対する感受性を持っており，特にヒトの音声の方向を特定するのは容易である。それどころか，お母さんの声と見知らぬ女性の声とを区別し，お母さんの声を聴くために，サッキングのパターンを変化させたりすることが分かっている。また，新生児は，かなり制限された視力しか持っていないが，生後すぐに顔のように見える単純な刺激(スキーマティック・フェイス)を，同じ要素で構成されたスクランブル刺激よりもよく追視することが，ジョンソンとモートンによって報告されている (Johnson & Morton, 1991)。生後4日の赤ちゃんであっても，母親の顔と見知らぬ人の顔を並べて提示すると，母親の顔の方を長く見ることも分かった (Bushnell, Sai, & Mullin, 1989)。こうしたことは，新生児が，社会的な存在を区別し，その存在は，彼らにとって注意を払うべきものであることを示す。

さて，新生児期のもっとも有名な現象としては，**新生児模倣**があげられるであろう。これは，Meltzoff & Moore (1983) によって発見されたあまりにも有名な現象である。誕生間もない赤ちゃんは，大人の表情を模倣する。大人が，赤ちゃんに向かって舌を出せば，それを見ている赤ちゃんも同じように舌を出す。舌出しに限らず，口を開けたり，口を窄めたり，瞬きをした

り，はたまた指の動きをまねしたりなど，新生児模倣は広くいろいろな範囲の動作にも見られる。さらに，それだけにとどまらず，新生児は，喜び（happy）や悲しみ（sad），そして驚き（surprise）といったような情動的な表情をもまねをするというのである。このような報告には異論のある研究者もおり，まだまだ議論の余地はありそうだが，いずれにしても，たとえ誕生直後の赤ちゃんであっても，大人の表情の変化に気づき，それに応じて自分も表情を変えるということはありそうなことである。

ヒトが他者の心を見出すことの起源は，どうやらこのあたりにその萌芽を見ることができそうだが，新生児期では，まだまだそれは微妙なものらしい。

3ヵ月～6ヵ月

この時期の乳児は，ヒトに対する反応とものに対する反応が異なる。ヒトに対しては，ものに対する場合よりも笑いかけや発声の頻度が高くなる。これを証拠として，社会的刺激に対する選好が生得的に組み込まれているのだと考える研究者もいる。顔の中の目に対する選好も認められるようになる。それだけではなく，間接部分にポイントライトをつけて，そのポイントライトの動きを提示する，いわゆる**バイオロジカル・モーション**とランダムに動くポイントライトの動きを区別できるようになる。すなわち，生物的動きに対して感受性を持つようになるのである。また，自己推進的に動く物体を追視する。視線に対しても敏感であり，自分を見ている視線とどこか他のところを見ている視線を区別する。

Murray & Trevarthen (1985) は，社会的随伴性に対する乳児の感受性を調べるために，**ダブル・ビデオ・パラダイム**を考案した。このパラダイムでは，TV モニターを介した母親と赤ちゃんの自然な相互交渉をビデオに記録する。つまり，母親も乳児も，お互いに相手を TV モニターで見ることができるようになっている。30 秒後，突然，乳児に，前に記録したお母さんのビデオを提示する。このとき，赤ちゃんにとって TV に映っている母親は，普通にコミュニケーションを取ろうとしているのだが，タイミングが合わない何か変な母親である。母親の社会的刺激は，赤ちゃんの反応とまったく相関していない。これをリプレイ条件という。もし，このリプレイ条件のときに乳児の反応が変われば，その大きな要因は，社会的随伴性の欠落だということができる。Murray & Trevarthen は，6 週齢から 12 週齢の乳児を対象に

して実験を行い，リプレイの期間中に，乳児が困惑したり，母親の映っている画面から視線をそらしたりすることを報告した。こうしたネガティブな反応は，赤ちゃんが，母親の随伴的な反応を期待していて，その期待が突然破られたからだと考えられた。すなわち，乳児は，非常に初期の段階から社会的随伴性に敏感だということを示している。その後，同じようなパラダイムを用いたいくつかの研究が報告されている。

6ヵ月〜9ヵ月

この時期になると，乳児は，物体がひとりでに動き出すと驚くが，ヒトが自発的に動き始めても驚かない。このことから，この時期の乳児は，自己推進的に運動するという事実から，アニメイト・エージェントを区別していることが分かる。しかしながら，ここでは，自己推進的に動くものは，生物である必要はない。おもちゃの車のように，何らかのメカニカルな仕掛けがあってもいいのである。

9ヵ月〜12ヵ月

この時期に，乳児は，エージェントは目標志向性を持つことを理解し，目的に近づく場合には，より合理的あるいは節約的な動きを予測するようになる。いわば，「合理性の原則」とでもいうべき特徴を示す。すなわち，エージェントの持つゴールと，それに到達するための方法を分けて表象することができるということである。こうした能力は，将来的には，他者の意図を表象する能力へと導かれると考えられている。

12ヵ月〜18ヵ月

この時期には，たとえ見かけがヒト以外のエージェント，たとえば，オランウータンの着ぐるみを身に着けた実験者であっても，他者との相互交渉を観察することで，そのものを，意図を持つエージェントとして捉えるようになる。筆者が，ヒト型ロボット（ヒューマノイド・ロボット）を使用して，2〜3歳児で示したことである（第Ⅱ部を参照）。また，他者の見ているところに自分も視線を向ける，いわゆる**視線追従**（gaze following）ができるようになる。さらに，他者の注意の状態に応じて，コミュニカティブな働きかけを変えることができるようになる。他者が目を閉じている場合と，目を開けてい

る場合とで，視線追従の頻度を比べると，明らかに後者の状態でよりよく追従が起こる。

18ヵ月～3歳

この時期は，実質的には乳児期の終わりであり，他者理解の基礎となる能力が急速に発達する時期である。話者の意図を読み取ることから語彙獲得も急速に進み，意図を読むことからの模倣もこの時期から確実に始まる(第II部の Meltzoff の実験を参照)。また，「ふり」も理解できるようになる。共同注意に関しては，自分の視野内にないターゲットに対しても他者の視線を追従することができるようになる。つまり，自分が直接には見えないところにも，他者が視線を向けた場合には，そこにあるものを表象できるようになる。真の共同注意ができるようになるということである。

3歳～5歳

3歳より前から，幼児は，心的状態を表わすことばを使用するようになる。3歳は，知る，考える，推測するということの違いを理解し始める原初的な時期である。写真が両側に印刷されている場合は，相手が見えているものと，自分の見えているものが違っていることを指摘できる。すなわち，「見る―知る」（seeing-knowing）の関係に気づき始める。この時期は，当然ながら誤信念課題の成功へと近づく段階である。誤信念課題のマクシ課題で，指さしでは間違った解答をするにもかかわらず，視線を指標とすると正しく答えられる子どもがいる。

5歳以降

5歳になると，90% 近くの子どもたちが，誤信念課題を通過できるようになる。これで，一応「心の理論」へ到達したわけであるが，他者の心の理解は，これで終わるわけではない。より複雑で高次な嘘の理解(他者のためにつく嘘など)，比喩の理解，皮肉の理解へと続くと考えられる。

以上，0歳から始まる社会的認知から5歳以降に成立する心の理論へのプロセスを記述してきたが，これらはすべて横断的なデータからの推測であり，確かな発達のパスを記述するためには，縦断的な研究により，ここで羅列的

にあげられた項目のパスを正確に把握する必要があり，それが今後の課題となる。

II. 他者の心: メンタライジングを中心に

第II部では，メンタライジングを構成する要素となると思われるものの中から，他者の注意の理解，目標指向性や意図の想定や理解，そして，他者に心を見出すことのプロセスについて論じる。まず，もっとも端的に心の状態を表すと思われる「他者の注意」の認知について，具体的な実験を紹介しながら検討を行う。次の節では，目標志向的な行為の中に現れる意図の理解を，ヒト以外のエージェントを用いて行った研究を紹介する。次に，ロボットを用いた誤信念課題を紹介し，ヒトとロボットのどこに違いを見出すのかを検討する。

1. 他者の注意はどこにあるか

他者の心的な状態を最も端的に表すものの1つに「注意」がある。注意は一般に「精神機能を高めるため，ある特定のものや事柄に選択的に意識を集中させる状態」（広辞苑）と定義される。他者の注意がどこに，または何に向かっているかを，われわれは視線の方向によって判断することが多い。他者の注意の変化に気づき，自分もその方向に視線を移すことを「視線追従」と呼ぶ。ヒトの発達においては，生後2ヵ月で，相手の注意のシフトを検出し，自分もその方向に注意を向けることができるというという報告もある（Scaife & Bruner, 1972）。

Butterworth & Jarrett（1991）は，Scaifeらのパラダイムに則って，6ヵ月児，12ヵ月児，および18ヵ月児を対象に，組織的な実験を行い，視線追従の発達には，3つのメカニズムがあることを発見した。

3つのメカニズムは以下のようなものであった。まず，母親の見ている一般的な方向（乳児の視野内にある右か左か）を追視できる生後6ヵ月の時期でこれを「**生態学的メカニズム**」（ecological mechanism）と呼ぶ。次に，やはり視野内にある特定の刺激を見ることができる12ヵ月の時期でこれを「**幾何学的メカニズム**」（geometrical mechanism）と呼ぶ。6ヵ月では，同じ側にターゲットの刺激が2つあった場合，大人が，2番目の刺激を見ても，最初の刺

激にとらわれて,次の刺激に視線を移すことができないが,この時期では,最初に目に入った刺激にとらわれることなく,2番目の刺激に視線を移すことができるのである。最後は,乳児の視野の外にある刺激,たとえば乳児の後方にある刺激を振り返って見ることができるようになる18ヵ月の時期で「**表象的メカニズム**」(representational mechanism)と呼ばれる。この時期には,眼球の動きだけでも,それが指示するターゲット刺激を見ることが報告されている。すなわち,18ヵ月になると,自己の身体を越えて空間は広がり,自分の視野にないフィールドにも他者が視線を向け,そこには物体が存在することを想定できるようになるのである。

最近では,乳児が,ただ単に,社会的パートナーの視線を追従するだけではなく,バリアのようなもので視野を遮られたときの反応を確かめる研究が報告されるようになった。たとえば,Moll & Tomasello (2004)は,12ヵ月児と18ヵ月児を対象に,実験者が,さまざまなバリアの裏側をのぞくという行動を被験児に示し,少し離れた被験児が,実験者の見ているところを追視するために,バリアの裏側へ回り込むかどうかが調べられた。その結果,両グループの子どもたちは,実験者の視線を追従することが分かった。すなわち,12ヵ月児も18ヵ月児も,自分の視野外にあるターゲットを表象し,そこを見るために身体を移動したのである。Butterworth が,表象的メカニズムと呼んだ段階が,すでに12ヵ月で備わっているのだと Moll & Tomasello (2004)は主張する。いずれにしても,乳児は,ある時期から,他者の注意が向かっている方向を同定し,たとえそれが直接には見えない事象であっても表象し,追従することができるようになる。これは,もっとも原初的な形態の暗示的な共同注意であろう。生後18ヵ月になって,こうした視線追従は真の共同注意へと展開されて行く。

2. 意図や目的の推測

乳児は,たとえコンピュータ画面に提示されたアニメーションのような刺激であっても,その動きや文脈条件によっては,その刺激に目的や意図を付与してしまう傾向があるという。たとえば,「心の理論」の提唱者として,著名な Premack は,意図を持つと判断するための条件として,「**自己推進性**」(self-propelled)と「**目標指向性**」(goal-directed)を挙げている。通常,ただの物体は自分から動くことはなく,外部からある力が加わると動き始める。

図1 ゲルゲリーらが用いた刺激

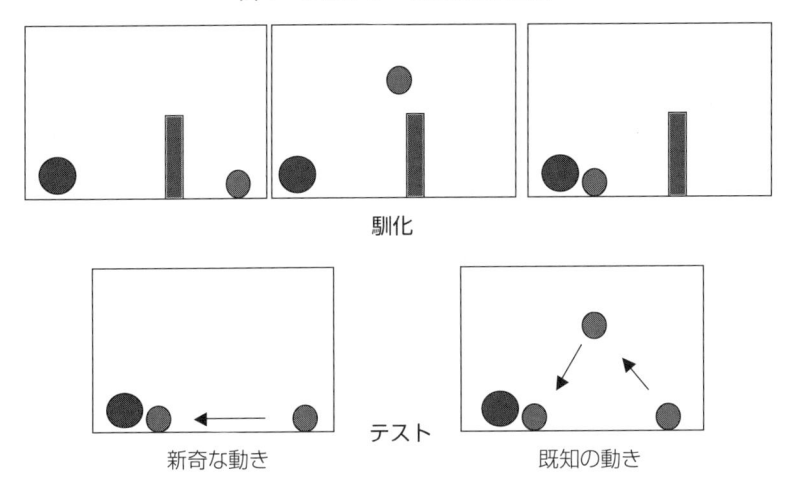

馴化

新奇な動き　　テスト　　既知の動き

　自分の力で動く性質を持つことを自己推進性という。自己推進性を有するものは，自分で動き始め，自分で止まる。また，その動く物体が，ランダムに動くのではなく，ある目標に向かって動くときに目標指向性を持つとされる。ヒト乳児は，物体がこのような性質を持つときに，その物体を「意図を持つもの」として認識する傾向があるのだとされる。

　Gergely *et al.* (1995) は，コンピュータグラフィックスにより作成されたアニメーション刺激を用いて，乳児のこのような性質に関連するきわめて興味深い発見をした。図1を参照してほしい。

　方法としては，乳児の認知実験でよく用いられる**馴化法**が使用された。刺激は，コンピュータグラフィックスによって作成されたアニメーション刺激が用いられた。図1の上段を馴化刺激 (habituation stimuli) という。この場面では，右の小さいボールが，左の大きいボールに近づこうとしている。しかしながら，そこには障害となる壁があって，それを飛び越えなければ行けない状況になっている。そこで，小さいボールは助走をつけて壁を飛び越え，大きいボールのもとへ到達する。このときの，刺激に対する乳児の注視時間を計測する。このような場面を何度も乳児に見せると，次第にこの刺激に慣れてきて，注視時間が短くなる。これを馴化という。十分にこの刺激に馴化させた後，今度はテスト刺激として，障害物を取り除いた下段の刺激を提示

する．左側の刺激では，小さいボールは，最短コースを通って大きいボールに近づく．右側の刺激では，小さいボールは，馴化刺激と同じような動き，すなわちジャンプしたような動きで大きいボールに到達する．一般に乳児は，自分の予期しない事象や新奇な事象に対する注視時間が長くなることが分かっている．すなわち，ありえない事象や見たことのない事象の場合には，驚いて長くその対象を見るのだと考えられている．この実験では，12ヵ月児は，最短コースを通る場面よりもジャンプして到達する場面の方を長く見たのである．もし，乳児が，ジャンプして大きいボールに近づくというボールの動き自体に馴化していたのなら，最短コースを通り，大きいボールに近づくという新奇な場面の方を長く見るはずである．ところが結果は逆になった．9ヵ月児では2つのテスト刺激に対する注視時間の差が見られなかった．Gergely et al. (1995) は，12ヵ月児の結果を次のように解釈した．すなわち，小さいボールは大きいボールの所に行くという「目的」を持っており，障害物がなくなったテスト刺激場面では，その目的を果たすためにはジャンプする必要はなく，最短コースを進めばいいので，それはありうる現象なのである．障害物もないのに，ジャンプして大きいボールのもとに行くのはおかしいということになる．つまり，12ヵ月児は，小さいボールに目的を見出し非常に「合理的」な解釈を示したわけである．

　辻と板倉は，こうしたアニメーション刺激を用いて，Kuhlmeier et al. (2003) の報告をもとに，以下のような実験を行なった（辻・板倉，2003）．図2に馴

図2　辻・板倉（2003）で用いた馴化刺激の一例

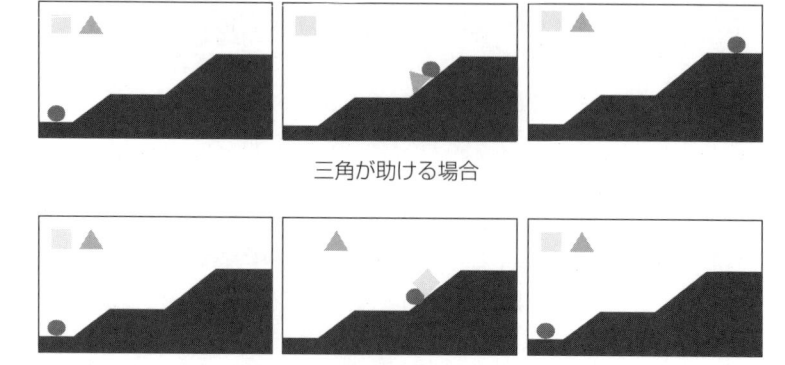

三角が助ける場合

四角が邪魔する場合

図3 辻・板倉（2003）の実験で用いたテスト刺激の一例

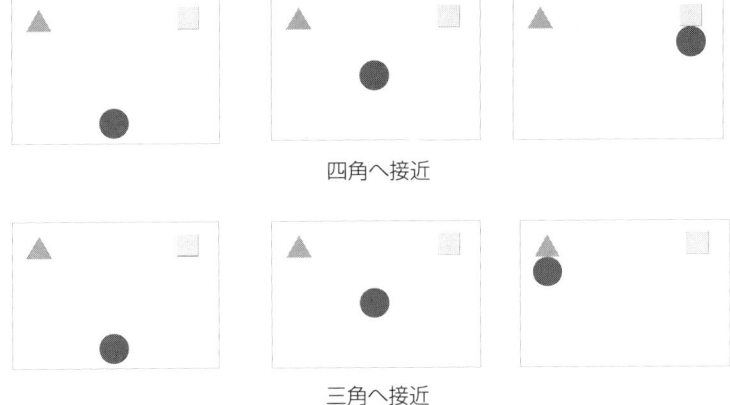

四角へ接近

三角へ接近

化刺激の一例を示した。

　大きい坂道があり，ボールがそこを上ろうとしている。上段では，三角（Helper）が小さいボールを助けるように，上へ押し上げる。ところが，下段では，四角（Hinderer）が邪魔をして小さいボールを下に突き落としてしまう。この2つの場面を馴化刺激とした。馴化刺激には，坂道のない条件も設定した。坂道の存在は，ボールの動きに意図を付与しやすいのではないか，したがって坂道がなければ結果が変わってくるのではないかと考えたからである。テスト刺激では，ボールが三角に近づく場面（下段）と四角に近づく場面を提示した（図3）。

　そのときの注視時間を比べてみたところ，結果は，次のようになった。坂道があろうとなかろうと，乳児は，ボールが，より好ましい物体（ボールを援助する物体）に近づくテスト刺激をより長く見ることが分かった。乳児は，坂道を上がろうとしているボールを助ける方を好み，また，ボールがその図形に近づく方を好むのだと解釈された。しかしながら，通常の「期待—違反」の視点からすると，この結果を解釈するのは困難である。むしろ，ボールが邪魔をした物体に近づく場面の刺激の注視時間が長くなる方が，理解しやすい。今後はなぜこのような結果になるのかを説明できる，適切なパラダイムで検討する必要がある。

　さて，先に述べたように，ヒトは，他者に心的状態を帰属させるのである

が，では，それはいつから始まるのであろうか．また，何に対してそのようなことをするのだろうか．乳幼児は，ヒトに対してのみ，心的状態の帰属を行うのだろうか．まず，模倣を利用した Meltzoff (1995) の実験の一部を紹介することにする．Meltzoff は，**行為再現課題**（reenactment of goal paradigm）という巧妙な方法を用いて，18 ヵ月児が，モデルの意図を読み取って模倣を行うこと，また，人のモデルでなければ，そのような行動は見られないことを報告した．実験では，大人のモデルがダンベルをはずそうとしているが，失敗してしまう，という場面を見せる．18 ヵ月児は，最終的なダンベルの状態を見なくても，モデルがダンベルをはずそうとする意図を読み取って最後まで「はずす」という行為を遂行するのである．しかしながら，メカニカルピンサーと呼ばれる機械の腕のようなものが同じような動作をしても，18 ヵ月児はモデルの行為を完遂しない．Meltzoff は，18 ヵ月児は，ヒトのモデルの模倣しかしないのだと結論した．けれども，メカニカルピンサーは，機械の腕のようなもので，それが動くだけの単純なものである．ヒト型ロボットのように顔や目や腕や胴体があり，自律的に動くものはどうだろうか．

　Itakura *et al.* (2004) は，2 歳〜3 歳児を対象とし，ヒト型ロボットを用いて同様の実験を行なった．図 4 は，実験に使用したロボットである．ここで使用されたロボットはロボビーという名前の ATR（国際電気通信基礎技術研究所）で製作された日常活動型ロボットであった．ロボビーは，コミュニケーション機能に重点が置かれたヒト型ロボットである．大きさは，人間よりもひとまわり以上小さいサイズで，高さ 120 cm，半径 50 cm，重量はおよそ 40 kg であった．頭部は回転可能であり，腕は自由に動かすことができる．また，注視方向の制御が可能である両眼ステレオカメラ，360 度すべて感受できる全方位視覚センサ，ステレオマイクロホン，全身を覆うように設置された接触センサが搭載されている．つまり，視覚，聴覚，触覚によるコミュニケーションが可能なロボットというわけである．

　基本的には，前述した Meltzoff の行為再現課題を用いた．ロボットの行為はすべてビデオに記録され，それを刺激とした．ビデオ刺激を提示し，被験児がモデルの行為を完遂するかどうかを調べたわけである．ビデオの種類は，以下の 4 つであり，それぞれ次のようなシークエンスからなっていた（図 4 は，刺激の一場面）．

図4 刺激の一場面(上段: 視線なし条件, 下段: 視線あり条件)

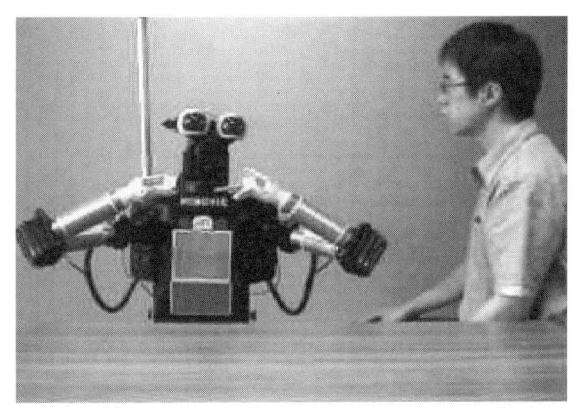

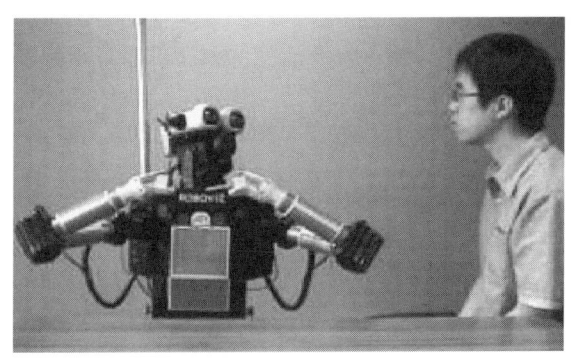

① Full demonstration + gaze 条件: ロボットがとなりにいるパートナー(ヒト)の顔を見る—物体を受け取る—行為を完遂する—再びパートナーの顔を見る。
② Full demonstration + no gaze 条件: ロボットはまっすぐ前を向いたまま物体を受け取り,行為を完遂する。
③ Failed attempt + gaze 条件: ロボットがとなりにいるパートナー(ヒト)の顔を見る—物体を受け取る—行為を完遂しようとするが失敗する—再びパートナーの顔を見る。
④ Failed attempt + no gaze 条件: ロボットはまっすぐ前を向いたまま物体を受け取り,行為を完遂しようとするが失敗する。

また，ターゲットとなった行為は，ダンベルを2つに分解する，ビーズをマグカップに入れる，ゴム製の髪留めを木の棒にかける，の3種類であった。これらの条件のほか，統制条件では，物だけ渡して，ターゲットとなるような行為の出現頻度を記録した。結果は，以下に述べるとおりであった。まず，統制条件では，ターゲットとなる行動はほとんど見られなかった。すなわち，被験児は，物体を渡されただけでは，ターゲットとなるような行為を示さなかった。また，Full demonstration 条件では，ロボットの視線がパートナーや物体に向けられようが，まっすぐに前を向いたままであろうが，いずれの条件でも，被験児は実験者の行為を完遂した。しかしながら，Failed attempt 条件では，大変興味深い結果となった。ロボットの視線がパートナーや物体に向かっているときは，モデルであるロボットの行為を完遂するが，まっすぐに前を見たままの場合は，結果が異なった。すなわち，被験児は，ロボットにコミュニカティブな視線を顕著に見出したときには，Meltzoff の解釈でいう，意図を読み取って，モデルであるロボットの失敗した行為を完遂する。大事なことは，ロボットの行為の中に意図が表出されるような分かりやすい要素が含まれているかどうかということだった。ヒト以外のエージェントにも2～3歳児は意図を見出しうるのである。

3. 心を見つける

ヒトの子どもは4,5歳までには，「心の理論」を獲得し，他者の心的状態を推測できるようになるという。このことは，Winmmer & Perner (1983) による誤信念課題を用いた研究により数多く報告されている。それでは，幼児が他者に誤信念を帰属するのはヒトにだけなのだろうか。ロボットのように自律的に動くエージェントを，幼児はどのように理解しているのであろうか。

Itakura *et al.* (2002) は，就学前児(4歳～6歳児)を対象に，ヒト型ロボットを用いて標準的な誤信念課題を行った。ここで使用されたロボットは，先述したロボビーであった。手続きは，まず刺激ビデオを被験児に提示し，その後いくつかの質問を行った。刺激ビデオには，ロボビー・バージョンと，ヒト・バージョンが用意された。たとえば，ロボビー・バージョンの刺激ビデオでは，① ロボビーがおもちゃのぬいぐるみを持って部屋に入ってくる，② 部屋の机には大きい箱と小さい箱が置いてあり，ロボビーはぬいぐるみを大きい箱の中に隠して部屋を出て行く，③ その様子を覗いて見ていた人が，部

屋に入ってきて，大きい箱の中のぬいぐるみを小さい箱に移し替えて出て行く，④ ロボビーが再び部屋に戻ってくる，ここでビデオの映像は停止される。その後，4つの質問を被験児に与えた。その内容は，1) 戻ってきたロボビーがどちらの箱を探すかを問う予測質問，2) ロボビーが，どちらに入っていると思っているかを問う表象質問，3) ぬいぐるみは最初どちらの箱に入っていたかを問う記憶質問，4) 今，ぬいぐるみがどこに入っているかを問う現実質問，であった。ヒト・バージョン刺激に対しても同様の質問を行った。結果を概略すると以下のようである。現実質問，記憶質問，いずれも，ロボット条件，人間条件でほとんどの被験児が正答を示した。また，予測質問でも，70%の被験児が正答したが，ロボット条件，人間条件で差はなかった。しかしながら，表象質問では，ロボット条件よりも人間条件の方で正答者が多かった。すなわち，「思う」といったような心理動詞（mental verb）を使用して質問をした場合，幼児は，人間条件とは異なる反応を示した。ロボットには，心理動詞を帰属させない可能性のあることが分かった。幼児は，「行動が予測できる」ということと「そのように考えて行動する」ということを，人の場合では容易に連合できるが，ロボットではそうした連合が起こりにくいのかもしれない。

おわりに

本稿では，他者に「心的状態を認める」過程，いわゆるメンタライジングの発達プロセスを，他者の注意の認識，アニメーション刺激に対する意図や目標指向性の付与，ヒト以外のエージェントの行為再現課題や誤信念課題を用いて行われた実証的研究を紹介しつつ検討した。ヒトは，生後12ヵ月くらいから物体の動きを合理的に解釈するようになる。そして，18ヵ月齢までには，意図や目標志向性の理解へと進展する。すなわち，欲求や目標や意図に関連したいわゆる「意図指向性」の暗示的なバージョン（implicit version）が最初に出現し，それはおよそ生後18ヵ月を過ぎる頃であろうと考えられる。そして，18ヵ月から2歳～3歳くらいまでに，真の共同注意の理解や話者の意図の理解，意図理解にもとづく模倣などが可能となる。それは，ヒトというエージェントに限らず，自律的に動くロボットであっても，行為に意図を示すような行動が埋め込まれている場合には同様である。そして4歳から6歳くらいまでに，誤信念課題に代表されるように，明示的な他者の心的状態

の理解が促進される。ただし，心理動詞の帰属という，より高次なメンタライジングは，ヒトに対してしか見られない。今後は，こうした心理動詞を帰属させるための条件や，誤信念課題を通過した後のメンタライジング，たとえば，嘘や比喩の理解，モラルの発達なども併せて考えるべきであろう。

● 読書案内

Rochat, P. 1999. *Early social cognition.* Lawrence Erlbaum Associates.
　乳児研究の領域で活躍する 19 人の研究者の論文を，Rochat が編集した名著であり，社会的認知に関するさまざまなトピックが分かりやすく書かれている。

ロシャ，P.（板倉昭二・開一夫監訳）2004.『乳児の世界』ミネルヴァ書房.
　乳児を取り巻く環境世界の認知を，自己認知，対象物認知，他者認知の 3 つの視点から解説し，その発達のメカニズムにまで踏み込んで記述している。

引用文献

Butterworth, G., & Jarrett, N. 1991. What minds have in common in space: Spatial mechanism serving joint visual attention in infancy. *British Journal of Developmental Psychology,* 9, 55–72.

Frith, U., & Frith, C. D. 2003. Development and neurophysiology of mentalizing. *Philosophical Transactions of the Royal Society of London, Series B: Biological Sciences,* 358, 459–473.

Gergely, G., Knadasdy, Z., Cisbra, G., & Biro, S. 1995. Taking the intentional stance at 12 months of age. *Cognition,* 56, 165–193.

Itakura, S., Kotani. T., Ishida, H., Kanda, T. & Ishiguro, H. 2002. Inferring a robot's false belief by young children. Poster presented at 32nd Jean Piaget Society.

Itakura, S., Ishida, H., Kanda, T., & Ishiguro, H. 2004. Inferring the goals of a robot: Reenactment of goals paradigm with a robot. Poster presented at International Conference on Infant Studies.

Kuhlmeier, V. Wynn, K., & Bloom, P. 2003. Attribution of dispositional states by 12-month-olds. *Psychological Science,* 14, 402–408.

Meltzoff, A. N. 1995. Understanding the intentions of others: Reenactment of intended acts by 18-month-old children. *Developmental Psychology,* 31, 838–850.

Moll, H. & Tomasello, M. 2004. 12- and 18-month-old infants follow gaze to spaces behind barriers. *Developmental Sciences,* 7, F1–F9.

Premack, D., & Woodruff, G. 1978. Does the chimpanzee have a theory of mind?

Behavioral Brain Sciences, 1, 515–526.

Scaife, M., & Bruner, J. S. 1975. The capacitry for joint visual attention in the infant. *Nature,* 253, 265–266.

辻晶子・板倉昭二. 2003.「アニメーションにおける乳児の意図理解」『平成 15 年度情報処理学会関西支部 支部大会 講演論文集』127–128.

Winmmer, H., & Perner, J. 1983. Beliefs about beliefs: Representation and constraining of wrong beliefs in young children's understanding of deception. *Cognition,* 13, 103–128.

第9章

比較認知科学

藤田和生

I. 比較認知科学とは何か

　比較認知科学とは，ヒトを含めた種々の動物の認知機能を分析し比較することにより，認知機能の系統発生を明らかにしようとする行動科学である。ここでいう認知機能は，日常的に心の働きと言われるもののすべてであり，少なくとも知・情・意を含んでいる。つまり心がいかに進化したかを明らかにすることが比較認知科学の目的である。

　比較認知科学では，心とは何かを定義しない。どうしてもというのであれば，行動の背後にある情報処理過程の総体を心と呼んでおこう。このあいまいな態度は，実はとても重要な意味を持っている。第1に，比較認知科学はある特定の生活体に心があるか否かを問題にしない。この問いの答えは，定義によりいくらでも変わるので，問い自体が不毛である。第2に，比較認知科学は心の多様性を措定(そてい)する。ヒトは，ヒトの心を特別視し，絶対化し，崇拝したがるが，これはわれわれ自身がヒトであるからに過ぎない。いかなる心の働きが求められるかは，生活様式により変化する。地球上には多様な生活を送る動物種がいるのだから，それに応じて心の働きも多様なはずである。第3に，比較認知科学はヒトの心の進化だけを問題にするのではない。心が多様に進化したのであるならば，多様な心のありさまのすべてを解明することこそが，まさに心を解明することである。ヒトを含めてすべての動物種の心は同じ進化的時間を共有するものとして対等である。

■ 比較認知科学の研究手法

　ヒト以外の動物(以下，単に動物)たちの心を明らかにするにはどのような

方法をとればいいだろうか。基本的に言語は使えないので，さまざまな工夫が必要となる。手法は大きく自然的観察法，実験的観察法，及び実験的分析法の3つに分けられる。

自然的観察法は，通常，動物の生活空間に観察者が出向き，行動を観察することから，その背後にある認知機能を推定する方法である。これは研究の初期には有用である。また動物が実生活に役立てている認知機能を調べることができるという意味でも重要である。例えば読者が，夕方飼い主が帰宅するとシッポを振って走り寄るイヌを観察したとしよう。毎日観察すれば，そのイヌは飼い主を認識して喜んでいるのだと推測することができよう。しかし，ひょっとするとイヌは誰にでも同じことをしているかもしれないし，夕方になるとご機嫌が良くなるだけかもしれない。飼い主が現れるのを毎日待つのは無駄が多いし，統制できない要因がどんな影響を持っているのかも観察では分からない。この方法は問いに答えるというよりも，具体的な問いを作るのにより適している。

実験的観察法は，自然的観察法の良さを残したまま，実験的な介入によって，より詳細な分析を行うもので，2つのタイプがある。1つは，観察頻度を高めるもので，偶然生じる当該の行動に関連する刺激を，実験者が制御して提示する。先ほどの例で，飼い主に何度もイヌの前に現れてもらえば，そのときのイヌの行動を詳しく調べることができる。もう1つは当該の行動を生じさせる原因の同定をめざし，さまざまな条件下で種々の刺激を系統的に操作して提示することである。同じ例で言えば，1日のいろいろな時間帯に，さまざまな人物を登場させて，イヌの応答を調べる。イヌが飼い主を認識して喜んでいると主張するためには，少なくとも，時間帯によらず，服装や近づき方を変えても，一貫してイヌがシッポを振って駆け寄ってくることを示す必要がある。この方法は，当該の認識を調べるのに適した行動が，動物の自然な行動レパートリーの中に含まれている場合にはきわめて有力な方法である。特にそれが多くの種に共通の行動であると，比較研究の手段としても有効である。食物があれば接近して取る，興味のあるものに目を向ける，意外な事象が生じるとそれに注意を向ける，などの行動がよく用いられる。

実験的分析法は，当該の認識を調べるのに適した自然な行動が見あたらない場合に取られる手段で，通常実験室において，人工的な行動を動物に訓練し，それを利用して，当該の認識を詳細に分析する。事物の知覚や記憶など

の比較的基礎的な過程を調べるためによく利用される。例えば，光が提示されたときには場所 A，提示されないときには場所 B に触れる，という訓練をしたのち，A に触れたら光を 1 段階弱め，B に触れたら 1 段階強める，といった条件に入れると，光の強さは，その動物がやっと検出できる強さ付近で上下すると考えられる。Blough (1958) は，この手続きで，暗黒に入れられてから，ハトが暗順応していく過程を見事に描き出している。工夫次第では，思考，コミュニケーション，社会的認知や社会的知性などの高次な過程を調べることもできる(本章第 II 部参照)。実験的分析法は強力な手法で，同じ手法を用いた直接的な種比較にも向いている。だが，意図した学習が困難な動物には適用が難しい。また訓練に時間がかかることも難点の 1 つである。

■ 世界的な潮流

　比較認知科学はまだ若い研究分野である。しかし，そのルーツは Darwin (1872) の「ヒトと動物における情動の表出」までたどることができよう。その後，動物行動の逸話的記載で知られる Romanes，走性の研究で知られる Loeb，生得性行動と獲得性行動を分離した Morgan，「問題箱」を用いて動物の学習過程を研究した Thorndike らの研究が続き，20 世紀初頭，Hunter による記憶保持過程の比較研究，Köhler や Yerkes らによる類人猿の知性に関する研究が開始された。1930 年代以降，行動主義の台頭による「学習の一般理論」研究の波にのまれ，動物の認知研究は下火になる。しかし 1950 年代の終盤には，この流れの中から Blough や Stebbins らによるハトやサルの知覚過程の分析が始まり，**動物心理物理学**と呼ばれた。1960 年代になると Medin によるサルの記憶研究，Herrnstein によるハトの概念形成の研究，Gardner 夫妻によるチンパンジーの手話習得の研究などが開始され，大きな成果を上げるが，全体としては，いまだラットやハトといった限定された動物種の学習過程の分析が大半であった。生物学の分野では，1950 年代に，Lorenz, Tinbergen, von Frisch らが動物の行動を生物学的に分析する**エソロジー**という学問分野を打ち立て，多様な動物種の多様な行動の適応的意義やそのメカニズム等の研究が進展した。他方，伝統的な学習の一般理論に対する疑問が学習心理学の内部からわき起こってきた(学習の生物学的制約)。

　こうした背景の中，動物の認知過程を正面から扱った Hulse *et al.* 編による『動物行動における認知諸過程』(1978) が出版される。同年に Premack

& Woodruff は,「チンパンジーは心の理論を持つか」と題する論文を発表し,心的事象に対する動物の認識までが,研究対象に取り込まれることとなった。1978年を,比較認知科学誕生の年と位置づけていいかもしれない。

今日では,実に多様な研究が展開されている。例えば色や図形の認識などの知覚過程,空間認識やナビゲーション,思考や心像の操作,コミュニケーション,社会的情報の認識と利用などが分析されるようになった。それらについては藤田(1998)をご参照願いたい。

近年の比較認知研究では,以下の諸点が特色として指摘できよう。

第1に,心の進化史を再構築するという意識が強まり,分析対象となる種の数が大幅に増加した。また,複数種の直接的な比較研究が行われるようになった。

第2に,当該の認知機能を進化させた要因への関心が高まっている。近縁であるが生活史の異なる動物や,遠縁であるが生活史のよく似た動物を比較することから,当該の認識を生んだ自然選択圧を明らかにしようとする試みや,系統発生による制約に関連づけて心のありようを理解しようとする研究が増加している。

第3に,社会的場面における心の働きに注目が集まっている。これは第II部で紹介する社会的知性仮説による影響が大きい。社会的対象の認識の他,他者の心的状態の読み取り,欺き行動,他者への思いやりなどが,実験室,野外の両場面で,精力的に分析されている。

第4に,自己の内的情報の認識にかかわる研究がごく最近になって行われるようになった。例えば確信のなさ,メタ記憶(記憶に関する記憶),エピソード記憶などである。研究はまだ多くはないが,これらのテーマは,ヒト独自のものと思われてきた意識や内省といった内的過程の進化的背景を明らかにするものとして,今後重要性を増すであろう。こうした自己の内的状態のモニタリングと,他者の内的状態の認識とのあいだの関係は,心の理論の発生や社会的知性にもかかわる重要な研究対象であり,これからの比較認知研究がぜひ取り組まねばならないテーマである。

II. 研究事例

環境から抽出しなければならない情報は動物種によって大きく異なる。例

えば，枝の上で獲物を待ち受けるダニにとって抽出すべき情報は，温血動物が放つ酪酸の匂いだけである。それを手がかりに落下すれば，ダニは首尾良く吸血することができる。一方，群れ生活を送るサルは，適切な食物の色や形や匂い，仲間の姿などの他，仲間の願望や知識や意図などの内的情報も抽出しなければならないかもしれない。

環境認識を司る脳は大食らいの器官で，ヒトの場合，脳重は体重の2%強しかないのに，エネルギーは体全体の20%を消費する。脳は小さい方が生きる効率は良い。

小さな脳で必要な情報を確実に抽出するには，ダニのように感受器を単純化して，処理する情報を減らすのがもっとも単純な方法である。脊椎動物でも，例えばカエルの求愛音声の認識などではそうした手法が取られている。一方，発達した中枢神経系を持つ鳥類や哺乳類は，感受器を特殊化させずに，中枢で刺激の認識と選択を行っている。この場合，いかなる制約条件を付加して情報を処理するかが，抽出する情報とその意味を決める。感覚器官からの情報は限られているので，一切の制約条件なしに環境を復元することは難しい。仮にそれが可能なだけの情報がそろったとしても，処理する情報が莫大になれば素早い処理は難しい。この場合，淘汰圧を受けるのはこの制約条件であり，これがさまざまな種の認知的特性を決めていく。それなら，鳥類や哺乳類の認識の進化を明らかにするためには，種々の動物種でこの制約条件を同定し，比較するのがよい方法であろう。

■ 非顕示事象の認識

制約条件を同定するためにわれわれの取った方法は，感覚器官に対して明示的に提示されない情報(非顕示事象)の処理過程を調べることであった。感覚入力が明瞭なら，それから抽出される情報は処理系が変わっても大きくは違わないかもしれない。逆に感覚入力が不明瞭になれば，その処理系の特徴はより強く表れるだろう。ロールシャッハテストやTATなどと同様に，いかようにも解釈できる刺激の認知を調べることで，その処理系の特質がうまく捉えられるのではないだろうか。

本章では，こうした考え方のもとに行われた研究の中から，3つのトピックを選んで紹介する。第1は，アモーダル補間に関する種比較研究，第2は，社会的知性に関する実験的研究，第3は，表象の変換に関する研究，である。

アモーダル補間

　いま私の目の前にはコンピュータのモニターとキーボードがある。モニターの裏にはケーブルがのたうち回っていて，その後ろには白い壁がある。キーボードの下にはパソコンデスクの茶色の上板がある。しかし壁や机の表面はいま私の目には見えてはいない。ひょっとすると，知らないあいだに誰かが壁に穴をあけたり，デスクに落書きしたかもしれないのに，私は見えていない部分を推測で補って認識している。

　隠蔽された部分を補ってものを認識する働きはアモーダル補間と呼ばれている。アモーダルというのは，感覚器官の興奮を伴わないという意味である。この場合，われわれは「そこは見えていない」ことを知りながら補間しているので，必要とあらば他の可能性(例えば穴の空いた壁)を想像することもできる。他方，主観的輪郭線などは，存在しない輪郭線が実際に「見える」現象であり，輪郭はない，と言われても，それを受け入れることは難しい。こうした現象はモーダル補間と呼ばれる。

　アモーダル補間には，隠された部分を知識にもとづいて補うトップダウン的補間と，感覚情報から計算して行うボトムアップ的補間が区別できる。前者は，隠されたライオンのシッポを補う場合のように，その姿形をあらかじめ知っていなければできない。後者ははじめて見る対象物でも生じる。例えば図1の左側の図形は，虫食い三角形と円盤が隣接しているだけかもしれないのに，三角形の上に円盤が載っているように見え，「隠された」三角形の輪郭が補間されている。実際場面では，多くの場合，補間はこれらの中間の形を取るものと思われる。

　補間は発達初期から現れる現象である。例えば2本の棒が直線を構成するように保ち，その切れ目を帯で隠したまま左右に動かすと，4ヵ月齢の乳児は

図1　アモーダル補間の生じる例

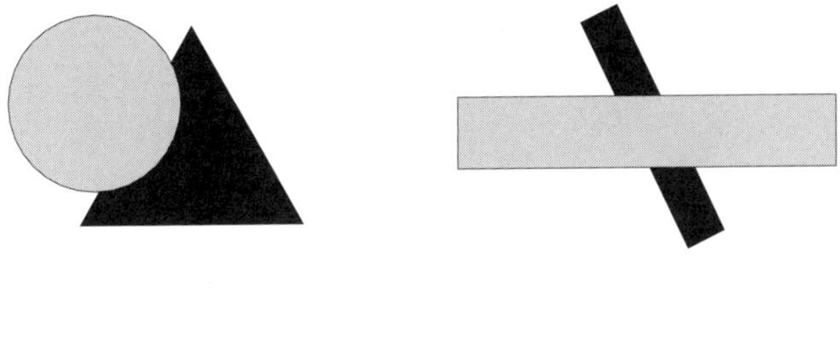

それをつながった1本の棒だと認識する(**物体の一体性知覚**)(Kellman & Spelke, 1983)。帯を取り去って2本であることを見せると乳児は驚く。しかしこの時期には，共通の運動がありさえすれば，上下の棒の輪郭とは無関係に，乳児はつながりを認識する。6ヵ月になると，輪郭がそろっていれば，静止していてもつながりを認識する(図1右)。しかし，補間される輪郭の形状は特定されておらず，隠された部分に出っ張りがあっても乳児は驚かない。8ヵ月になると，ようやく乳児は大人同様に隠れた部分を直線で補間するようになる(Craton, 1996)。

チンパンジーに，1本の棒状図形と，中央部分の切れた2本の棒状図形の見本合わせを訓練した(Sato, Kanazawa, & Fujita, 1997)。**見本合わせ**とは，最初に提示された見本と同じものを，複数の比較刺激の中から選択する課題である。見本はコンピュータ画面の上を，左から右に等速で動いた。比較刺激は静止していた。訓練後，見本の中央部分を帯で隠して提示した(図1右参照)。この場合見本が1本か2本かはわからない。しかしチンパンジーがこれを1本だと認識したなら，比較刺激として1本の棒を選ぶだろうし，2本だと認識したなら，2本の棒を選ぶだろう。どちらを選んでも報酬を与えるようにしてテストしたところ，チンパンジーはほとんどの試行で1本と答えた。見本が静止していても結果は同じだった。つまりチンパンジーは，少なくとも6ヵ月児と同様に隠された部分を補間した。

より詳細な検討を，**フサオマキザル**を使って行った(Fujita, 2004; Fujita & Giersch, submitted)。見本刺激は4種の図形で，うち1つは中央部の切れた棒，2つめはまっすぐな輪郭を持った棒，残り2つは，中央部分が不規則な輪郭を持つ棒である。上と同様の見本合わせを訓練した後，中央部分を隠して見本を提示してテストした。見本がどれかは区別がつかない。しかしサルは，見本が運動していても静止していても，ほとんどの場合にまっすぐな棒を選んだ。つまりサルは，8ヵ月齢以上の乳児と同様に，隠された部分を直線的に補間した。

さらにサルは，帯の上下が「く」の字のように容易につながる関係にある場合には，上下がつながっていると答え，位置のずれた平行線になっている場合には，つながっていないと答えた。またジグザグの輪郭や，等間隔にピン状の突起を持つ図形を用い，中央部の輪郭が規則的なものと不規則なものを比較刺激に用意して同様にテストしたところ，個体差も見られたが，1頭の

サルは，全体が規則的になる図形を選択した。ほぼ同じ課題を成人に対して行い比較すると，補間にかかわる規則は，フサオマキザルとヒトのあいだで，ほぼ共通していることがわかった。

ところが，同様の手法で調べると，ハトは2本と答えるのである (Fujita, 2001b)。帯の上下から出た部分の形や長さは，見本が左右に運動しても変わらないから，それが2本の独立した棒である，という認識はある意味ではもっともである。そこで，帯を斜めにする，ジグザグにする等の操作で，帯からはみ出した棒の長さや形が運動に伴って変化するようにしてみたが，ハトはそれでも2本と答え続けた (Ushitani, Fujita, & Yamanaka, 2001)。

この場面では，ハトが隠された部分を直線で補間するであろうことが前提になっている。もしまったく違う形状に補間したとしたら，適当な選択肢を見つけられないハトは2本の棒を選択するかもしれない。そこで，補間の形状を特定しない場面で調べてみた。

大きな図形に小さな図形が隣接していると，小さな図形は少し長く見える (図2)。これはわれわれが，前者が後者の一部を隠蔽していると認識し，自動的に「隠れた」部分を補間することから生じる錯覚だと言われている (Kanizsa, 1979)。単独で提示される種々の長さの横棒がある長さより長いときには一方のキー，短いときには他方のキーに触れるようにアカゲザルとハ

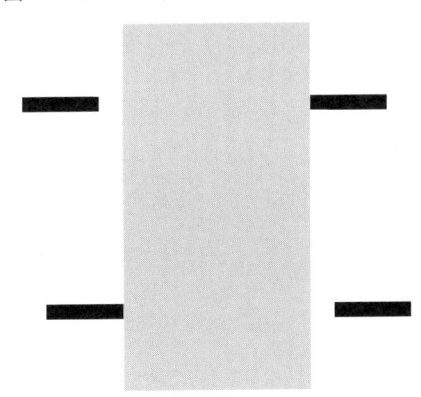

図2 Kanizsa (1979) による錯視の変形版

長方形に接した線分が，そうでない線分よりも少し長く見える。これは，長方形に「隠された」部分をわれわれの知覚系が自動的に補間するから生じると考えられる。

トを訓練した。その後，横棒にちょうど隣接する位置に長方形を置いてテストすると，アカゲザルのキー選択は長い方にずれ，ヒトと同じ錯視が示された。ところが，ハトではそうした錯視は起こらなかった。ハトは隠蔽関係すら認識しないらしいのである (Fujita, 2001a)。

トップダウン的な補間はどうだろう。画面に提示された種々の物体の写真から，穀物だけをすべてつつくようにハトを訓練した。続いて，完全な穀物の写真と，それを羽や紙片で部分的に隠蔽した写真と，隠された部分を画像処理で抹消した写真の3種を画面に同時に提示して，ハトがどういう順序でつつくかを調べた。隠蔽された写真は，ヒトの目には抹消された写真よりずっと穀物らしく見える。もしハトが隠蔽部分を補間するなら，ハトは，完全写真 → 隠蔽写真 → 抹消写真の順につつくだろう。しかしハトの反応は，完全写真 → 抹消写真 → 隠蔽写真の順序だったのである (Ushitani & Fujita, 2002)。

ここまでの実験では，あいまいな刺激に対して動物はいずれかの刺激を強制的に選択させられている。ひょっとするとハトは補間された表象を形成したが，判断過程において，何らかの理由でそれを選択しなかったのかもしれない。そこで，判断過程を伴わない課題で，再度ハトの補間過程を分析した（藤田・牛谷，未発表）。[図3は巻頭の口絵参照]

完全な赤い菱形の中から，一辺に切り欠きのある菱形を見つけ出してつつく**視覚探索**課題をハトに訓練した。菱形の横，一定の距離だけ離れたところに，白い正方形が置かれていた(図3a)。習得後，白い正方形と菱形の間の距離を操作し，近接，接触，潜り込み，の3条件(図3b)でハトが菱形を見つけ出すまでの反応時間を標準条件と比較した。接触条件では，ちょうど切り欠きにはまる位置に正方形が来る(図3c)。ヒトでは接触条件で著しく反応時間が長くなった。接触条件では自動的に菱形の辺が補間され，発見が難しくなるからである (Rauschenberger, & Yantis, 2001 他)。ところがハトでは，接触条件の反応時間は，標準条件と変わらなかった。つまり，これまでの実験でハトが補間を示さなかったのは，判断の問題なのではなく，知覚的処理過程にその原因があるのだと思われる。

ハトはなぜ補間しないのだろう。ニワトリでは，刷り込みを使って，弱いながらも肯定的な結果が出されている (Lea, Slater, & Ryan, 1996; Regolin & Vallortigara, 1995)。ならばこれは鳥類一般の特徴ではない。おそらく，食

性や行動上の諸特徴に関連した適応であると推察される。

補間はわれわれにとってあまりにも当然のことなので，種々の認知的側面でヒトによく似た性質を示すハトが補間をしないのは奇妙に思えるかもしれない。しかし，ハトの補間に関しては，他にも否定的資料が多数あり，ほぼ結論を下してもよいと思われる。

理由はどうあれ，霊長類とハトとでは，部分隠蔽図形というあいまいな刺激を処理するときの制約条件が著しく異なることは明らかである。より多くの種を用いた比較研究により，補間にかかわる制約条件と系統発生及び生活様式との関係を明らかにしていくことが必要だろう。

社会的知性

社会的知性とは他個体とのかかわり合いで発揮される知性のことである。近年，霊長類を中心に，欺きや駆け引き，協力など，他者の心的状態の認識に関連した研究が数多く行われるようになった。この背景には，「**社会的知性仮説**」あるいは「**マキャベリ的知性仮説**」と呼ばれる，知性の進化に関する理論がある。簡単に言えば，ヒトが持つような高度な知性は，物理的環境に対する適応なのではなく，社会的環境への適応として進化したという考え方である (Byrne & Whiten, 1988)。

他者の心的状態は，感覚器官で直接に捉えることができず，他者の表情や行動や文脈から推察するしかない情報である。ヒトはきわめて単純な情報から心的状態を認識する。例えば，Heider & Simmel (1944) は，三角や丸といった図形が長方形の枠に入って動き回り出て行く無音の映像を成人に見せた。するとほとんどの人は，その様子を「計画する」「欲する」「試みる」「努力する」などの心的状態を示すことばで記述したのである。乳児も単純な動く図形に心的帰属を行うことが近年示されている（Gergely, Nádasdy, Csibra, & Biro, 1995 他）。ヒトはこうした枠組みを基礎に，種々の他者の行動を認識しているのであろう。

霊長類は他者の心的状態がどの程度認識できるのだろう。フサオマキザルを対象にわれわれの研究室で行われた研究をいくつか紹介したい。

フサオマキザルは自発的に他者を欺けるだろうか。2頭のサルを透明のケージに入れて対面させ，あいだに餌箱を2つ置いた。1頭は飼育集団の最優位♂ (Heiji)，相手は4頭の劣位個体 (Zilla, Kiki, Theta, Pigmon) だった。

餌箱は特製で，劣位個体側からは中が見え，フタを開ける操作もできる。優位個体側からは中も見えず，フタも開けられない。しかし，いったんフタが開けられると，優位個体は，箱の中をまさぐって食物を取ることができた。

食物の入った餌箱を開けるよう劣位個体を訓練した後，彼らをHeijiと順次「対戦」させた。劣位個体が餌箱を開けると，Heijiは食物を強奪できる。劣位個体は，対抗戦術として，空の餌箱を先に開けて，Heijiがそれをまさぐっているあいだに，反対側の餌箱を開けることができる。数十試行を行うと，ThetaとPigmonの2頭は，1割以上の試行で，逆開けと名づけたこの戦術を採るようになった (Fujita, Kuroshima, & Masuda, 2002)。

彼らは優位個体を欺こうとしたのだろうか。1つの単純な解釈は，優位個体の強奪に遭って食物を得られる率が下がり，反応が不安定になったという可能性である。これを調べるため，餌箱に「食物自動落下装置」をつけた。といっても，底板に穴をあけて，それを磁石つきの板で塞いだだけである。フタにゆわえられた糸をこの底板に引っかけると，フタが開いた瞬間に底板も外れ，食物が落下する。これを用いて，ThetaとPigmonに，Heijiに強奪された試行の割合だけ食物が落下するようにして，単独でフタ開けをさせた。両個体とも，ほとんど逆開けをしなかった。つまり，逆開けは報酬獲得率の低下のせいではなかった。

再び対戦場面に戻し，逆開けの再現性を調べた。Thetaでは最初よりは低い割合だが逆開けが復活した。Pigmonでは逆開けが見られなくなった。しかし，ビデオからPigmonの滞在位置を解析したところ，Heijiがいるとこのサルは，フタを開ける直前に空の餌箱側にいることが多いことがわかった。これらから，フサオマキザルはある程度自発的に他者を欺く社会的知性を持っているように思われる。しかし，これらが本当に欺き行動であったかどうかは判断が難しい。

他者の心的状態の認識は，上記のような競合場面だけではなく，協力場面でも要求される。フサオマキザルが自発的に**協力行動**をとれるかどうかを実験的に調べた。

2連の透明アクリル製の実験用ケージを作り，共同作業用装置を取り付けた（図4）。2つのケージは，中央部に開けられた穴を通して行き来できる。この装置は，一方のケージ（A）にある小さなタブ（べろ）を引き抜いた上で，他方のケージ（B）から細長い箱を押すと，箱の先端に置かれた食物が餌箱に落下

図4 フサオマキザルどうしの協力行動を分析するために使用された装置を上から見た図

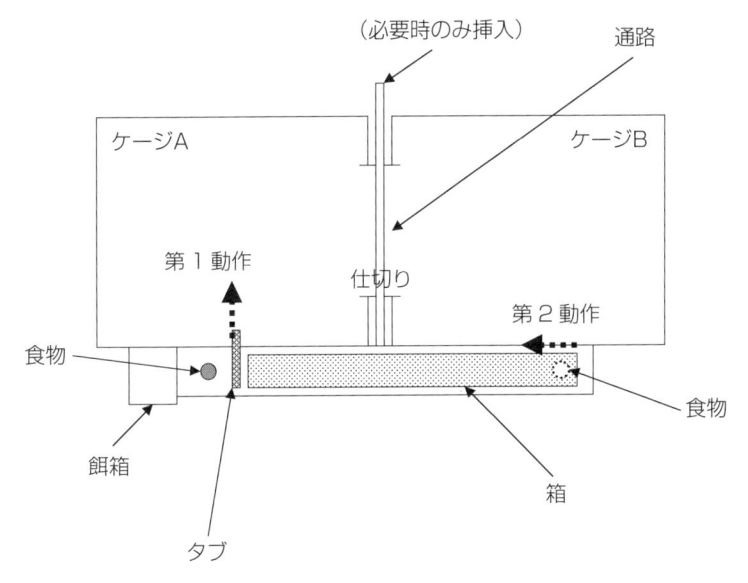

し，他方，箱の根元の下に置かれた食物が手に入るようになっていた。

　一連の動作を単独で行えるように6頭のサルを訓練した。次に通路を透明アクリル板で仕切り，この時にはどちらのケージでも装置にさわらないよう訓練した。最後に，仕切ったケージのそれぞれに1頭ずつサルを入れ，行動を観察した。すると3ペアのサルは，いずれも自発的に協力を始めた。ケージAに入れられた個体がタブを引き，次いでケージBの個体が箱を押したのである。つまりサルは，それまでひとりで行っていた一連の作業を，2頭のあいだで分割することができた。分業である（Hattori, Kuroshima, & Fujita, submitted）。協力が生じた後，サルの場所を入れ替えると，速やかに再び協力行動を取るようになった。

　単純な協力行動は，相手の動向を見極めなくても可能だ。相手構わず自身の側で行える操作を繰り返していれば，いずれは報酬につながるかもしれないからである。このサルたちの行動もそうだったのだろうか。

　それぞれのケージで2頭のサルが独力で食物が取れる条件を設定した。ケージAのタブには食物を挟み込み，それを引き抜くと食物が取れるように

した。ケージ B 側の箱は短くし，タブとは無関係に押せるようにした。この独力条件と協力が必要な条件で，食物を手に入れるまでに相手個体に視線を向けていた時間の割合を比較した。すると，協力条件では，ケージ B のサルは独力条件より多く相手を見ていることがわかった。この解釈は難しいが，少なくともサルはでたらめに行動していたのではない。相手個体の動作を確認する，あるいは協力の要請をする，といった行動だった可能性もある。

ここまでは，協力行動によって 2 頭のサルは両者とも報酬を手にすることができた。しかしヒトの協力行動は，自身に即時的な利益がなくとも生じる。オマキザルはどうだろうか。

場面を少し変え，ケージ B にだけ食物を置いた。ケージ A には食物がない。つまり，A に入れられたサルがタブを引き，B のサルが箱を押すと，B のサルだけが報酬を手にすることができた。A はただ働きである。1 試行ごとに A, B のあいだでサルを入れ替えてテストすると，3 ペアすべての組み合わせで協力行動が維持された。A では決してタブ引き反応が強化されず，逆に B では箱押し反応が 100% の確率で強化されるのだから，伝統的な学習理論に従えば，A では反応しないことをサルは学習するはずだが，そうはならなかった。サルはこの場面で**相互的利他行動**を取ったということができる。

このように，競合場面，協力場面のいずれにおいても，フサオマキザルは，自身の行動を相手の行動に合わせて自発的に調整できることが確かめられた。うまく調整するためには，相手の知識，意図，願望等の心的状態の認識が必要である。これらについては，現在分析を進めている。現段階で言えることは，このサルは，見ることが知ることにつながるという関係を理解できることである。エサの隠し場所を見た人物と見なかった人物とがいるとき，サルは前者のアドバイスにしたがって刺激を選択できる（Kuroshima, Fujita, & Masuda, 2002; Kuroshima, Fujita, Adachi, Iwata, & Fuyuki, 2003）。

表象の変換

多くの動物は，物体が見えなくなった後もその物体の色や形状や位置を記憶しておくことができる。これは単純な表象の保持である。では保持された表象を内的に変換して新たな表象を形成することはできるのだろうか。外部刺激から生成された表象を一次表象，一次表象を内的に変換・操作して作られた表象を二次表象と呼ぼう。さらに操作を加えて三次，四次と表象を拡張

することもできる。**高次表象**の生成は思考の内的過程そのものであり，高次表象を自身の行動の手がかりに用いることができれば，試行錯誤をせずとも，新奇事態で適切な行動がとれる。

ヒトは提示された刺激の表象を回転させて，その結果を別の刺激と照合できる(**心的回転**: Shephard & Metzler, 1971)。この現象は，動物では決定的な資料が得られていない。しかし，表象の操作や変換が適切な場面はおそらく動物の日常にも数多くある。例えば草むらに残されたヘビの這い跡からヘビの存在へと表象を変換することができれば，捕食の危険を減らすことができる。自分が知っている餌場の方に誰かが出かけていったら，その個体が餌を見つけることを予測して，先回りして餌を確保した方が良い。こうした日常的な表象の操作や変換が動物にどの程度可能なのかはまだよく調べられていない。われわれの研究室で行われた最近の実験から2つを紹介しよう。

1つめは，**イヌ**が音声から映像への表象の変換を自発的に行うのかどうかを調べた実験である。イヌは飼い主の帰宅を示す種々のサインに応答し，玄関に出迎えにやってくる。イヌは，車のドアが閉まる音や足音，話し声などのサインの1つ1つと，飼い主に抱き上げられるなどといった報酬の連合を学習しただけだろうか。それともそれらのサインから飼い主の姿を想像して喜んでいるのだろうか。

イヌをモニターの前に座らせ，モニターを衝立てで隠して，スピーカーから飼い主あるいは見知らぬ人がイヌの名前を数回呼ぶところを聞かせる。その後，モニターに飼い主あるいは見知らぬ人の顔写真を提示して衝立てを取り外す。もしイヌが飼い主の声から飼い主の姿を思い浮かべているなら，飼い主の声に続いて見知らぬ人の映像が現れた場合には驚いて，イヌはモニターに強い反応を向けるだろう。イヌの反応を分析すると，音声の主と映像が一致しない場合にはモニターへの注視時間が長くなり，中でも飼い主の声のあと見知らぬ人の映像が出現した場合には著しく長くなった。イヌは音声で提示された情報を自発的に映像に変換したと考えられる (Adachi, Kuwahata, & Fujita, under revision)。

2つめは，**ベルベットモンキー**の**引き算**に関する実験である (Tsutsumi, Ushitani, & Fujita, submitted)。大学院生が住むアパートに，野生ベルベットモンキーがよく訪れていた。通常彼らは周辺の木で採食していたが，時に台所から食べ物を盗むこともあった。

サルがベランダにやってきたときに，簡単な実験を行った。片面が切り取られた紙コップを逆さに置いて，サルによく見せながら，その中にパン片をいくつか入れる。次に紙コップを180度回し，サルから中身が見えないようにする。その後，サルに操作をよく見せながら，紙コップの中からパン片をいくつか取り出し，実験者はその場を離れる。サルがパン片を取りに来るかどうかを記録した。最初に入れるパン片の数は0, 1, 2のいずれか，取り出すパン片は，やはり0, 1, 2のいずれかである。これらを0–0条件，2–1条件のように呼ぶ。

この場面で，まずサルは最初に見たパン片を表象として記憶しなければならない。取り出されるパン片が0の時には，表象の操作は不要であり，サルは最初の表象に従って行動すればよい。サルは，0–0条件ではまったく餌を取りに来ない一方，1–0，2–0条件ではほぼ毎回取りに来た。1–1条件と2–2条件では，表象を抹消するだけでよく，この場合も表象の操作は必要ではない。このとき，取りに来る割合は50％程度になった。0％が理想だが，最初にパンを見せられて動機づけが高揚したことの影響であろう。

最後の2–1条件では，ものの一部が移動した結果を予測しなければならない。これには表象の抹消ではなく，表象の内的変換操作が必要である。十分なデータのとれた3頭のうち，1頭は明瞭な結果を示さなかったが，2頭のおとなオスは100％近くの割合で餌を取りにきた。この2頭は紙コップの中にはまだパン片が残っていることを推測できたのだと言える。ベルベットモンキーの中には，何も訓練をしなくとも，原初的な引き算に相当する表象の内的操作が可能な個体がいるのである。

まとめ

本章では，動物たちが，直接感覚器官ではとらえられない事象をいかに認識しているかに関するいくつかの実験を紹介した。他個体の心的状態の読み取りや内的表象の変換・操作に関しては，原初的なものかもしれないが，ヒト以外の霊長類と食肉類で，ヒトと類似した性質が示された。

もちろんまだ分析は不十分で，例えば心的状態の読み取りについても，ヒトに見られる能力のごく一部が例証されたにすぎない。他個体の知識は，他個体の経験を直接観察することから推測することが可能だ。しかし意図や願望などは，そうした直接的な手がかりはなく，自身が同様の意図や願望を持つ

事態から，類推や投影によって，相手も同様の心的状態に至ったであろうことを推測しなければならない。つまり，自己と他者の経験や心的状態の対応関係の認識が必要である。こうしたことがどの程度動物に可能なのかはまだよくわかっていないし，その進化の過程も謎である。**アメリカカケス**が自身の盗み経験を，隠した餌の防衛（隠し直し）に使うことができるという実験結果が最近示されている（Emery & Clayton, 2001）が，まだこの点に関する情報は十分ではない。

　表象の内的変換・操作に関しても，まだ情報は不十分である。特にどういった性質について表象の操作が可能なのか，何次の操作が可能であるのか，入れ子の操作は可能なのかなどについてはほとんど分析が進んでおらず，今後の課題であると言えよう。なお，近年の研究で，霊長類は自身の記憶の確かさを認知できること（**メタ記憶**）が示されている（Hampton, 2001）。こうした内的表象のモニタリング過程がいかに進化したのかも，意識や自己認識の発生を考察する上で重要な今後の課題であろう。

　本章において示したかったもう1つの論点は，部分隠蔽図形の認識というきわめて基礎的な課題において大きな種差があるという事実である。霊長類はほぼ共通の原理でもって隠蔽部分を補間する。しかしハトでは，2次元図形を補間して認識することはついに示されなかった。もちろん，新たな実験操作や手続きの工夫により，肯定的な結果が得られる可能性はある。だが仮にそうだとしても，霊長類が補間を示す条件においてハトでは補間を示さないという事実はゆるがない。補間にかかわる制約条件は，両者で大幅に異なっており，おそらくそれは系統発生的制約と生活史的制約の双方が複雑に関与して生まれた差違であろう。どういった系統が，またどういった生活史が，特定の事物認識様式を決定するのだろうか。今後，これらの関連を多様な種を対象に調べていくことが必要であろう。

● **読書案内**

藤田和生．1998．『比較認知科学への招待――こころの進化学』ナカニシヤ出版．
　本邦で書かれた唯一の比較認知科学の入門用教科書であり，比較認知研究を志すものにとっては必読書．

Shettleworth, S. J. 1998. *Cognition, evolution, and behavior.* Oxford University Press.

よくバランスの取れた比較認知科学の入門用教科書。高度な内容が平易に記述されている。

藤田和生・山下博志・友永雅己(監訳). 2004.『心の理論とマキャベリ的知性の進化論――ヒトはなぜ賢くなったか』ナカニシヤ出版.

友永雅己・藤田和生(監訳).『心の理論とマキャベリ的知性の進化論――その拡張と評価(仮題)』ナカニシヤ出版(印刷中).

(2冊合わせて)社会的知性仮説の成立から今日までの研究史,及び将来の課題までを盛り込んだ論文集。

Zentall, T. R., & Wasserman, E. A. (Eds.) (in press). *Comparative cognition: Experimental explorations of animal intelligence.*

比較認知研究の第一線で活躍中の研究者の論文集。比較認知研究の最前線を知るには必読。内容は高度。

引用文献

Adachi, I., Kuwahata, H., & Fujita, K. Dogs recall owner's face upon hearing owner's voice. *Animal Cognition.* (under revision)

Blough, D. S. 1958. A method for obtaining psychophysical thresholds from the pigeon. *Journal of the Experimental Analysis of Behavior,* 1, 31–43.

Byrne, R., & Whiten, A. (Eds.) 1988. *Machiavellian intelligence: Social expertise and the evolution of intellect in monkeys, apes, and humans.* Oxford Science Publications.

Craton, L. G. 1996. The development of perceptual completion abilities: Infants' perception of stationary, partially occluded objects. *Child Development,* 67, 890–904.

Darwin, C. R. 1872. *The expression of the emotions in man and animals.* John Murray.

Emery, N. J., & Clayton, N. S. 2001. Effects of experience and social context on prospective caching strategies by scrub jays. *Nature,* 414, 443–446.

藤田和生. 1998.『比較認知科学への招待――こころの進化学』ナカニシヤ出版.

Fujita, K. 2001a. Perceptual completion in rhesus monkeys (*Macaca mulatta*) and pigeons (*Columba livia*). *Perception & Psychophysics,* 63, 115–125.

Fujita, K. 2001b. What you see is different from what I see: Species differences in visual perception. In T. Matsuzawa (Ed.), *Primate origins of human cognition and behavior,* 29–54. Tokyo: Springer Verlag.

Fujita, K. 2004. How do nonhuman animals perceptually integrate figural fragments? *Japanese Psychological Research,* 46.

Fujita, K., & Giersch, A. What perceptual rules do capuchin monkeys (*Cebus apella*) follow in completing partly occluded figures? (submitted for publication)

Fujita, K., Kuroshima, H., & Masuda, T. 2002. Do tufted capuchin monkeys (*Cebus apella*) spontaneously deceive opponents? A preliminary analysis of an experimental food-competition contest between monkeys. *Animal Cognition*, 5, 19–25.

Gergely, G., Nádasdy, Z., Csibra, G., & Bíró, S. 1995. Taking the intentional stance at 12 months of age. *Cognition*, 56, 165–193.

Hampton, R. R. 2001. Rhesus monkeys know when they remember. *Proceedings of the National Academy of Science*, 98, 5359–5362.

Hattori, Y., Kuroshima, H., & Fujita, K. Spontaneous cooperative problem solving by tufted capuchin monkeys (*Cebus apella*). (submitted for publication)

Heider, F., & Simmel, M. 1944. An experimental study of apparent behavior. *American Journal of Psychology*, 57, 243–259.

Hulse, S. H., Fowler, H., & Honig, W. K. (Eds.) 1978. *Cognitive processes in animal behavior.* Erlbaum.

Kanizsa, G. 1979. *Organization in vision: Essays on Gestalt perception.* Praeger Publishers.

Kellman, P. J., & Spelke, E. S. 1983. Perception of partly occluded objects in infancy. *Cognitive Psychology*, 15, 483–524.

Kuroshima, H. Fujita, K., & Masuda, T. 2002. Understanding of the relationship between seeing and knowing by capuchin monkeys (*Cebus apella*). *Animal Cognition*, 5, 41–48

Kuroshima, H., Fujita, K., Adachi, I., Iwata, K., & Fuyuki, A. 2003. A capuchin monkey (*Cebus apella*) understands when people do and do not know the location of food. *Animal Cognition*, 6, 283–291.

Lea, S.E.G., Slater, A. M., & Ryan, C.M.E. 1996. Perception of object unity in chicks: A comparison with the human infant. *Infant Behavior and Development*, 19, 501–504.

Premack, D., & Woodruff, G. 1978. Does the chimpanzee have a theory of mind? *Behavioral and Brain Sciences*, 4, 515–526.

Rauschenberger, R., & Yantis, S. 2001. Masking unveils pre-amodal completion representation in visual search. *Nature*, 410, 369–372.

Regolin, L., & Vallortigara, G. 1995. Perception of partly occluded objects by young chicks. *Perception & Psychophysics*, 57, 971–976.

Sato, A., Kanazawa, S., & Fujita, K. 1997. Perception of object unity in a chimpanzee (*Pan troglodytes*). *Japanese Psychological Research*, 39, 191–199.

Shepard, R. N., & Metzler, J. 1971. Mental rotation of three-dimensional objects. *Science*, 171, 701–703.

Tsutsumi, S., Ushitani, T., & Fujita, K. Two minus one equals zero? Arithmetic helps wild monkeys' decision making on foraging. (submitted for publication)

Ushitani, T., & Fujita, K. 2002. Recognition of partly occluded ecologically significant stimuli by pigeons. *Paper presented at the 43rd Annual Meeting of the Psychonomic Society, Abstracts,* p. 100.

Ushitani, T., Fujita, K., & Yamanaka, R. 2001. Do pigeons (*Columba livia*) perceive object unity? *Animal Cognition,* 4, 153–161.

第10章

動物のコミュニケーション行動とことばの起源

岡ノ谷一夫

I. 動物のコミュニケーション

■ 1. はじめに

1.1 ことばの定義と動物コミュニケーション

「ことば」は「コミュニケーション」の媒体の1つであるが，コミュニケーションそのものではない。コミュニケーションとは，「送り手が受け手の反応によって利益を得るような，ある動物から他の動物への信号の伝達」(Slater, 1983) であり，ことばの他に叫び声，視線，踊り，匂いなどさまざまな手段がある (Hart, 1996)。

一方「ことば」や「言語」とは，1) 記号と意味の，必然性はないが社会的に規定された結びつき(恣意性)を単位として，2) 文法による記号の組み換えが行えることで無限の表現を生成でき(生産性)，3) 時間や空間を超え，さらには実在しないことさえも伝えることができる(超越性)システムである (Hockett, 1960; 今井, 2004)。ことばは，これらの性質をすべて持つことによって動物行動の中では特異的な位置を占める。ことばのこのような性質から，ことばはコミュニケーションのみならず，外界の認知の仕方や自己の行動の仕方に影響し，それらをつなぐ思考や意識を作り出すものであるとも言える。また，ことばに置き換えられた知識は，内容が劣化せず伝達・蓄積することができ，文化の創出につながる。

このように定義した場合，動物はことばを持つだろうか (Hart, 1996)。動物がことばを持たないとしたら，彼らのコミュニケーションは，ことばの定義のどの部分を満たし，どの部分を満たさないのだろうか。本章の目的は，上

の観点から動物コミュニケーションの「ことばらしさ」を吟味し，ことばの起源が動物のコミュニケーションにあると考えられるかどうかを検討することにある。

1.2　コミュニケーションとことば: 3つの立場

　ことばがどのように人間に生じたかについて，いくつかの立場があり活発に議論されている (Deacon, 1997)。生物学的思考に立つ研究者は，自然淘汰によるなだらかな進化を主張するが，言語学者の多くは，言語はヒトにおいて突然生じたものであると主張する(図1)。

(1)　漸進説

　ことばはヒトという種の形質の1つであるから，ことばも自然淘汰により獲得されたものだという考えが明瞭な形で示されたのは，意外なことにごく最近である (Pinker & Bloom, 1990)。Pinker (1994) は『言語を生みだす本能』という著作により，この考えを一般に広めた。この本で示された漸進説では，ことばは，動物のコミュニケーション行動(広義の下位言語機能)が少しずつ精緻化して完成したと考える。Pinkerの本ではしかし，ことばが具体的にどのように自然淘汰により進化したのかについて説明してはいない。

(2)　断続説

　ことばはあるとき突如として人類が獲得したものであり，自然淘汰はかかわらないという考え方である。チョムスキーらは，ことばという機能には人間のみが持つことばの中心となる認知機能(狭義の下位言語機能)と，他の動物と共有する認知機能(広義の下位言語機能)からできあがっており，前者については自然淘汰によらないとしている (Hauser, Chomsky, & Fitch, 2001)。実際には，チョムスキーらは実際には淘汰を否定しているわけではなく，狭義の下位言語機能について自然淘汰による説明を考えることが現時点の科学的知識のもとでは生産性がないと考えているようである。

　狭義の下位言語機能とは，再帰的な認知操作である。これは，ある操作を施した結果自体にさらにその操作を適用することである。たとえばある数字に1を加え，その結果にさらに1を加えるような操作，借金に利息がつき，それ全体に再び利息がつくような操作である。文で示すと「太郎は花子を

図1　言語起源の諸説

断続説

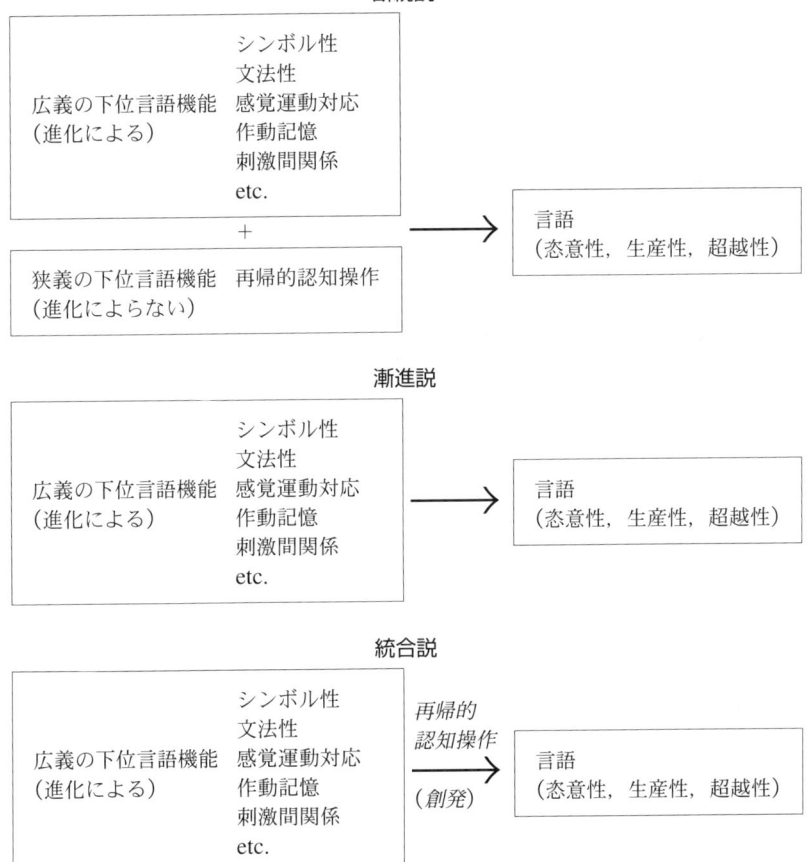

| 広義の下位言語機能
（進化による） | シンボル性
文法性
感覚運動対応
作動記憶
刺激間関係
etc. |

＋

| 狭義の下位言語機能
（進化によらない） | 再帰的認知操作 |

→ 言語（恣意性，生産性，超越性）

漸進説

| 広義の下位言語機能
（進化による） | シンボル性
文法性
感覚運動対応
作動記憶
刺激間関係
etc. |

→ 言語（恣意性，生産性，超越性）

統合説

| 広義の下位言語機能
（進化による） | シンボル性
文法性
感覚運動対応
作動記憶
刺激間関係
etc. |

再帰的認知操作（創発）→ 言語（恣意性，生産性，超越性）

　断続説では，広義の下位言語機能と狭義の下位言語機能があり，前者は自然淘汰により進化してきたが，後者は突然生じたもので進化によらないとする。言語機能は，これらが合わさって出現した機能である。漸進説では，言語下位機能はすべて自然淘汰によって進化してきたもので，それらすべての機能がヒト以外の動物にも見られると考える。統合説では，断続説が突然生じたとする狭義の下位言語機能（再帰的認知操作）は，それ自体独立した機能と考えるべきではなく，広義の言語機能のあいだの複雑な相互作用の結果として生じてきた新しい形質であるとする。統合説によれば，動物の下位言語機能がいかに進化してきたのかを解明し，それらの機能をどのように相互作用させれば再帰的な認知操作が可能になるのかをモデル構成により解明することで，言語起源を理解することができる。

ぶった」という文全体が,「次郎は〜を知っている」という文構造に埋め込まれ,「次郎は太郎は花子をぶったことを知っている」というように埋め込み文を作る操作である。このような認知的計算によってことばの持つ複雑な性質が可能になると考えられる。

広義の下位言語機能とは,記号と事物を対応づける機能や,記号どうしをルールにもとづき連結する機能,感覚と運動との対応をとる機能,刺激どうしの関連を学習する機能,短期記憶など,言語を可能にするために必要だが言語以外にも有用な機能のことである。

(3) 統合説

岡ノ谷(2002, 2003b)は狭義の下位言語機能(再帰的な認知操作)を独立した機能として考えず,それ以外の広義の言語機能どうしが相互に影響しあうことで,それまでには存在しなかった新たな性質として現れてきた(創発した)機能であると仮定することで,漸進説と断続説を統合できると考えた。

広義の下位言語機能のそれぞれについて淘汰による説明を考えた上,実験的な検証を固め,それらの相互作用から再帰的な認知操作が創発することをモデルによって示せばよいと考えたのである。

1.3 本章のアプローチ

本章では統合説の立場をとり,以下の2つの広義の下位言語機能を検討する。第1に,事物や動作を指し示す行動単位,すなわち「シンボル性」を持った単語のような行動単位があるかどうか。第2に,行動単位をある特定の規則で連ねて,さまざまな並びを持つ行動連鎖を作れるかどうか,すなわち「文法性」を持った行動があるかどうか。

動物行動からこれらに該当した例を検討しながら,そうした行動がことばの特徴である恣意性,生産性,超越性をどの程度持つかを考えてゆく(表1)。動物の自然な行動から言語の起源を知ろうとする方向(生態学的アプローチ)と,条件づけなどの訓練によって動物が持ちうる言語機能について解明しようとする方向(心理学的アプローチ)に分けて実例を検討してゆく。

■ 2. 生態学的アプローチによる研究

動物には,特定の状況と結びついたシンボル性を持つ行動が見られるが,状

第10章 動物のコミュニケーション行動とことばの起源

表1 この章で扱う動物行動が示す広義の言語機能と，それらが満たす言語の特徴

	広義の下位言語機能		言語の特徴		
	シンボル性	文法性	恣意性	生産性	超越性
小鳥の地鳴き	○	×	×	×	△
バーベットの警戒声	○	×	○	×	×
マーモセットの喃語	×	△	×	△*	×
鳥(ジュウシマツ)の歌	×	○	×	△*	×
ヨウムの単語使用	○	?	○	?	?
ニホンザルのコール	○	×	○	×	×
デグーの入れ子	×	△	×	×	×
ラットの系列産出	×	△	×	×	×

○は満たしている，×は満たしていない，△は満たしている場合もある，?は満たしているかどうか明確ではないことを示す。△*は，新たな記号列を生成するが，それが新たな意味の生成とは無関係であるという点で，言語における生産性とは異なることを示す。

況と行動との対応は生得的であり，恣意性はないことがほとんどである。また，構造を持った行動連鎖をコミュニケーションに用いる場合もあるが，行動連鎖の1つ1つに意味があるわけではなく，連鎖すること自体によりなんらかの意図を伝えるものである。すなわち，文法性はあるが，それが生産性に結びつくものではない。

2.1 シンボル性

(1) 鳥の地鳴き

小鳥とは，一般に，スズメ目の鳴禽類を示す。小鳥の発する音声には大きく分けて2種類あり，1つはさえずり(歌)，もう1つは地鳴きと呼ばれる。地鳴きは，1音節の生得的な鳴き声で，状況に応じて発せられる。地鳴きには危険を知らせるもの，空腹を訴えるもの，飛翔の合図，攻撃の合図などがあり，それぞれ異なる音響構造を持つ。地鳴きは，記号と意味の結びつきにより成立している。この意味で，地鳴きにはシンボル性があり，言語における単語のようなものと捉えてもよいが，記号と意味の結びつきはほとんど生まれつき決まっており，恣意的ではない。また，地鳴きどうしを結合し，新たな意味を創出することはない。以上から，鳥の地鳴きは恣意性，生産性を欠いて

いる。

　しかし，鳥の地鳴きが超越性を持つ事例が報告されている。Møller (1988, 1990) は，シジュウカラやツバメが，天敵がいないのに天敵の襲来を示す地鳴きを出し，ライバルを駆逐して，エサ場を独占したりつがい相手が他のオスと交尾しようとするのを追い払ったりする行動をとる場合があるという。この行動が，効果を予測した上での騙しなのか，それともたまたま発した鳴き声が効果的に働いたことで，条件づけとして偽の行動が定着したのかは分からない。

(2)　バーベットモンキーの警戒声

　バーベットモンキーはサバンナに生息する小型のサルである。彼らは群れで生息し，さまざまな鳴き声を使って協調的な社会を営んでいる。彼らの生育環境では，主に3種の捕食者がいる。ワシ，ヒョウ，ヘビである。大人のサルは，これらそれぞれについて特有な鳴き声（警戒声）で，危険を知らせる。ワシを示す警戒声が鳴かれると上空を見上げ身を縮め，ヒョウでは木に登り，ヘビでは足下に注意する。これら3種の音声自体は生得的に備わっているようで，サルは生まれながらに発することができる。しかし，どの捕食者についてどの声を出すかには社会的な学習が必要であり，子供のサルはよく間違った声で鳴いてしまうということだ (Cheny & Seyfarth, 1990)。このサルの警戒声は社会によって恣意的に割り振られた対応を持つシンボル的な単語であると言えよう。警戒声システムは，具体的な伝達内容を持つコミュニケーションである。しかしこれら単語を連鎖する文法規則はなく，生産性を持たない。また，警戒声を騙しに使う例は報告されておらず，超越性を満たすことにはならない。

2.2　文法性

(1)　ピグミーマーモセットの喃語

　ピグミーマーモセットは体重約120 g の新世界ザルでアマゾンに住み家族を中心とした小集団で生活している。この動物の成体は，数種の状況依存的な地鳴き（コール）により，親和性の表現，攻撃，エサの要求，接触，警戒などの情報伝達を行っている。小鳥の地鳴きと同様，状況と地鳴きの結合は生得的であるから，シンボル性を持つが恣意性はない。しかし，幼体は，これ

らの地鳴きをランダムにつなげた「喃語(なんご)」を発する。幼体の喃語をなす地鳴きの1つ1つは，成体のそれより明瞭ではなく音が小さい。また，それぞれは，成体の地鳴きのように，特定に文脈に依存しないのでシンボル性を持たない。幼体は喃語を発することにより家族から親和的な扱いを受ける(Elowson et al., 1998)。ピグミーマーモセットの喃語が何らかの文法構造を持つかどうかは不明であるが，系列が固定されないこと，繰り返しがあること，といった形式的な特徴が，コミュニケーションに重要なようである。

(2) 鳥の歌

小鳥の歌は，一般に，オスがメスの気を惹くと同時に，ライバルオスを牽制し縄張りを防衛するためにうたわれる(小西, 1994)。小鳥の歌は，うたうことそれ自体で求愛と縄張り防衛の機能を果たすのであり，うたい方の違いによって何かを伝えるものではない。歌を構成する要素をどのように並べるかについて，規則を持つ種もあり，文法性があると言える。しかしその文法性は，新たな記号列を生成するが，個々の要素が意味を持たないため，恣意性・シンボル性がなく，新たな意味の創出(生産性)につながらない。この章の第II部では，特にジュウシマツの歌のこういった性質について詳細に分析する。

■ 3. 心理学的アプローチによる研究

この分野では，類人猿を使った研究が活発に行われてきたが，ここでは，類人猿以外で行われてきた実験室場面における単語の獲得訓練と，行動系列の学習について紹介する。

3.1 シンボル性

(1) オウムによる非オウム返し的発話

オウム返しと言えば，他人の言ったことを内容を理解せずそのまま繰り返すことを揶揄する言い方である。確かにほとんどのオウムが行う人語のものまねはオウム返しであるが，MITメディアラボのPepperbergのところには，英単語を機能的に用いることができるヨウム，アレックスがいる(Pepperberg, 1999)。アレックスは100以上の物について双方向にラベル付けができる。すなわち，物の名前を言うことでそれを示す，取ってくることがで

き，与えられた物についてその名前を発話することができる。また，色，形，数などの属性を物にかかわりなく抽出して発話することができる。この点で，アレックスの発話は恣意性とシンボル性を持つと言える。また，これら単語を組み合わせて自発する場合があることも報告されており，ある程度の生産性も持つようである。

　アレックスのこうした行動は賞賛に値するが，より興味深いことは，アレックスがどのように音声と物との対応を学習していったかである。アレックスの訓練は，通常の動物訓練(オペラント条件づけ)ではなく，社会的な相互作用を生かした方法で行われた。2人の人間が，学ぼうとする対象物についてやりとりする。一方が訓練者，他方が生徒として「これは何？」「五本の棒です」，「棒の色は？」「黄色」といったやりとりをする。そのうち，アレックスはこのやりとりに参加したくなり，何らかの発話を始める。この方法は，参加者が被験者(アレックス)のモデルにもライバルにもなることから，モデル・ライバル法と呼ばれる。これがうまくいくためには，もちろん，アレックスがこれに参加する人たちと強い社会的な絆を持っている必要がある。

　Pepperbergらによる研究は，心理学的な刺激統制と生態学的な状況設定をうまく利用した方法であり，語意獲得の社会的な側面を研究するためのモデルとして興味深い。

(2) ニホンザルの道具使用と発声のカテゴリー化

　ニホンザルを訓練して，遠くにあるエサを熊手で取る行動を形成することができる。この過程において，ニホンザルはさまざまな音声を自発した。これを体系的に研究するため，道具とエサ，鳴き声の関係を組織的に検討した(Hihara et al., 2003)。条件1として，道具もエサも提示していない状況でサルがひと声鳴いたならば(A)，届かないところにエサを置いた。この状態でもう一度鳴いたならば(B)，道具を与えた。条件2として，道具を持たせた状態でひと声鳴いたならば(C)，エサを置いた。いずれの場合も，鳴き声の形態にかかわらず道具やエサを与えた。すなわち，鳴き分ける必要があるような手続きは取らなかった。

　実験当初はどの鳴き声も同じだった。しかし，訓練を続けたサルは，鳴き声AとCが同じ声に，Bが異なる声に分化したのである。具体的な状況を用意して，環境の変化を鳴き声と関係づけることにより，自発的に，異なる

状況に異なるラベルをつけたわけである。すなわち，ニホンザルが「エサ」「道具」という単語を発明したのである。この実験では，恣意性を持った単語が成立したと言える。

3.2 文法性
(1) デグーの入れ子作り

デグーは，南米に生息する齧歯類で，家族を中心とした小集団を作って生活している。デグーは少なくとも 17 種類の社会的な音声によりコミュニケーションしているが，これらの音声に可塑性はあるのだろうか。私たちは，デグーが自発的に鳴くとエサを与えるという条件づけを行い，新たな音声使用を獲得できるかどうかを検討した。訓練には数ヵ月を要したが，デグーはこの課題を学習することができた。しかし，この訓練期間中に，条件づけとは無関係だがたいへん興味深い行動が観察された（Tokimoto & Okanoya, in press）。

デグーは雌雄 1 頭ずつのつがいで飼育されていた。飼育ケージには，砂浴び用の器 (A)，エサ容器 (B)，おもちゃのボール (C) が入っていた。デグーはこれらを順に重ねる行動を示した。A に B を入れ，B に C を入れたのである。この行動は，条件づけ訓練の開始とともに始まり，訓練が終わると見られなくなった。このような行動は，入れ子作り行動と呼ばれ，1〜2 歳のヒト幼児に見られるが，他の動物で自発されたのはこれがはじめてである。この行動は何らかのシンボル性を持つ要素から成り立っているのではなく，文法性のみを持ったものである。

ヒトでは，B に C を入れたものを 1 つの単位(サブルーチン)として，これ全体を A に入れる行動が見られるが，デグーではサブルーチンを作る行動は観察されていない。サブルーチンを作る行動は，一連の操作を再帰的に適用することで生ずるから，狭義の言語機能に関連するはずである。実際，ヒト幼児においては，サブルーチンを作る行動は 2 語文の発現前後に現れるとされ，このような系列行動と言語機能との関連が示唆されている。

(2) ラットの時系列産出行動

動物に文法的な系列を産出させる研究は少ない。定型的な系列を産出させるような課題を使った研究はいくつかあるが，そのような単純な課題でも，刺

激の時系列の処理には，単なる連合学習以上の脳過程が関与してくることが分かる。

　4ヵ所の穴にあらかじめ決められた順番で鼻先を差し入れる課題で，長さ4, 8, もしくは12のリストをラットに学習させた。このような手続き的な学習は大脳基底核が関与すると考えられていたが，大脳基底核を破壊した場合には長さ4のリスト学習の成績のみ落ちたが，他は影響を受けず，海馬を破壊した場合にはすべての長さで成績が悪くなった。

　この結果は，リスト学習が必ずしも手続き的な知識のみではなく宣言的な知識にもかかわってくることを示唆している（Christie & Dalrymple-Alford, 2004）。このような単純なシステムでも，文法的な系列の学習にどのような脳内過程が必要かを解明する手がかりになろう。

II. ジュウシマツの歌文法

　以上，動物のコミュニケーション行動や認知課題から得られた知見をその行動の「ことばらしさ」を基準に説明してきた。次に，私たちの研究室で行われたジュウシマツの歌の生成文法の研究を，詳細に説明する。この研究は，意味を持たない要素を文法的に配列するような行動が，性淘汰によって進化しうることを示したものである。この研究から，ことばが持つ文法構造は，ことばの意味的側面とはまったく独立に進化したのではないかという内容の「形式と独立進化仮説」が生じてきた（Okanoya, 2002; 岡ノ谷, 2003a）。

1. 歌の文法的解析

　ジュウシマツはペットとしておなじみの白っぽくて可愛らしい小鳥である。この鳥は野生にはいない。約240年前，九州の大名が中国南部から輸入したコシジロキンパラという野鳥が祖先である。ペットとして日本で飼育されているうちに数々の変異が生じた。小鳥愛好家たちは，ジュウシマツの子育て上手な性質を人為選択していったが，その歌にはまったく注意を払っていなかった。小鳥の歌は，主にオスによってメスへの求愛のためにうたわれる。ジュウシマツのオスは，気にいったメスのそばで体を大きくふくらませてダンスを踊りながら，求愛の歌をうたう。小鳥の歌は一般に固定的な要素配列を繰り返して構成されるが，ジュウシマツの歌はうたうたびに少し変化した

第 10 章　動物のコミュニケーション行動とことばの起源　　*151*

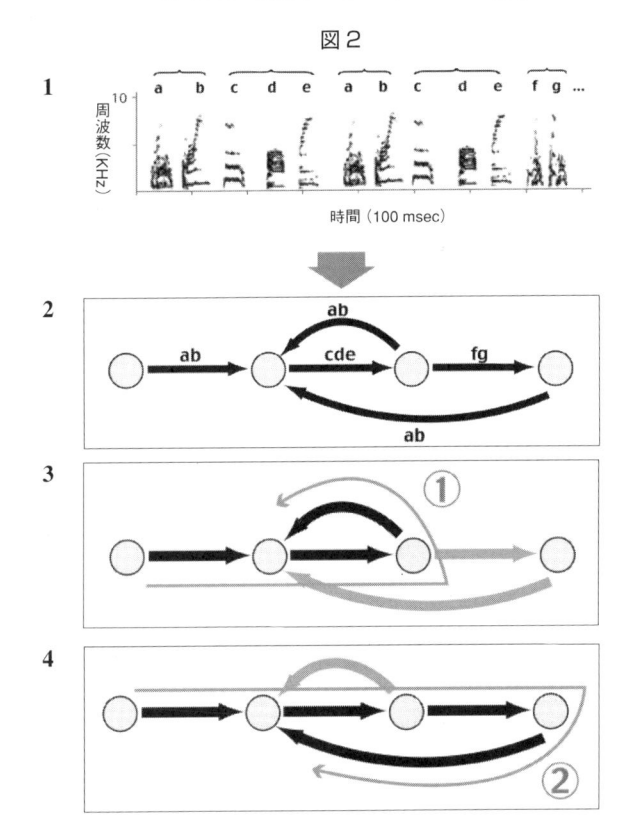

図 2

1, 2: ジュウシマツの歌を分析すると，複数の状態を矢印でつなぎ，ある状態から他の状態へと遷移する際に特定の文字列を産み出す規則（有限状態規則）で表現できる。これはその一例。　**3, 4:** この有限状態規則は ① のようにたどることもできれば，② のようにたどることもできる。この組み合わせでさまざまな音系列を作り出すことができる。

要素配列になる。

　ジュウシマツの歌はさまざまな形をした複数の歌要素（エレメント）がいろいろな組み合わせにより「チャンク」をなし，これらのチャンクがさらに組み合わさって複数の「フレーズ」をなす。これら「フレーズ」がさらに組み合わさり，歌をつくるのである。歌が父親から息子へと伝達される過程で，さまざまな変異が生じ，歌の個体差を作る。

　このような歌の階層構造を解析するには，まず歌を最低 2 分間録音し，こ

れをソナグラム(縦軸に周波数，横軸に時間を示し，音の強さを濃淡で示したグラフ)に変換する(図2-1)。ソナグラム上で同じ形態をしたエレメントに同じアルファベット小文字をふり，ソナグラムのデータを記号列に変換する。これらの記号列の中からチャンクをなすエレメントを探し，それぞれのチャンクを他の記号(たとえばアルファベット大文字)で置き換えて，縮約された記号列を産出する有限状態文法を作る。

　図2に歌の分析の一例を挙げる。この歌の記号列は，abcdeabcdefg... と表せる。この記号列から，ab, cde, fg という3つのチャンクが抽出された。これらのチャンクをそれぞれA, B, Cと置いて，もとの記号列をより縮約された記号列に変換すると，ABABC... となる。それぞれの状態遷移でそれぞれのチャンクが生ずるものとして，もとの記号列を産出する有限状態文法を作ると図2-2のようになる。この有限状態文法をどう辿るかにより，図2-2, 3のようにフレーズが複数できる。

2. 歌文法の至近要因(発達とメカニズム)

　このような階層性を持った歌は，ジュウシマツの大脳の中でどのように表現されているのだろうか。ジュウシマツ大脳に同定されている3つの歌制御神経核，NIf, HVC, RA が歌の階層構造に対応していると仮定して，破壊実験を行った(図3)。

　NIf は一次聴覚野から聴覚情報を，視床から運動情報を受け取り，両者を統合する部位であると考えられている。この部位を左右大脳において破壊すると，複雑な遷移パターンを持った歌が線形な歌に変化してしまった。この部位はしたがって，フレーズレベルの多義性を司っていると考えられる。このような変化は片側破壊では生じなかった。

　NIf からの入力は HVC につながる。右 HVC の全破壊では，破壊後2週間ほどで歌は完全に術前の歌と同じに回復した。しかし左 HVC の全破壊では歌は単純なノイズ列になり，回復しなかった。そこで左 HVC を部分的に破壊(20〜50%)すると，歌の各要素の形態は保持されたが，特定のチャンクが消失した。破壊部位と消失チャンクとの間には相関がなかった。したがって，HVC はチャンクレベルの表象を分散して持っていると仮定できる。

　HVC は太い神経束により RA へと連絡される。右 RA の破壊では，歌エレメントのうち基本周波数が低い(1kHz 以下)ものがいくつか消失した。ま

図3

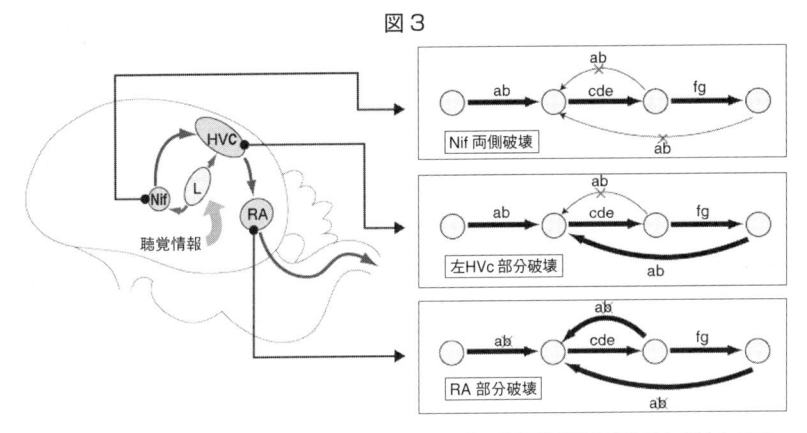

大脳の歌制御系の神経核を部分的に壊すと，歌の有限状態規則がさまざまに変化する。

た，左 RA の破壊では反対に基本周波数が高い（2kHz 以上）ものがいくつか消失した。この結果から，RA ではエレメントレベルの歌表象があり，さらに左右で表象されるエレメントの音響特性が異なることが分かった。

オスのジュウシマツは，生後 35 日くらいから自発的に歌を発しはじめるが，この段階では個々のエレメントを特定できない。生後 70 日くらいの幼鳥の歌になるとようやくエレメントが特定できるようになる。しかし，この時点で観察される歌の産出規則は，その個体が成長してうたう歌の産出規則とは異なる。このことから，この段階までの歌は，RA の下流のみで作られていると考えられる。したがって，ジュウシマツの歌においてはまずそれぞれのエレメントの構造が発達し，そのあとこれらエレメントの配列規則が決まってくるのである。これに対応して，HVC から RA，NIf から HVC への接続が決まってくるのであろう。

■ 3. 歌文法の究極要因（機能と進化）

ではなぜ，このように複雑な「文法」様行動がジュウシマツにおいて進化したのであろうか。ジュウシマツの歌は，オスによってメスへの求愛のためにうたわれる。このように，雌雄間で交わされる信号は，メスの好みによって性淘汰を受け進化したものが多い。したがって，ここでも，「ジュウシマツの歌はメスの好みにより複雑化した」という仮説を検討した。

あるジュウシマツの歌を分析し，これを産出する有限状態モデルをソフトウェアで作りだした。さらにこれを編集して，単純な歌しか作らないモデルも準備した。ジュウシマツのメスを一羽ずつ竹かごで飼育し，それぞれに壺巣と巣材を与え，1日に2時間，複雑な歌または単純な歌とを聴かせ，壺巣に運ばれた巣材の数を指標として歌の好みを測定した。

この結果，仮説のとおり，複雑な歌を聴いたメスジュウシマツは，単純な歌を聴いたグループより，活発に巣作り行動をすることが分かった。さらにこれらのジュウシマツの血中エストラダイオールレベルを測定すると，複雑な歌を聴いたグループでのみ性ステロイドが有意に増加していることが分かった。複雑な歌はメスに好まれるだけではなく，メスの生殖行動を活発にするのである。

複雑な歌をうたうことは，自然界ではハンディキャップになる。そのような歌をうたうことは，単純な歌をうたうことに比べ捕食の危険を増すであろうし，うたうことに費やす時間が採餌の時間を削ることは明らかである。実際，うたっている個体にフラッシュ光をあてる実験により，複雑な歌をうたう個体ほど，うたっている最中に危険なことが起きても対処しにくいことも分かった。つまり，そのようなハンディキャップにもかかわらず複雑な歌をうたう個体は，生存力一般に優れているはずである。以上が複雑な歌がなぜメスに好まれるのかの説明として妥当であると思われる。

ジュウシマツの歌は，複雑な遷移規則を持ち多義性のあるエレメント間推移を持つが，中には単純な歌をうたうものもいる。祖先種であるコシジロキンパラの歌は基本的に線形であり，いつも同じ順序でエレメントが配置されている。歌の複雑さは，進化の過程で，メスの好みにより生じたものであろう。

以上の研究から，ジュウシマツの歌は，メスの聴覚系と生殖システムをより効率よく刺激するために複雑化し，その結果として文法を持ったのではないかと考えられる。もちろん，ジュウシマツの文法は私たちの言語の文法とは異なり，それによって意味を多様化させるものではない。しかし，ジュウシマツの歌文法の存在は，「形式的な文法は意味とは独立に進化しうる」ことを証明している。

おわりに

「動物のことば」という表現は，ことばを他の手段と峻別する諸特性を無視して，ことばの一機能にすぎないコミュニケーションの側面のみ取り出して，誤った比較をあおることになる。この理由から，この表現を用いるべきではないと筆者は考える。動物にことばはない。しかし，動物のさまざまな認知機能やコミュニケーション機能を研究してゆくことで，私たち人間がどのようにしてことばを持つに至ったのかを理解することが可能である。

あらためて表1を見ていただこう。動物行動の中から広義の下位言語機能に対応すると考えられる行動を集めてみたが，シンボル性をもち，かつ文法性を持つ行動は見あたらないことが分かる。また，シンボル性を持つ行動が恣意性を持つ可能性は高いが，文法性を持つ行動が言語学的な意味における生産性を持つことにはならないことが分かる。さらに超越性は，その他の特徴とはあまり関係なく，採餌や交尾など，むしろ行動生態学的な要請から生じてくるのかもしれないと考えられる。

シンボル性のみを持つ行動は，文法性を持たないがゆえに真の生産性を持つことができない。同様に，文法性のみを持つ行動は，シンボル性を持たないがゆえに真の生産性を持つことができない。この点でマーモセットの喃語は興味深い。成体の信号としてはシンボル性を持つ地鳴きが幼体の信号としてシンボル性を失い，その代わりに文法性を得て，非特異的な機能を持つ社会的な信号となったわけである。

ヒトが言語を持つに至った大切な要件として，文法性(統語)とシンボル性(意味)を合わせ持つ必要があったのではないかと考えられる(図4)。同一の行動でこの2つを満たすのは難しいが，たとえば小鳥で言えば，地鳴きと歌とはそれぞれシンボル性と文法性を持つのだから，地鳴きを歌の構造の中に組み込むことによって，生産性を持つシステムを作ることができるかも知れない。ヒトにおいても，シンボル性を満たす行動と文法性を満たす行動が独立して進化し，これらが何らかの事情により融合したことでことばが生じたと考えてみるのもおもしろい。その場合，文法性を満たす行動は性淘汰によって，シンボル性を満たす行動は社会淘汰によって進化したと考えるのが妥当であろう。

[長年にわたり筆者の研究を援助して下さった科学技術振興機構さきがけ研究21制度(鈴木良次・澤田康次総括)に感謝する。]

図4

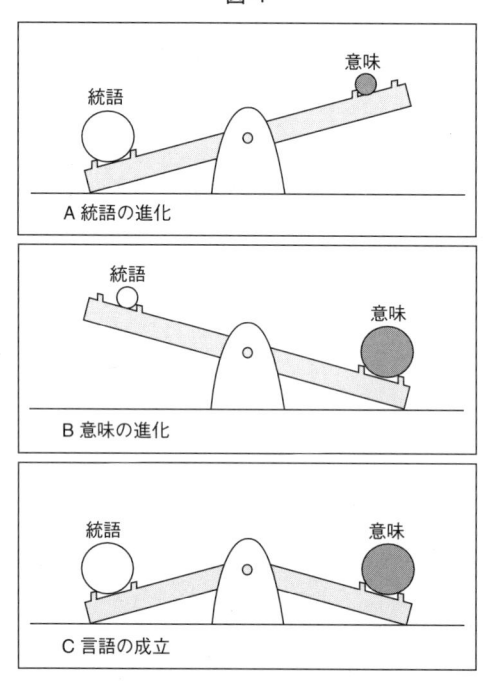

A 統語の進化

B 意味の進化

C 言語の成立

文法性（統語）とシンボル性（意味）を同時に満たしたとき，言語が成立する。この図は，2000年にフランスで行われた言語起源学会のおり，Chris Night によって提出されたアイディアにもとづく。

● 読書案内

Deacon, T. W. 1997. *The symbolic species: The co-evolution of language and the brain.* Norton.（金子隆芳訳『ヒトはいかにして人となったか——言語と脳の共進化』新曜社，1999）

人間言語の起源について，膨大な知識を駆使して共進化仮説を解説。進化から神経科学まで広く深く学べる。

Hart, S. 1996. *The language of animals.* Scientific American.（平野知美訳『動物たちはどんな言葉をもつか』三田出版会，1998）

タコ，カエル，ハチから，イルカ，チンパンジーまで，さまざまな動物のコミュニケーション行動を解説。

岡ノ谷一夫．2003a．『小鳥の歌からヒトの言葉へ』岩波書店．
ジュウシマツの複雑なさえずりはメスの好みにより進化した。ヒトの文法構造も同様な理由で進化したのでは？ という仮説を展開する。

引用文献

Cheney, D. L., & Seyfarth, R. M. 1990. *How monkeys see the world*. University of Chicago Press.

Christie, M. A., & Dalrymple-Alford, J. C. 2004. A new rat model of the human serial reaction time task: Contrasting effects of caudate and hippocampal lesions. *Journal of Neuroscience*, 24, 1034–1039.

Deacon, T. W. 1997. *The symbolic species: The co-evolution of language and the brain*. Norton.（金子隆芳訳『ヒトはいかにして人となったか...言語と脳の共進化』新曜社, 1999）

Elowson, A. M., Snowdon, C. T., & Lazaro-Perea, C. 1998. 'Babbling' and social context in infant monkeys: Parallels to human infants. *Trends in Cognitive Sciences*, 2, 31–37

Hart, S. 1996. The language of animals. Scientific American.（平野知美訳『動物たちはどんな言葉をもつか』三田出版会, 1998）

Hauser, M., Chomsky, N., & Fitch W. T. 2002. The faculty of language: what is it, who has it, and how did it evolve. *Science*, 298, 1569–1579.

Hihara S, Yamada H, Iriki A, & Okanoya K. 2003. Spontaneous vocal differentiation of coo-calls for tools and food in Japanese monkeys. *Neuroscience Research*, 45, 383–389.

Hockett, C. F. 1960. The origin of speech. *Scientific American*. Reprinted in S-Y. W. William (Ed.), *Human communication: Language and its psychobiological bases*, 4–12. Freeman, 1982.

今井邦彦．2004．『なぜ日本人は日本語が話せるのか──「ことば学」20話』大修館書店．

小西正一．1994．『小鳥はなぜ歌うのか』岩波書店．

Møller, A. P. 1988. False alarm calls as a means of resource usurpation in the great tit Parus major. *Ethology*, 79, 25–30.

Møller, A. P. 1990. Deceptive use of alarm calls by male swallows, Hirundo rustica: A new paternity guard. *Behavioural Ecology*, 1, 1–6.

Okanoya, K. 2002. Sexual display as a syntactical vehicle: The evolution of syntax in birdsong and human language through sexual selection. In A. Wray (Ed.), *Transition to language*, 46–63. Oxford University Press.

岡ノ谷一夫．2003a．『小鳥の歌からヒトの言葉へ』岩波書店．

岡ノ谷一夫．2003b．「身体的「知」の進化と言語的「知」の創発」『人工知能学会誌』18(4), 392–398

Pepperberg, I. M. 1999. *The Alex studies: Cognitive and communicative abilities of grey parrots.* Harvard University Press. (渡辺茂他訳『アレックス・スタディ: オウムは人間の言葉を理解するか』共立出版, 2003)

Pinker, S. 1994. *Language instinct: How the mind creates language.* (椋田直子訳『言語を生みだす本能』NHK 出版, 1995)

Pinker, S., & Bloom, P. 1990. Natural language and natural selection. *Behavioral and Brain Sciences,* 13, 707–784.

Slater, P.J.B. 1983. The study of communication. In T. R. Halliday & P.J.B. Slater (Eds.), *Animal behaviour,* 9–42. Freeman & Company. (浅野俊夫他訳『動物コミュニケーション』西村書店, 1998)

Tokimoto, N., & Okanoya, K. (in press). *Spontaneous construction of "Chinese boxes" in Degus, a species of rodents.*

第11章

心の進化

長谷川寿一

I. 人間の心の進化

　人間の心は，たとえて言えば富士山のようなものである。富士山は美しく孤高であり，他の峰々をはるかに引き離している。同様に，人間の心も他の動物のそれとは隔絶するほど豊かであり，際立っている。だが同時に，富士山に大きな裾野が広がるように，理性に輝く人の心の麓にも，赤ちゃんや子どもの心が広がっている。合理的な判断が苦手な障害を抱える心もあるし，加齢に伴う痴呆も生じる。富士山の周囲には，南アルプスや伊豆，箱根といった峰々が連なっているように，系統学的に見ればヒトの周囲にはチンパンジーやゴリラといった近縁の類人猿がいる。富士山が数十万年のあいだに隆起したのと同様に，ホモ・サピエンスの歴史も20万年程度である。さらに言えば，富士山が過去3万年の火山活動で現在の美しい姿を整えたのとほぼ期を一にして，人類史の中でも過去5～3万年前に「文化の大爆発(あるいは，ビッグバン)」と呼ばれる人間性の開花期が訪れ，記号，絵画，彫像，装飾，交易などが一斉に誕生した。新富士が形成された1万年前は，農耕，牧畜の開始時期とほぼ同じである(図1)。
　このような単純な比較は表面的すぎるかもしれない。しかし，人間の心の成り立ちの背景には長い時間が横たわっていることを，われわれはつい忘れがちである。また，富士山の全体像は，富士山の頂上からは直接見ることができず，周囲から見てはじめてその美しさを捉えることができるように，人間の心のユニークさも，発達，他の動物との比較，進化といった境界領域の研究を通して一層クリアに浮かび上がる。
　本稿では，心について長い時間軸の物差しをあてる意義，人の心を遠景と

図1 富士山とホモ・サピエンス(現代人)の歴史

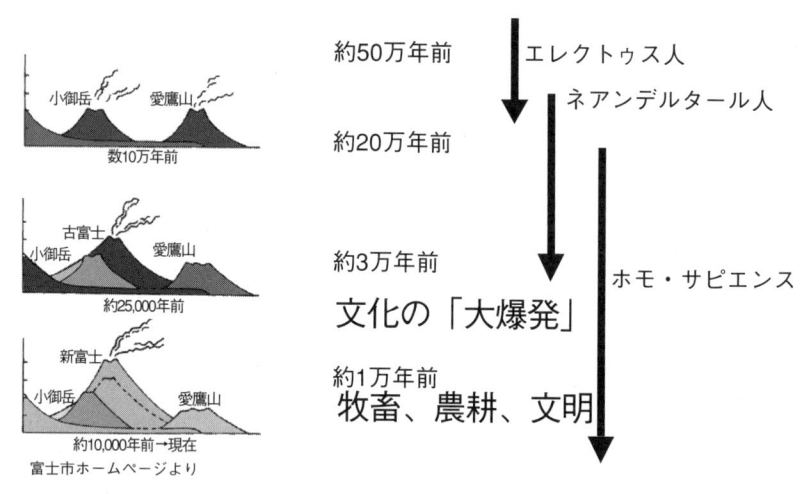

約50万年前　エレクトゥス人
約20万年前　ネアンデルタール人
約3万年前　　ホモ・サピエンス
文化の「大爆発」
約1万年前
牧畜、農耕、文明

(小御岳・愛鷹山、数10万年前)
(古富士・小御岳・愛鷹山、約25,000年前)
(新富士・小御岳・愛鷹山、約10,000年前→現在)
富士市ホームページより

富士山もホモ・サピエンスも地球史の中でほぼ同時代に誕生した。古富士の隆起は，ホモ・サピエンスの文化のビッグバンと同時期であり，新富士の形成期に，人類では農耕・牧畜が始まった。

して巨視的に捉える意義について考えていくことにしよう。

■ ティンバーゲンの4つのなぜと心の進化学を導入する意義

　1973年にノーベル医学生理学賞を受賞したニコラス・ティンバーゲンは，行動研究の問題設定には4つの切り口があることを示した(ティンバーゲン，1975)。機構・メカニズムの研究，発達研究，機能の研究，そして進化の研究の4つである。鳥のさえずりを例にとると，さえずりの神経学的基盤，発声の解剖学的機構，内分泌的コントロールの仕組みなどを解明しようとするのが機構・メカニズム研究であり，さえずりの発達や発現における遺伝要因と環境要因の影響を解きほぐすのが発達研究である。これら2つは，Howに関する研究あるいは直接要因に関する研究と呼ばれることもある。他方，さえずることによってどのような適応的な利点があり，どのように生存や繁殖に貢献するのかを調べるのが機能の研究である。そして，より長期のスケールでさえずり行動がどのように進化してきたのかを明らかにするのが進化の研究である。これら2つは，Whyに関する研究あるいは究極要因に関す

る研究としばしば総称される。ティンバーゲンが指摘した重要なことは，これら4つのアプローチが相互に背反の関係にあるのではなく，それぞれを統合してはじめて動物行動の全体像が明らかになるという点である。

　ティンバーゲンの示した4つの設問設定は，動物行動にとどまらず，認知科学研究一般についても当てはまる。人間の言語について考えてみよう。人々が話すことばが，実際にどのような構造をなし(主に言語学者や認知科学者が担当)，どのように発話され(音声学者の担当)，どのような神経学的対応があるのか(脳神経科学者の担当)といった問題設定が機構・メカニズム研究である。子どもがどのように言語を獲得するのか(言語発達心理学者の担当)，社会や文化が言語にどのような影響を与えるのか(社会言語学者の担当)，さらにはどんな遺伝機構が関与しているか(行動遺伝学者の担当)といった問題設定が言語の発達や成立に関する研究である。現在の言語研究の大半が，これらの How 研究であるといっても過言でないだろう。

　一方，言語にはどのような適応的機能があるのか，それは生存や繁殖上の有利さとどうかかわっているのかについての適応論アプローチや，言語がどのように進化してきたのかという進化的アプローチが，言語に関する Why 研究ということになる。これら言語の Why 研究は，一部の比較認知科学者が動物の記号学習やコミュニケーション行動の研究を通じて，言語の起源に迫ろうとしているものの，一般論としては，さほど活発であるとは言えない。

　認知科学に適応や進化といった巨視的な視点を導入する意義は，大きく分けて2つある。その1つが，横糸にたとえることができる個々の How 研究が，マクロな縦糸によって，統合的に理解できることである。学問が細分化されていくほど，微視的な個別研究は研究全体の中での位置を見失いがちになるが，適応や進化の視点は研究全体の見取り図を与えてくれる。進化心理学の代表的な創始者である，J. トゥービーと L. コスミデスは，進化理論を未知な土地を探検するときの地図であるとたとえているが，実際，地図を持たずにやみくもに研究するのは，無謀で無駄の多い営みであると言えよう。もう1つの意義は，適応や進化に関する知識や理論が，メカニズムや発達の研究に新しい仮説や研究指針をもたらすことである。進化生物学者の G. C. ウィリアムズは，心臓生理学が，心臓は血液を送るためのものだと考えることによって進歩し，植物の繁殖生理学が，花の機能は自己受粉を防ぎ他家受粉を促進することだと考えることによって発展したと述べている。同様に，認知

科学や心理学においても，心の個々の側面にはどのような適応的機能や進化的意義があるのかを考えることによって，新たな研究の方向性が示されるはずだ。

■ 種間比較——ヒトはどのような特徴を備えた生物か

では，どのようにしたら適応的・進化的な仮説を立てることができるのか。もっとも有効な方法の1つが，他の生物との比較であり，種間の比較を通して，ヒトと他の生物との連続性とヒトの特異性が浮かび上がってくる。

他の動物種との比較という場合，ヒトと系統的に近縁な動物(霊長類)との比較と，ヒトと同様な特徴(例えば，家族生活をする，協力行動をするなど)を備えた動物との比較がそれぞれ重要になる。

他の霊長類との比較によって，ヒトの行動，心理形質のどのような部分がサル(あるいは類人猿)的であり，またヒトの行動や心理が，どのような点でユニークなのかを明らかする手がかりが得られる。系統学的に見れば，ヒトは霊長類(サル目)の中でも真猿類に属し，さらにその中でも狭鼻猿類の中のヒト上科の中の一種である。現生のヒト上科には，テナガザルの仲間(小型類人猿)，オランウータン，ゴリラ，チンパンジー(大型類人猿)，そしてヒトが含まれ，ヒトとチンパンジーは1つの枝を構成している。ヒトが持っているさまざまな生物学的特徴は，あるものは他の哺乳類全体と共通であり，またあるものは真猿類だけに共通特徴であり，さらにあるものは類人猿と共有するものであり，そして他のサル類には見られずヒトだけが持つ形質がある。たとえば，器用な手を持つことや立体視は，他の霊長類との共通の形質だが，色覚は真猿類(特に狭鼻猿)の特徴であり，非常にゆっくりとした成長パタンは類人猿的な特徴である。さらに肉に対する嗜好性は，霊長類の中ではヒトとチンパンジーにおいてのみ特に強く見られる特徴である。これら系統に固有の特徴の進化がなぜ生じたかを考察するには，その系統群に特有の進化環境を知る必要がある。例えば，現代人が色覚を持つことは，おそらく現代環境では適応と直結していないが，われわれの遠い祖先の狭鼻猿時代に獲得された果実や若葉の検知に不可欠な適応メカニズムであり，類人猿(多くは果実・葉食者)の時代を通して，同じ選択圧のもとで維持された適応形質だと考えられている。

一方，ヒトの記憶力，洞察力，言語能力，社会認知能力，複雑な感情シス

テム，教育などは，霊長類の中でひときわ際立っているが，それがなぜ他の
サル類でなく，ヒトにおいて進化したのかを考察する上でも，他種との比較
が欠かせない。「X（理性を持つ）であるならばY（ヒト）である」ことを示す
ためには，X（理性を持つ）であることをY（ヒト）で調査するだけでなく，
Yでない（ヒト以外の動物）ならばXでない（理性をもたない）ことまで明示
する必要がある。霊長類という共通の系統の中で，種間比較をすることに
よって，ヒトに独自の特徴がどのような淘汰の力を受けて進化してきたかを
考察することが可能になるのである（具体的な研究例として新皮質の進化に
ついて後述する）。

　一方，すべての霊長類が備えているわけでなく，系統の離れたいくつかの
サルだけが有する特徴も存在する。たとえば，父親が子の養育の手伝いをす
る行動は，霊長類の中では，マーモセット類とヒトにおいて特に発達してい
るが，他の霊長類では一般的ではない。しかし，鳥類ではその約9割におい
て，つがいが協力して雛を育てる。さらに，独立した年長の子たちが親元に
留まって養育援助をすることもまれでない。そこで，マーモセット，ヒト，多
くの鳥類で共通する生態学的要因から家族の成立要因を考えることができる。
人間の言語と比較できるような複雑な音声コミュニケーションシステムは，ヒ
トに近縁の類人猿では観察されず，系統的には遠い鳥類において見られる。岡
ノ谷一夫は，ヒトの言語進化の前適応を議論するには，鳥の歌が1つのモデル
になるだろうと論じている。（第10章参照）

■ 適応に関する進化理論

　生物の適応的な形質がどのように進化してきたのかという問いは，**自然選
択の理論**によって説明される。ダーウィンは，1) 個体の形質に変異がある，
2) 変異の中には遺伝するものがある，3) 生物の中には生存や繁殖の機会をめ
ぐる厳しい競争がある，という条件の下で，4) その遺伝的な変異によって生
存と繁殖の有利さがもたらされるならば，そのような形質が世代を重ねるた
びに集団内に広まっていくと考え，このプロセスを自然選択と名づけた。ダー
ウィンの時代には，遺伝の機構がまだ十分に分かっていなかったが，今日で
は，突然変異と組み換えが遺伝的変異を提供すること，遺伝的形質（表現型）
が遺伝子によって次世代に伝えられることが明らかにされ，ダーウィン説の
遺伝学的裏づけがなされている。ダーウィンの考えた自然淘汰の理論は，現

代の遺伝学用語では，1) すべての生物は遺伝子を持ち，遺伝子はタンパク合成をコードする。コードされたタンパク質によって，神経系，筋肉など表現型が作られる，2) 集団内には，同じ遺伝子座に対して，2つないしはそれ以上の互換性のある対立遺伝子があり，対立遺伝子によって表現型の変異が生じる，3) 対立遺伝子間には，遺伝子座をめぐる競争がある，4) 表現型が個体の生存と繁殖(適応度)の差にしばしば影響する，と言い換えられ，自然選択は集団内の対立遺伝子間の時間軸にそった複製のしやすさの差と捉えることができる。

このような適応進化の理論からは，選択圧は生存や繁殖の上で直接利益になるものには有利に作用するが，そうではない「無駄」やコストはそぎ落とすことが導かれる。かつては非常に適応的であった形質ですら，余裕がなければ切り落とされる。鳥の羽は，空を飛翔する上で，素晴らしく適応的に作られているが，もはや空を飛ばなくなった鳥(例えばドードーやキウイ)では退化してしまう。また，今は生存上不利かもしれないが，適応進化にはいつかは有利になるかもしれない形質といった形質を保持するだけのゆとりもなく，長期的な見通しや目的とは無関係である。したがって適応は，遠い将来を見据えて準備されるものではなく，目先の選択圧に対して個別に機会的に生じる(ウィリアムズ，1998)。(図2の輸精管の経路の例を参照)

進化心理学者の多くのが，**心の働きのモジュール性**を強調する理由はこの点にある。特に脳という，他の器官と比較してはるかに大きな代謝を要求するコスト高の器官が進化した選択圧としては，この先起きるかどうかも分からない何かに備えて柔軟性を持った知能を準備するという理由は考えにくい。高い知能を持つことがアプリオリに優れたものであり，高い知能という目標に向かって脳が自動的に方向性をもって進化してきたということはありえない(今西進化論が主張する，持つべくして持ったという議論は成り立たない)。そうではなく，心(あるいは脳)の進化について考察するためには，人類の進化環境において心や脳がどのような状況(文脈)で生存や繁殖上の有利さに貢献したのかを個別に示す必要がある。進化心理学者は，子どもを慈しむときに作動する心理メカニズムと，魅力的な異性を見たときに作動する心理メカニズムはそれぞれ異なる選択圧を受けて進化してきたと見なし，生存や繁殖の向上と直接にリンクした文脈依存的，あるいは状況に特異的な心の働きに注目する。生存や繁殖の有利さと直結する文脈で作動する代表的な心理メカ

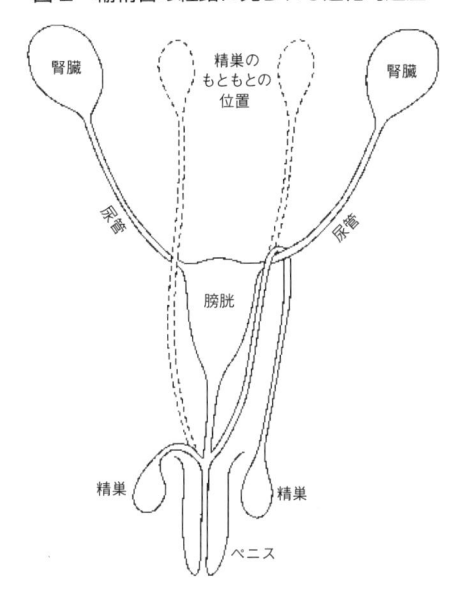

図2 輸精管の経路に見られる進化的遺産

図左側: もし進化が将来の効率を見越して生じるならば，腹腔内の精巣が下垂する過程で，腹側に下りた方がずっと合理的だった(精巣が下垂することは，精子をより低温で保存する上で有利であった)。

図右側: しかし実際には現代人の精巣は背側に回り込んで不必要な回り道をしている。いったん背側に下垂したあとでは，あと戻りして再構築されることはない。進化には長期的な目的があるわけではなく，直近の適応に応じた機会的なプロセスであることが分かる。(ウィリアムズ，1998より描く)

ニズムとしては，捕食者回避，有毒物の嫌悪，衛生観念，栄養物に対する嗜好性，博物学的知識，生活空間の認知，母子の愛情，血縁者間の親密さ，配偶者選択，配偶者獲得をめぐる競争，配偶者防衛，社会関係の把握や調整などが挙げられ，1990年代以降，これらに関して多くの研究がなされてきた。

II. 協力行動の進化

ここでは最近の進化心理学研究の中から，社会関係の把握と調整に関する実証研究を紹介してみたい。他の動物種と比較して，ヒトに固有な行動特性として，高度に組織化された社会生活を営むことを挙げることができる。ア

リやハチなどの社会性昆虫も，きわめて複雑な社会組織を持ち一糸乱れぬ共同行動を示すが，社会性昆虫の社会は，基本的には血縁関係にある個体間の一体化された協力行動からなっており，そのような行動は遺伝的に強く拘束されたものである。対して多くの社会性の鳥類や哺乳類では，相互に個体を識別し，個体関係に裏打ちされた社会行動が見られる。しかし，ヒト以外の動物では，血縁関係にない他者とのあいだでも社会的な約束を取り交わしたり，ときには見返りを期待しない寄付やボランティアを行ったりすることは見られず，社会の階層化も見られない。今日の地球上での人類の栄華は，たんにヒトが高い知性を進化させたことだけでなく，きわめて洗練された共同社会を維持していることによって支えられている。

　進化心理学では，ヒト固有の共同社会を支える心理基盤がどのようなものかが研究目標となり，なぜ非血縁者間で協力行動が進化するのか，そのような協力を維持する心理機構はどのようなものか，さらになぜ見ず知らずの他者に対してよき振る舞いをするようなことが進化しうるのかについて，近年，さかんに実証研究が行われている。

■ 1. なぜ非血縁者間で協力行動が進化するのか

　この問いに対する説明の1つに，R. トリヴァースの**互恵的利他行動**の理論がある（Trivers, 1971）。彼は，1) 特定の個体間で社会的交渉が繰り返される半ば閉鎖的な社会において，2) 動物が相互に個体識別し相手の行為を記憶できる能力があり，3) 行為者が払う利他行動のコストによって，受け手がそれ以上の利益を受けるような状況では，利他行動の役割交換が持続されると指摘した。すなわち，一時的に払う利他行動のコストが，あとでそれ以上のお返しとして回収できるならば，持ちつ持たれつの関係が持続するだろうという考えである。動物界で，この互恵的利他行動がきれいに実証された事例を探すのは難しいが，人間社会では上に示した「お返しを期待した利他行動」はかなり頻繁に見られる（緊急時の資金援助や引っ越しの手伝いなど）。

　この互恵的利他行動のモデルとしては，**反復型囚人のジレンマゲーム**がしばしば利用される。囚人のジレンマゲームは，図3によって示されるような，2者間の非ゼロサム型のゲームであり，プレイヤー個人にとっての利益を最大化するには，非協力を選択すべきだが，両プレイヤーを合算した利益を最大化するならば協力を選択せねばならないというジレンマ事態を定式化したも

図3 囚人のジレンマゲームの利得行列

	協　力	非協力
協　力	R / R	T / S
非協力	S / T	P / P

　囚人のジレンマは，(1) T > R > P > S，(2) T + S < 2R の2つの条件を満たす非ゼロサム型のゲームである。(1) の条件より，個人の利得の上では，非協力(裏切り)によって得られる利得の魅力が大きいが，(2) の条件より，両者を合算した利得は，両者がそろって協力する方が望ましい。個人の利益追求と2者の利益追求のあいだにジレンマが生じる。

のである。プレイヤーがこの先，二度と交渉を持たない1回限りの事態では，各プレイヤーにとっては，非協力が論理的な選択となる(相手が協力でも非協力でも，自分が非協力の方が，利得が高くなるからである)。しかし，繰り返しのある反復型のゲームになると，双方が非協力を続けると，双方が協力を選択した場合と比べて，個人レベルでの最終利得が下がってしまうので，長期的になるほど，相互協力は相互非協力より有利になる。ところが，実際に両者が協力し続けようとしても，自ら非協力に転じて相手を出し抜こうとする魅力や，相手からいつ裏切られるかといった脅威からなかなか逃れることができない。

　アクセルロッドは，反復型囚人のジレンマの適応戦略を探るためにさまざまなプログラムを競わせるコンピュータシミュレーションを行った(アクセルロッド, 1998)。その結果，しっぺ返し(応報)戦略(最初は協力を選択し，次回からは相手が前回選択した手を反復する戦略)という非常にシンプルなプログラムが，もっとも高い最終利得を収めることが分かった。しっぺ返しは，相手が協力者であるかぎり協力的に振る舞い，相手が非協力である場合にはすかさず自分も非協力に転じる戦略である。より擬人的に表現すれば，自ら協力姿勢を崩さず，相手が非協力の場合はそれを見過ごすことなく応報し，相手が協力に転じたときにはすぐに寛容に受け入れて協力体制に入る戦略ということになる。さらに，利得に応じてプログラムが自己増殖できる進化ゲームを導入すると，しっぺ返しは単独では非協力者だけからなる集団を崩せないが，仲間がいる場合には仲間同士の島を広げるようにして協力者の進化を

実現できることが示された。

2. 非協力者(裏切り者)の検知メカニズム

トリヴァースの互恵的利他行動の理論とアクセルロッドのシミュレーション研究から刺激を受けた進化心理学者のコスミデスは，互恵的利他行動にもとづくヒトの協力行動が進化するためには，非協力者，すなわち裏切り者の検知に特化した心理メカニズムが実装されているはずだと予測した(Cosmides, 1989)。言い換えると，コストを払わずに常に受益者になるフリーライダーを素早く検知できるかどうかは，協力的な社会で暮らす上で，生存や繁殖の成功にかかわるクリティカルな適応課題であり，協力的な社会が進化した過程ではそのような心理メカニズムを組み込むことに強い正の選択圧が働いたと考えたのである。逆に言えば，皆が裏切り者やフリーライダーを見逃した場合には，協力的な社会はたちまち内部から瓦解してしまうだろう。

コスミデスは，認知心理学の推論課題としてよく知られる「4枚カード問題(ウェイソンの選択課題)」を利用して，仮説の検証に挑戦した。4枚カード問題では，以前より，抽象的な問題よりも具体的な文脈が与えられる問題において正答率の上昇が見られることが知られており(**主題文脈効果**)，その理由としては，経験の効果や実用論的スキーマの効果が指摘されてきた。それに対してコスミデスは，主題文脈効果が強力に現れるのは単純な経験の効果や実用性とのかかわりではなく，裏切り者検知という特異的な文脈であり，それは適応によって形作られた自動処理過程が作動するからだとした。彼女は，実験協力者にとってなじみの薄い問題に，社会契約(受益者になるためにはコストを払わねばならない)の文脈を賦与する問題と，そうでない文脈を与える課題を用意し，さらにそれらの成績を抽象問題となじみはあるが非社会契約文脈を与える問題の成績と比較した。図4に見るように，日本での追試も含めて，結果はコスミデスの仮説を支持し，たとえなじみがない問題でも，「裏切り者検知」についてはもっとも強い主題文脈効果が認められた。

コスミデスはさらに，社会契約課題の前件と後件を入れ替える4枚カード問題を用意して，その解答パタンを見たところ，非社会契約文脈の4枚カード問題では通常見られない誤答パタンが生じることを示した。ここでは，コスミデスの実験とは別の例で示すが，「ビールを飲むのは20歳以上である」

図4　4枚のカード問題の主題文脈効果

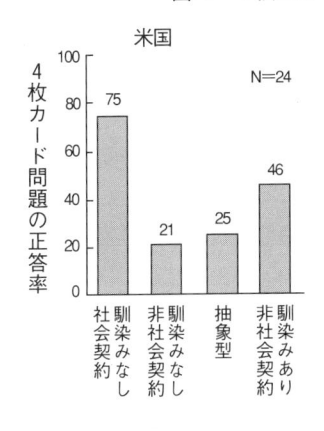

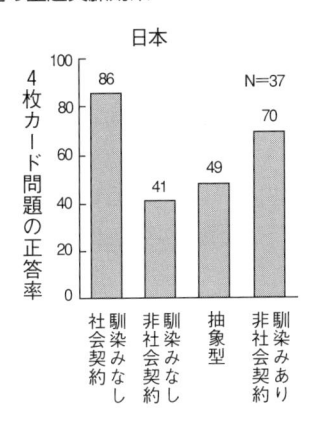

米国 （Cosmides (1989) の実験1の結果）
- 社会契約：75
- 非社会契約：21
- 抽象型：25
- 馴染みあり非社会契約：46
- N=24

日本 （同じ課題の日本での追試結果）
- 馴染みなし社会契約：86
- 馴染みなし非社会契約：41
- 抽象型：49
- 馴染みあり非社会契約：70
- N=37

という裏切り者検知型問題では、「ビールを飲む」というカードと「20歳未満」というカードが（論理的にも適応的にも）正しく選択される傾向が見られるが、「20歳以上の者はビールを飲む」と入れ替えた問題で命題の真偽のチェックを求めると、「20歳未満」と「ビールを飲む」という論理的には正しくないが、適応的には予測されるようなカードが多く選択されたのだった。

ドイツの認知科学者のギゲレンツァは、「週末に働いた者は平日に休みを取る」という4枚カード問題を、労働者の視点で回答する場合と雇用者の立場で回答する場合で比較した (Gigerentzer & Hug, 1995)。すると、労働者の立場で答えた場合には、論理的にも適応的にも正しいカード（「週末に働いた者」と「平日に休みを取らなかった」）が選択される傾向が見られたのに対し、雇用者の立場で回答した場合には、論理的には正しくないが適応的には正しい（「週末に働かなかった者」と「平日に休みを取った」）が選択される傾向が示された。

これらの結果はいずれも、裏切り者検知の推論バイアスがいかに強く作動するかを示している。ただし、はたしてこの推論バイアスが生得的なものであるのかどうかを検討するためには、行動遺伝学的、あるいは神経心理学的検証が必要であるのだが、現在の段階ではまだ明確な証拠は提出されていない。

■ 3. 協力者の検知と社会的交換の推進メカニズム

　コスミデスは，裏切り者検知についての思考・推論バイアスについて検証したが，協力者かどうかをチェックする機構については問わなかった。しかし，実社会で協力行動を実践するためには，相手が裏切り者であるかどうかを見極めるだけでなく，協力者とは進んで協力しようという行動バイアスがあれば協力行動は一層推進されることだろう。山岸俊男の研究グループはそのような「社会的交換ヒューリスティック（社会的交換促進装置）」について興味深い実験を行った (Kiyonari *et al.*, 2000)。

　前述のように，再び相手と出会うことのない1回限りの囚人のジレンマゲームでは，非協力を選ぶことが論理的な意思決定になる。通常，囚人のジレンマゲームは，2人のプレイヤーが同じタイミングで意思決定する「同時選択」ゲームとして実施される(じゃんけんの要領)が，ここで山岸らは，相手が協力という手を出した後で自分の手を選ぶ「順次選択」ゲームを導入した。プレイヤーは頭の中だけで事態を想像し実額が入手できない「シナリオ条件」と，目の前のお金を実際に動かす「現実条件」に割り振られた。ゲームは，2人のプレイヤーが共に協力を選択すると1200円がもらえるが，共に非協力だと600円しかもらえず，1人が協力を選び，他方が非協力を選んだ場合には，非協力者には1800円，協力者には0円が支払われるという囚人のジレンマ事態での意思決定である。プレイヤー同士はお互いに誰かが分からず，実験者とのあいだでも匿名性が保証される実験場面で，一度だけの選択を行った。

　もし人間が合理的に利得計算をするならば，相手がすでに協力の手を選んだ後で，最高利得の1800円を確実に手に入れられる「順次選択」ゲームにおいては，ほとんどの人が非協力を選択するはずである。実際，実験結果では，シナリオ条件では協力を選択した比率はわずか7％だけだった。ところが，興味深いことに，同じ「順次選択」ゲームでも実際のお金を使った「現実条件」では，62％の人が協力を選んだ(すなわち，過半数の実験参加者が，目の前の1800円を取らずに，600円低い1200円の方を甘んじて受け入れた)。実際にお金がかかっており，より真剣に判断すべき現実条件で，合理的判断とは逆に，協力の選択率が上昇する傾向は，「同時選択」ゲームの場合でも見られた(協力の選択率は「シナリオ条件」で29％，「現実条件」では38％)。これらの結果から明らかになったことは，実験協力者は「シナリオ条件」という机上の事態では，冷徹な合理的な判断をできるのだが，いざ現実の場面で，特

に協力者を目の前にすると，自己利益を減らしてでも協力を進んで受け入れる傾向が強いということである。前述のように，山岸らはこのような認知バイアスを「社会的交換ヒューリスティック」と呼んだのである。

■ 4. 社会脳の進化とその機構

　上に紹介した裏切り者の検知に特化した認知バイアスや，協力者に対しては協力的に応じる社会的交換ヒューリスティックなどの研究から，人には社会的交換の文脈で自動的に作動する心理メカニズムが備わっていることが強く示唆される。人は他の動物には見られない組織化された社会を築いているが，人間社会はそれを支える人間固有の心理メカニズムの基盤の上に成り立っているのだろう。

　ここで，再び霊長類にさかのぼって社会と脳の関係を考え直してみよう。他の哺乳類と比べて，霊長類は視覚が優れていることや手先が器用なことなどさまざまな特徴を有するが，相対的に大きな脳を持つことも大きな特徴の1つである。前述のように，脳は非常に多くの代謝を要求するため維持コストが非常に高くつく器官である(脳は他の組織に比べてほぼ10倍のエネルギーを消費する。神経細胞は細胞膜の内と外で十分な電位差を維持するために，つねに電位勾配に逆らってイオンバランスを保たねばならないからである)。コスト高にもかかわらず，なぜ霊長類の脳が他の哺乳類より大きいのかという問題は，多くの研究者を悩ませてきた。

　霊長類の脳の大きさに関しては，これまでさまざまな種間の比較研究がなされ，脳の大きさと関連する要因が検討されてきた(食べ物の種類や行動圏の大きさなど)。その中でも，脳サイズと唯一はっきりとした相関関係が見られた変数が，集団サイズであった(ダンバー，1998)。より正確に言うと，脳重量に対する新皮質の割合と，集団のメンバーの数のあいだに強い相関関係が見られたのである。すなわち，原猿や新世界ザル，旧世界ザル，類人猿といった分類群を越えて，集団サイズが大きい霊長類ほど新皮質の相対的な重量が大きいことが示された。また集団サイズが大きい霊長類ほど，一日の中で社会的交渉に費やす時間が長いことも示されており，これらを考え合わせると，たくさんのメンバーと一緒に暮らし，メンバー間で多くの社会的相互作用(親密さの確認や順位をめぐる争い，配偶関係，駆け引き等々)が複雑化することが，新皮質の進化を促したことが考えられる。

イギリスの心理学者のバーンとホワイトゥンは，霊長類が大きな脳を持つ必要があるのは，彼らがきわめて複雑な社会システムに暮らし，その中で政治的な行動(意図的なごまかしや他者の操作)を行うからだと論じ，そのような行動の逸話的事例を数多く例示した(バーン & ホワイトゥン，2004)。彼らはこの考えを「**マキャベリ的知性仮説**(または社会脳仮説)」と呼んだが，上に示した新皮質の相対サイズと集団サイズの相関関係は，この仮説を間接的に支持するものとなっている。

言語を持たないヒト以外の霊長類が，どのような認知機構で他者の内的な状態を推察し，相手を操作するのかについては，観察される行動から類推するしかなく，それだけでは決定的な証拠とは言えない。しかし少なくとも，サルたちが相互に個体識別し，彼らの関係性(例えば優越の順位)に関する知識を有していることは，多くの実験研究(特にベルベットモンキーにおける多彩な音声プレイバック実験)からも明らかである。

社会関係の認知において，他の外界認知(たとえば果実がどこに実るか，捕食者はどこに潜むか)と比べて高い認知的負荷がかかるのは，自分が他者の内的状態を推察するのと同様に，相手も自分の心を読もうとし，ここから心理戦が始まるからであろう。相手の内的状態(意図や欲求，信念)を類推する能力は，近年，**心の理論**と呼ばれ，動物や人の幼児を対象として，数多くの研究がなされている。他の動物が心の理論を持つかどうかについては，証拠がチンパンジーなどごく一部の研究に限られており，いぜんとして議論が続いているが，今後も動物における**社会的認知情報処理メカニズム**(社会脳)の解明が待たれている。

人間では幼児を対象とした発達研究，自閉症児を対象とした障害研究，さらに認知神経科学的研究を通して，社会脳の解明が急速に進んでいる。本稿の最初に示したように，心や行動を統合的に理解する上では，機構・メカニズム，発達，適応，進化のそれぞれの側面からのアプローチが必要であるが，社会脳研究は，現在のところ，この4つのなぜに対する取り組みが有機的に絡み合い，大変に面白い展開を見せているところである。ぜひ，本書を手にした若い世代の方にもこのなぞ解きに参加して欲しい。

● 読書案内
長谷川寿一・長谷川眞理子，2000.『進化と人間行動』東京大学出版会.

学部生向けの進化心理学の教科書。進化の基本概念の説明に続き，人間行動の諸側面についての進化的研究が紹介されている。

松沢哲郎・長谷川寿一(編). 2000.『心の進化――人間性の起源を求めて』岩波書店.
国内外の進化心理学と霊長類学による論文集。雑誌『科学』に掲載された論文を集めたものなので一般読者にも読みやすい。

佐伯胖・亀田達也(編著). 2002.『進化ゲームとその展開』共立出版.
数理生物学から生まれた進化ゲームは，人間の意志決定に広く応用されている。認知科学と進化ゲームのあいだで生まれた論文集。

引用文献

アクセルロッド, R.(松田裕之訳)1998.『つきあい方の科学――バクテリアから国際関係まで』ミネルヴァ書房.
バーン, R., & ホワイトゥン, A.(藤田和夫他訳)2004.『マキャベリ的知性と心の理論の進化論――ヒトはなぜ賢くなったか』ナカニシヤ出版.
Cosmides, L. 1989. The logic of social exchange: Has natural selection shaped how humans reason? *Cognition,* 31, 187–276.
ダンバー, R.(松浦俊輔・服部清美訳)1998.『ことばの起源』青土社.
Gigerentzer, G., & Hug, H. 1995. Domain-specific reasoning: Social contracts, cheating and perspective change. *Cognition,* 43, 127–171.
Kiyonari, T., Tanida, S., & Yamagishi, T. 2000. Socil exchange and reciprocity: Confusion or a heuristic? *Evolution and Human Behavior,* 21, 411–427.
ティンバーゲン, N.(永野為武訳)1975.『本能の研究』三共出版.
Trivers, R. L. The evolution of reciprocal altruism. 1971. *Quarterly Review of Biology,* 46, 35–57.
ウィリアムズ, G.(長谷川眞理子訳)1988.『生物はなぜ進化するのか』草思社.

第12章

文化と認知: 心の理論をめぐって

波多野誼余夫・高橋惠子

I. 「文化と認知」研究の概観

　認知科学では，1980年代後半から，ヒトの心を進化の産物として捉えるとともにそれが脳の活動に依拠していることを強調する生物学的見方と並んで，心の作用と形成における文化の重要性を重視する社会科学的見方が目立つようになってきた。ここで文化とは，ヒトの生活を媒介する人工物の集合(物理的道具ばかりでなく習慣や常識なども含む)で，多くは世代を越えて共有されるもの，という程度の意味である。文化は生活の生態的環境へのヒトの集団的適応の所産だが，それがひとたび形成されると，個々人の心の発達が文化への適応として進行するようになる。したがって，心的装置の多くが**社会文化的基盤**を持つと想定されるのである。

　こうした潮流のきっかけとしては，認知や行動がその場の社会文化的状況との絶えざる相互作用として成立していることの指摘が挙げられる。現在の状況的認知研究は，身体を持った認知主体と外界全般との連続的な相互交渉を想定するものだが，1990年代前半までは，社会文化的状況の役割が特に強調されていた。実際，われわれが日常世界において示す有能さは，少なからず他者や人工物による支援のおかげである。言い換えるとヒト知性の本質は，少なくとも部分的には，社会文化的に構成された外界のもたらす情報を巧みに認知活動に利用するところにあるというわけだ。

　社会文化的基盤がヒトの心に及ぼすもっと長期的かつ永続的な効果も，徐々に認知科学者の注目を引くようになってきた。**比較文化心理学**の研究者たちは，かねてから，異なる社会においては異なる心性（mentalities）が存在する，と主張してきた。彼らの文化間比較という方法を拡張するとともに，そ

の知見をヒトという種に普遍的な心 (mind) という認知研究に伝統的な想定と一貫させる形で，すなわち進化の産物である心が文化により異なる仕方で具体化されるという見方に立脚して発展してきたのが**文化心理学** (Cole, 1996; 波多野・高橋, 1997; Shweder *et al*., 1998) で，これも認知科学者のあいだでも市民権を得つつある。

■ 文化心理学の視点

　文化心理学にはさまざまな立場が含まれているが，文化と認知の関連については，おおよそ次の3つの視点ないしその組み合わせに依拠した主張が展開されることが多い。第1は，文化の中核となる概念や思想が歴史的に継承され，広い範囲の認知に影響を及ぼすという視点で，しばしば洋の東西の比較に焦点を当てているため，比較文化心理学との連続性が強い。西洋では相互独立的な自己観が，東洋では相互協調的な自己観が優勢であり，これは認知，感情，コミュニケーションにさまざまな差異をもたらすという主張 (Markus & Kitayama, 1991) や，存在論や認識論の歴史的伝統に注目して，西洋人の思考様式は分析的であるが東洋人のそれは包括的であるとする主張 (Nisbett, 2003) などが広く注目されている。

　第2は，文化は特定の実践活動を組織化する，繰り返し実践活動に参加すると，本人が意識しなくとも，そこで効果的に活動するのに必要な心的装置が獲得される，という一般的な枠組みにもとづくものである (Goodnow, Miller & Kessell, 1995)。自動券売機で乗車券を買うという簡単な行動でも，はじめはけっこう注意や努力が必要で，それが他人と話をしながらでもスムーズにできるようになるのは，やはり自動券売機が多く設置されている地域で生活し，それを利用するという経験を積んだおかげである。こうした主張を展開する学者は，程度の差こそあれ，いずれも L. S. Vygotsky の影響を受けているので，文化歴史学派とよばれることもある。

　第3は，Sperber (1996) を筆頭とする「自然主義派」人類学者の視点で，文化という巨視的な現象が個人内，個人間の微視的な過程の累積により生ずるとするところが特徴的である。文化は広くかつ長期にわたって受け入れられ共有されるアイディアからなると定義するところまでは多くの人類学者と共通だが，ヒトの認知やコミュニケーションは，最小努力で最大効果を上げるように働くのだから，作り付けで自動的に作動する（つまり**進化的基盤**を持

つ)概念モジュールは，この条件を満たしやすい，それだけ受け入れられ共有されやすいと想定するところが，関連性理論の創始者であるSperberらしい。

文化心理学の急速な発展は，心理学，認知科学の分野での文献を見れば明らかである。1990年代に，*Culture & Psychology*と*Mind, Cutlrue and Activity*という2つの学術誌が相次いで発刊されたときには，共倒れになるのではないかと懸念されたが，どちらも順調に刊行を続けている。さらに2000年には*Cognition and Culture*が加わった。このうち前の2つは上記の第2の視点が強く，最後の1つは第3の視点によっている。第1の視点に特殊化された学術誌がこの時期に創刊されなかったのは，すでに70年代初頭から*Journal of Cross-Cultural Psychology*誌が刊行されてきたばかりでなく，比較文化心理学的研究がすでに心理学の主流でも市民権を得ており，より広い読者を持つ学術誌に論文を掲載することが比較的容易だったためであろう。いずれにせよ心理学の年鑑やハンドブックなどでも，文化心理学ないし「文化と心理学」を表題に含んだ章が置かれることが多くなっている。1999年に刊行された*MIT Encyclopedia of Cognitive Sciences*では「文化，認知，進化」が6つの領域の1つを占め，これをSperberらが取り仕切っている。

■ 社会文化的制約のもとでの知識・技能の獲得

どの視点を採用もしくは強調するにせよ，文化と認知の間には密接な相互依存関係があることになるが，発達する主体のヒト知性の形成という観点からは，文化的実践，習慣，コミュニケーションを通じての認知発達は，「社会文化的制約のもとでの領域固有の知識・技能の獲得」として概念化することができる。社会文化的制約についてより具体的にいうと，次のようになる。社会的制約とは，他の人々の行動や他の人々との相互作用，そうした相互作用によりつくり出される社会的文脈が，ある範囲の認知(学習を含む)を促進するよう働くものである。Vygotsky(1978)により早くから指摘されたように，子どもは，大人の援助やより有能な仲間との共同によって自分1人ではできないこともでき，やがてはそれが1人でも可能になる。これは大人の援助や仲間との共同活動(共同注意，模倣，助言など)が制約となって，その子どもの可能な行動の範囲を適切に限定してくれるからだと言えよう。文化的制約とは，共同体や下位集団の大部分の人々により共有されている人工物が認知を促進するもので，道具や設備，社会制度や組織，文書，常識や信念などを

その中に含む。これらもまた，学習過程で可能な仮説や処置の範囲を限定し，もっともな解や知識の構成を促進している。もちろん社会文化的制約も制約であるから，可能な行為をあらかじめ排除することにより速やかに適応的な学習を導くという側面ばかりでなく，そのために学習者が「得意とする」範囲が限定されるという側面がある。

　領域の定義はさまざまだが，ここでは一般的に，「ほぼ共通の制約が働いている問題解決の範囲もしくはその認知的所産としての知識や技能の体系」としておこう。認知発達の文化心理学で特に重要なのは，**中核領域**（core domains）ないし特典を付与された領域（privileged domains）と周辺領域ないし特典を付与されない領域（non-privileged domains）の知識の区別である（Siegler & Crowley, 1994）。そのいずれであるかによって，等しく社会文化的制約が作用するといっても，それがどの時期からどれほど大きく影響するかが異なるからである。中核領域の獲得には生得的制約が強く働いているため，知識獲得が早く，容易でかつ普遍的であると想定される。もう少し具体的に言うと，生得的制約のあるものは，それぞれの領域において典型的な対象をそれ以外の事物や事象から見分けることが速やかに可能になるように注意を方向づける作用を持つので，特に学習の初期段階がスムーズに立ち上がる。別の型の生得的制約は，ある事象に関して，探索すべき解釈や予測，仮説の範囲をあらかじめ限定するため，わずかな経験にもとづいて適切な規則を帰納することが可能である。

　中核領域には，文法や自然数の体系といった構造的知識に加えて，世界のいくつかの側面に関する因果的知識がこれに含まれる。そこではヒトは，生まれながらにして優れた学習者なのである。ところが，他のさまざまな領域に関しては，個人差が大きく，それぞれが選び取った領域に関して社会・文化の中で経験を重ね，徐々に知識やそれを効果的に運用する技能を獲得していかなければならない。

II.　心の理論への文化心理学的接近

　以下では，中核領域に属する知識の1つである心の理論の獲得における社会文化的文脈の影響を扱う。最近20年ほどの認知科学での大きな潮流の1つは，ヒトの持つ「種に典型的な」知性ないしそれを生み出す心的装置の多く

が進化的基盤を持つという見方が一般的になったことである(Barkow, Cosmides & Tooby, 1992;松沢・長谷川, 2000)。比較文化的普遍性,獲得の容易さ,ほとんどの個体に共有されていてその欠如は脳の特定部位の障害と対応づけられる,などの条件を満たす場合に,その特性は「種に典型的」と見なされるが,そうした有能さが獲得されやすくなっているのは,ヒトの祖先の生き延びに好都合だったためだ,と解釈される。

ヒトの持つ知識や技能の一部にも,獲得に際して働く固有の生得的な(より正確には,後天的に獲得されたとは考えにくい)内的制約が存在する,と想定される。つまり種に典型的な特性といっても,二足歩行や音声によるコミュニケーションのように,もっぱら成熟により出現するものばかりでなく,経験にもとづいて獲得されるが,その獲得が早期に,容易に,かつ普遍的に行われるように生得的制約が備わっているという場合もあるのだ。文法や数がヒトという種に典型的な能力だというのは大方の賛同が得られるだろうが,世界のいくつかの側面に関する因果的知識についても,その獲得が「領域固有の」**生得的制約**により助けられている。このうちには,素朴物理学,素朴心理学(心の理論),素朴生物学が含まれる,という見方が多くの支持を得るようになっている(Wellman & Gelman, 1998)。これは,外界のさまざまな事物を操作する,他者と協力したり競争したりする,食物である動植物の属性を知っているなどが生存に欠かせない,ヒトという種の生きのびを支えるものだ,という社会生物学的・進化心理学的な見解と調和する。

素朴心理学(心の理論)に関しては,第1章でも論じられているが,以下ではまず,素朴心理学がどのように獲得されるのか,その様相をごく簡単に要約してみよう。素朴心理学(心の理論)とは,自他の日常的行動を,その心的状態(欲求,信念,感情など)に帰因させる枠組みおよびそれに包摂される知識の集合である。素朴心理学の獲得はごく早く,乳幼児であっても,他者がどこを見ているかに敏感で,しかもその情報を関心や欲求の指標として利用しうる。やや年長になると,信念が行動を規定することも分る。よく用いられる「誤信念課題」では,被験児は,「登場人物A(たとえばアン)がある事物を隠し(おはじきをバスケットに入れて)外に出かける。アンがいないあいだに,別の登場人物B(サリー)がそのおはじきを異なる場所(箱の中)に移す」という話を聞かされた後,アンが戻ってきたとき,最初におはじきを探すのはどこかをたずねられる。この例で,正しく「バスケットの中」と答え

るためには，被験児はアンの誤信念にもとづいて彼女の行動を予測しなくてはならない。ほとんどの先行研究では，4歳以降の幼児はこれらの誤信念課題に成功したと報告されている。Wellman (1990) は，修正を加えた誤信念課題では3歳児でも正しく答えることができることを示し，2歳児では欲求心理学しか獲得していないが，3歳以降になると信念―欲求心理学を獲得するようになると主張している。さらに彼らは，日常会話の分析によっても，2歳までに他者の内的，経験的状態に言及する語を用いること，2～5歳児が他者の行為をしばしば信念―欲求により説明することを示している。こうした発達には，後述するように多少の文化差，言語差があるが，共通性の大きいことが認められている。さらに脳画像研究によれば，他者の心的状態を理解する際には，前頭前野内側部などが深くかかわっていることも分かっている (Gallagher & Frith, 2003)。

■ 心の理論の文化差

心の理論と文化についての議論はごく最近始められたばかりである (e.g., Lillard, 1998; Vinden & Astington, 2000) が，いくつか興味深い話題が提出されている。ここでは2つの問題を検討してみよう。

心の理論は欧米人に特有か

心の理論と文化との関連についての興味深い問いの1つは「行動の原因を行為者の心の状態に帰属させる」という考え方そのものが，「個人主義的な」欧米白人の文化に特有なのではないか，というものである (Lillard, 1998; Naito, 2004)。すなわち，人間は自身が望むとおりに行動するものだと考えるのは欧米系の文化であり，その場の状況に応じて行動する非欧米的な社会では，心の理論を想定するのは適当ではないかもしれないというのである。類似の問いとしては，心の概念そのものが東西では異なるのではないか，あるいは，東洋人の自己概念は西洋人のように明確ではない，などがある。これらの問いは文化を論じる心理学研究者の多くが好んでしてきた東洋と西洋とを対立させる思想を背景にしている。第I部で述べた文化心理学の第1の視点では，個人主義対集団主義(個を重視する西洋文化に対して，集団を重視する東洋文化)という文化観の次元が代表的なものの1つだったことを想起しよう。

こうした吟味は，北米やヨーロッパの学者が構築してきた理論やモデルの根底にある素朴心理学に気づかせてくれるという限りでは有益である。しかし，行動や認知に関して二分法的なカテゴリを設定し，それによって異なる文化を特徴づけようとする接近法は，現実にはごく稀にしか妥当しない。第1に，見かけ上対比的な文化の間にも実際にはかなりの共通性がある。第2に，それぞれの文化内でも変異があり，一方のカテゴリを代表する典型的な構成員は数少ない。これと関連して第3に，それぞれの個人内でも状況によって行動や認知を制御する原則が変動する。ただし，文化により構成員がどのような実践活動にどれほどしばしば参加するかは当然異なるから，それと関連する知識・技能が，また，しつけや教育を通して次の世代に伝えられる事象を解釈する上での枠組みや好みが，「程度として」異なる可能性は十分にありうる。

　たとえば，Lillard (1998) は Miller (1984) の研究を引用して社会的文脈で行動を説明する傾向が強い文化があると指摘する。Miller はインド南部のM 市とアメリカ北部のC 市で，大人と子ども(8, 11, 15 歳)に「社会的に見て良い話」と「逸脱している話」をしてもらい，その主人公はなぜそのようなことをしたと思うかを聞くという方法で，主人公の行動を本人の心的状態(e.g. 好みや興味，感情，身体的な状態)で説明するか，社会的文脈(e.g. 社会規範，状況に固有な理由)で説明をするかという文化差を検討した。その結果，このような文化差は子どもでは見られなかったが，大人では仮説どおり，インド人では社会的文脈に言及しつつ行動の説明をする(e.g.「友人が一緒だったから」，「友人が病気だったから」)割合が多かったのに対し，アメリカ人では個人の内的状態(e.g.「彼は誇りに思っていたから」，「彼は疲れていたから」)に言及する割合が高かった。つまり，行動の原因を"行動者の心的状態に帰属させるか"，"社会的状況に帰属させるか"という選択肢で整理してみると，アメリカでは前者が優勢で，インドでは後者が優勢であったという。Miller が見出したのはこのような選択肢の相対的な好みの差異(具体的にはどちらかを選択した割合の多少)である。Lillard が正しく留意しているように，それぞれの文化に属する人々が相手の文化で優勢な考え方をまったくしない(あるいはできない)ということは意味してはいない。おそらく，インドの大人でも問題が自分にとって深刻であれば，それへの対処を自分の心情に帰属させることが十分に予想される (Hirai & Takahashi, 2000)。

「誤信念課題」に見られる文化差

　心の理論の研究が盛んになった1つの理由は，その発達を見るための上述の「誤信念課題」という標準課題が考案されたことだろう。Wellman ら (2001) はこれまでの 178 の論文で報告されている 591 課題の結果を用いたメタ・アナリシスによって，「誤信念課題」の成績に影響を与える要因は何であるかを検討した。その結果，この成績にもっとも影響を与える要因は子どもの年齢であることを見出した。多くの研究が 3〜5 歳のあいだにこの課題に正答する能力が著しく増すことを報告していた。さらに，文化によって成績に差があるか否かを分析すると，通過する年齢には多少の遅速があることが分かった。たとえば，アメリカでの通過率は日本よりも良いがオーストラリアよりも悪いなどの差異が見出された。

　Wellman らはどの文化，下位文化の資料でも子どもが心の理論を持つようになることを強調しているが，一定の年齢での通過率，一定の比率の子どもが通過する年齢のどちらをとっても文化差があり，いわゆる先進国ではない地域(北部カメルーンやパプア・ニューギニアの農民，南部カメルーンの雨林に住む狩猟・採集生活者)の子どもも通過する時期がやや遅れることが報告されている (Avis & Harris, 1991; Vinden, 1996; 1999)。前述の Miller が用いたような，成人でも多様な解法や解釈の選択肢がありうる課題と異なり，誤信念課題は，登場人物が誤った信念を持ち，それにもとづいて行動することを予測しうるか否かだけをテストするものだから，行動の原因を行為者の心の状態に帰属させる経験を持つことが少ない文化に属する子どもは，「発達が遅れる」と記述されることになるのであろう。

　では，行動の原因を行為者の心の状態に帰属させる経験とは，具体的にはどのようなものなのだろうか。問題を一般化するなら，認知において観察された文化差は，どのように解釈されるべきであろうか。従来の比較文化心理学の研究では，比較される文化のいずれにもある程度通じた研究者の直観にたよって文化差の規定因をいわば恣意的に識別しようとすることが多かった (波多野, 2003)。これに対してより最近の研究，特に第I部で述べた文化心理学のうち主として第2の視点に立つ研究では，次の3つの方略が用いられている。第1は，実践活動の観察である。実践活動が文化により組織化されているというのは，発達する個々人がどのような活動にどれほどしばしば参加するかが，少なくとも部分的には，どのような文化で育つかに規定されて

いるということにほかならない。そしてある活動に繰り返し参加すれば，本人が意図しなくとも，そこでの有能さにとって必要な知識や技能，価値や同一性が獲得されるのであるから，実践活動の文化差により対応する認知の文化差を説明しうることになる。第2は，比較の対象となる文化を，ある程度体系的に増やしていくというやり方である。たとえば，第1，第2の文化とそれぞれ異なる属性を共有している第3の文化での認知が，第1，第2の文化での認知のどちらに近いかを調べることで，文化のどの側面がターゲットとなっている認知の発達にとって重要ではないかが明らかになる。Medin & Atran (in press) はこの方略を**三項比較法**（triangulation as a research strategy）と呼んでいる。そして第3には，文化間の比較と文化内の比較とを結び付けるという方略である。文化間の認知の差異がある社会文化的要因に帰属させることができるとすれば，そのような要因は単一文化内でも認知の個人差を生み出すと期待しうるはずだ(文化内の変異は文化間の変異ほど大きくないであろうが)。以下ではこの第3の方略を用いて，すなわち単一文化内の社会文化的文脈が心の理論獲得の年齢にどう影響するかを扱った研究にもとづき，心の理論の獲得に影響する要因を探ってみよう。

　言語能力やコミュニケーション能力が「誤信念課題」の成績と有意に相関することは欧米でもわが国でも繰り返し報告されている（e.g. Astington, 2003）。相関的研究とはいえ，Dunnらは言語がいかに心の理論の発達を促進するか，いくつか興味深い知見を得ている。彼女らは「誤信念課題」の成績と7ヵ月前(2歳9ヵ月時)の家庭での親やきょうだいとの交渉の内容を分析し，母親と感情や事象の因果について話す，きょうだいと一緒に作業をする，などの親子，家族の交渉とが有意に関連していたと報告している（Dunn *et al.*, 1991）。さらにDunn (1991) は家庭における行動主体の感情や考えに焦点化するような交渉や環境，より具体的には2, 3歳頃の子どもが家族との会話に参加しながら，質問したり，冗談を言ったり，他人の行動や感情の原因や結果について話したりを経験する程度が，3, 4年後の他者の感情を理解する課題の成績と関連することを明らかにしている。またAstington & Jenkins (1995) は，ごっこ遊びで多くの役割を自分で演じたり，友だちに役割を振ったりする回数，および友だちと遊びの内容を相談したり，僕や私ではなく'ぼくたち' '私たち' という複数形の主語を使う回数が，「誤信念課題」の通過率と有意に関連したと報告している。

聴覚障害を持つ子どもの心の理論を検討している Peterson ら（e.g. Peterson, 2004; Peterson & Siegal, 2000）の研究も注目される。彼女らは，障害のない親を持つろう児は誤信念課題を通過する時期が健常児よりも大幅に遅れるが，同じくろうの親やきょうだいを持つろう児の場合には，健常児と同じあるいはわずかに遅れる程度であることを見出した。障害のない親は，ろう児を持ってはじめて手話を習得することがほとんどだから，ろう児との日常の交渉に困難が多く，考えや意志の疎通に問題があるという訴えが多い。これに対して，手話の熟達した話者であるろうの親は早くからろう児と要求や考えを共有するような交渉をすることができるからだと説明されている。

さらに最近では，特定のコミュニケーションや言語使用の経験を実験的に与えて，それが心の理論の発達を促すかを検討する訓練実験もいくつか行われている。たとえば，Lohmann & Tomasello（2003）によると，3歳児の誤信念の理解は，多様な視点を含む談話に参加することによっても，また信念と現実を分離して表現しうる文補語をとる文（たとえば He thinks that she likes him）の使用によっても促進されることが分かっている。

■ 文化差を捉える水準

いずれの社会でも大多数の子どもは，「誤信念課題」に正答しうるようになる。上述したように，「誤信念課題」は，登場人物が誤った信念を持ち，それにもとづいて行動することを予測しうるか否かだけをテストするものだから，文化差といっても獲得時期の違いとしてしか捉えられない。その点からすると，多様な解法や解釈の選択肢がありうる課題に比べ，文化と認知の関連を追求する課題としては効果的でない。

比較文化的研究では，もっと反応の自由度が高く，さまざまな文化において不自然でなく，解釈もほぼ一様，という課題を用いることが好ましいに違いないが，これは至難のわざである。もう少し容易なのは，「誤信念課題」と同じように反応の正誤を判定するものだが，主人公の行動をその心的状態に正確に帰属させるために，主人公の特性や当人がおかれている社会状況についての理解や知識が不可欠な課題を用意することだろう。いわゆる高次の心の理論課題を用いた比較文化的研究はまだほとんど報告されていないが，比較すべき文化のあいだで「公平な」課題を作る努力とともに今後の発展が期待される。何をもって「奇妙な」話と見なすか，どんな場合に「失言」とさ

れるかなどは，文化によりかなり異なるかもしれない。

　文化差という観点から興味深いもう1つの試みは，心を理解すべき他者を分類してみることであろう。観察された行動を心的状態に的確に帰属しうるか否かは，当人と相手との人間関係の近さによるところが大きいだろう。子どもを取り巻くさまざまな人の中で，子どもが誰の心的状態をより的確に推量できるかは興味深い問題であるとともに，文化間，文化内で変異が大きいと予測される。Takahashi（1990a）は幼児が周囲の人々をどのように認知しているかを検討した。すなわち，母親に主に養育されている家庭児(20～28ヵ月児)が母親，はじめて会った母親と同じ世代の女性，高齢(65～68歳)の女性，父親世代の男性の4種の他者に対する行動がいかに異なるかを実験場面で確かめた。その結果，幼児は母親には身体的な接近行動を向け明らかに他の3名と区別していた。さらに，見知らぬ女性には年齢の別なく見たり，おもちゃを介しての接近行動を示したものの，男性にはごくわずかしか交渉をしようとしないという差異も認められた。これは母親との日常の交渉が女性一般の心についての知識をより豊かにしていることを予想させる。また，男性に対しての接近行動の少なさは日常生活での父親との接触の少なさで説明された。たとえば，男性に対して極端な回避行動を示した幼児では日常生活で父親との交渉がほとんどないと母親によって報告されたのである。これらはいずれも文化内比較だが，容易に文化間比較へと拡張しうるはずだ。

　さらに，幼児の人間関係を注意深く調べてみると，幼児でも自分にとって重要な数人の他者(両親，きょうだい，友だち，先生など)を選び，その中の誰かに特に精神的な安定を保証してもらうような役割を割り振っていることが分かる。それぞれの子どもが自身にとって重要な人を選んでいるので，同一の文化内でも人間関係には個人差があり，大きく分けると家族との関係がよい"家族型"(母親を中心とする母親型など)と，家族以外の人との関係がよい"非家族型"(友人を中心とする友だち型など)に分類される（Takahashi, 1990b）。そして，母親型と友だち型とでは，母親との関係が異なることが予想される。Takahashi（1997）は母親型と友だち型の5歳児を選んで，「知らないおばさん」と「普段は遊んでいない幼児」をそれぞれパートナーとして，2人で組んで共同作業をする実験的場面での行動を観察した。その結果，2つの型ではそれぞれのパートナーとの交渉の仕方が異なることが分かった。すなわち，母親型の子どもは大人と，友だち型は子どもと，より有効なかかわ

りを持てることが観察されたのである。たとえば，友だち型の幼児はパートナーが子どもの場合にことばをかけ，相手を励まし，相手の作業をいかすような方法で作業をした。しかし，彼らはパートナーが大人の場合には苦手だというように口を閉ざし，相手への働きかけが減少したのである。そして逆に，母親型の子どもは大人のパートナーとの交渉が上手であった。この結果は，単に好きな人の心をより理解するというだけではなく，母親型の子どもは母親に代表される"女性の大人"の心についてより知識を持ち，どのように行動するのが良いかが分かり，それがあるために交渉したいとより強く動機づけられていると思われた。一方，友だち型の子どもでは同世代の仲間についての知識がより豊かであるということである。こうした知見にもとづいて異なる他者の心の理解に関して文化間比較研究を設計することで，心の理論の文化差についてより理論的に基礎づけられた定式化が可能になっていくと考えられる。

おわりに

　ヒトの心は，種に典型的な特性の集合であり，進化の産物であるとともに発達，学習，社会化の可能性がある。これが異なる社会文化的文脈の中で異なって具体化されて多くの心性を生み出すと想定される。制約という観点から統一的に概念化するなら，種に典型的な知性を導く生得的制約は，不変だがおおまかであり，文化的変異を生み出す社会文化的制約は，明細化されているが可変的だということになる。**生物進化**の過程は，文化変動のそれにくらべてずっと遅いので，明細化された制約が遺伝子に書き込まれることが仮にありえたとしても，生態的環境が変動した場合，新しい環境への適応をかえって困難にするからである (Inagaki & Hatano, 2002, 8 章)。そこでこの2つの型の制約が，多くの場合協調された仕方で働くことでヒト知性が生み出されるのであろう。心の理論の場合には，初歩的，中核的部分では生得的制約が，発展的，周辺的部分では社会文化的制約が優位に働いて，文化普遍の深層と文化的変異を伴う表層を形成する，という予測が成り立つだろう(波多野，2004)。この予測を検証するためには，注意深い文化間比較を行うとともに，その成果を文化内比較にもとづく知見と統合することが欠かせない。心の理論が多くの研究者の関心を引きつけた大きな理由は，それを捉える「誤信念課題」という標準課題が提案されたことであったとしても，それを用い

た文化間比較を行うだけでは，進化と文化の複雑な相互関連についてのわれわれの理解を大きく前進させうるとは思われない。文化間比較の潜在的可能性を十分に生かした，創造的な「心の理論の文化差」研究の発展を期待したい。

● 読書案内

Cole, M. 1996. *Cultural psychology: A once and future discipline.* Harvard University Press. (天野清訳『文化心理学』新曜社, 2002)
　文化心理学の首唱者のひとりである著者の労作で，やさしくはないが，この分野の記念碑的作品と言える。

Baron-Cohen, S., Tager-Flusberg, H., & Cohen, D. J. (Eds.) 2000. *Understanding other minds: Perspectives from developmental cognitive neuroscience.* Oxford University Press.
　心の理論研究の最前線を知るには便利な一冊である。脳内メカニズムから文化的変異に到るまでこの一冊で一通り理解できる。

波多野誼余夫・高橋惠子. 1997.『文化心理学入門』岩波書店.
　文化心理学の概況を簡単に知るのに好適な書である。反比較文化心理学の趣があるのは，著者らの好みのあらわれか。

引用文献

Astington, J. W. 2003. Sometimes necessary, never sufficient: False-belief understanding and social competence. In B. Repacholi & V. Slaughter (Eds.), *Individual differences in theory of mind: Implications for typical and atypical development,* 13–38. Psychology Press.

Astington, J. W., & Jenkins, J. M. 1995. Theory of mind and social understanding. *Cognition & Emotion,* 9, 151–165.

Avis, J., & Harris, P. L. 1991. Belief-desire reasoning among Baka children. *Child Development,* 62, 460–467.

Barkow, J., Cosmides, L., & Tooby, J. 1992. *The adapted mind.* Oxford University Press, New York.

Cole, M. 1996. *Cultural psychology: A once and future discipline.* Harvard University Press. (天野清訳『文化心理学』新曜社, 2002)

Dunn, J. 1991. Young children's understanding of other people: Evidence from observations within the family. In D. Frye & C. Moore (Eds.), *Children's theories of mind,* 97–114. Erlbaum.

Dunn, J., Brown, J., Slomkowski, C., Tesla, C., & Youngblade, L. 1991. Young children's understanding of other people's feelings and beliefs: Individual differences and their antecedents. *Child Development*, 62, 1352–1366.

Gallagher, H. L., & Frith, C. D. 2003. Functional imaging of 'theory of mind'. *Trends in Cognitive Sciences*, 7, 77–83.

Goodnow, J. J., Miller, P. J., & Kessell, F. 1995. *Cultural practices as contexts for development*. Jossey-Bass.

波多野誼余夫. 2003.「研究者の多文化体験は比較文化心理学を救うか」『児童心理学の進歩』, 42, 313–317.

波多野誼余夫. 2004.「進化心理学と文化心理学は共存しうるか」『社会言語科学』6(2), 3–11.

波多野誼余夫・高橋惠子. 1997.『文化心理学入門』岩波書店.

Hirai, M. & Takahashi, K. 2000. When your benefit and mine clash: Mental negotiations between selves and others. In G. Hatano, N. Okada, & H. Tanabe (Eds.), *Affective minds: The 13th Toyota Conference*, 153–156. Elsevier.

Inagaki, K & Hatano, G. 2002. *Young children's naïve thinking about the biological world*. Psychology Press.

Lillard, A. 1998. Ethnopsychologies: Cultural variations in theories of mind. *Psychological Bulletin*, 123, 3–32.

Lohmann, H., & Tomasello, M. 2003. The role of language in the development of false belief understanding: A training study. *Child Development*, 74, 1130–1144.

Markus, H. R., & Kitayama, S. 1991. Culture and self: Implications for cognition, emotion, and motivation. *Psychological Review*, 98, 224–253.

松沢哲郎・長谷川寿一. 2000.『心の進化: 人間性の起源をもとめて』岩波書店.

Medin, D. L., & Atran, S. (in press). The native mind: Biological categorization and reasoning in development and across cultures. *Psychological Review*.

Miller, J. G. 1984. Culture and development of everyday social explanation. *Journal of Personality and Social Psychology*, 46, 961–978.

Naito, M. 2004. Is theory of mind a universal and unitary construct? *International Society for the Study of Behavioural Development Newsletter*, 45(1), 9–11.

Nisbett, R. E. 2003. *The geography of thought: How Asians and Westerners think differently and why*. Basic Books.

Peterson, C. 2004. Journeys of mind: ToM development in children with autism, sensory or motor disabilities. *International Society for the Study of Behavioural Development Newsletter*, 45(1), 11–13.

Peterson, C., & Siegal, M. 2000. Insights into theory of mind from deafness and autism. *Mind & Language*, 15, 123–145.

Shweder, R. A, Goodnow, J., Hatano, G., LeVine, R. A., Markus, H., & Miller, P. 1998. The cultural psychology of development: One mind, many mentalities. In R. M. Lerner (Ed.), *Handbook of child psychology, 5th ed., Vol. 1: Theoretical*

models of human development, 865–937. Wiley.
Siegler, R. S., & Crowley, K. 1994. Constraints on learning in nonprivileged domain. *Cognitive Psychology,* 27, 194–226.
Sperber, D. 1996. *Explaining culture: A naturalistic approach.* Blackwell.（菅野盾樹訳『表象は感染する: 文化への自然主義的アプローチ』新曜社. 2001)
Takahashi, K. 1997, April. *Friends vs. Mothers: The role of pre-established relationships in children's joint problem solving.* Paper presented at the meeting of Society for Research in Child Development, Washington, DC.
Takahashi, K. 1990a. Age of female adult strangers as determinant of affective behaviors of Japanese toddlers. *Merrill-Palmer Quarterly,* 36, 315–328.
Takahashi, K. 1990b. Affective relationships and their lifelong development. In P. B. Baltes, D. L. Featherman, & R. M. Lerner (Eds.), *Life-span development and behavior Vol. 10,* 1–27. Erlbaum.
Vinden, P. G. 1996. Junin Quechua children's understanding of mind. *Child Development,* 67, 1707–1716.
Vinden, P. G. 1999. Children's understanding of mind and emotion: A multi-culture study. *Cognition & Emotion,* 13, 19–48.
Vinden, P. G., & Astington, J. W. 2000. Culture and understanding other minds. In S. Baron-Cohen, H. Tager-Flusberg, & D. J. Cohen (Eds.), *Understanding other minds: Perspectives from developmental cognitive neuroscience,* 503–519. Oxford University Press.
Vygotsky, L. S. 1978. *Mind and society.* Harvard University Press.
Wellman, H. M. 1990. *Children's theories of mind.* MIT Press.
Wellman, H. M., Cross, D., & Watson, J. 2001. Meta-analysis of theory-of-mind development: The truth about false belief. *Child Development,* 72, 655–684.
Wellman, H. M., & Gelman, S. A. 1998. Knowledge acquisition in foundational domains. In D. Kuhn & R. Siegler (Eds.), *Handbook of child psychology, 5th ed., Vol. 2: Cognition, perception and language,* 523–573. Wiley.

第13章

計算理論・脳機能計測・実験心理学の融合

今水　寛

I. 運動学習から認知機能へ

　運動制御の方法には，大きく分けて，**フィードバック制御**と**フィードフォワード制御**がある。フィードバック制御は，制御対象にセンサをつけて常に状態を調べ，望ましくない方向に動いたときは，それを修正するような運動指令を出す。たとえば，飛行機が一定の姿勢を保って飛び続けるためにフィードバック制御が使われていて，センサを使って機体の姿勢を調べ，機体が傾いたときには，それを修正する方向に翼にフラップを動かすという操作を常時行っている。それに対して，フィードフォワード制御は，あらかじめ決められた運動指令を1回読み出すだけで，途中の修正は行わない。たとえば，拳銃の弾は一度発射されると途中の修正は困難である。発射する前に十分狙いを定め，ときには風向きなどを考えて，それを補正するような方向に打ち出す必要がある。

　人間が自分の手足を動かすときにも，フィードフォワード制御とフィードバック制御が使われている。私たちが，目の前にあるものに手を伸ばすとき，まず，目標の近くまでフィードフォワード制御で素早く手先を持って行き，目標の近辺では手先の位置を確認しながらフィードバック制御でゆっくり移動する方法を用いている。書道を習い始めたときなどは，手本を見ながら筆先の位置を少しずつ修正するフィードバック制御を用いている。フィードバック制御は，たとえば，右の方向にずれたら左の方向に動くような運動指令を出すような単純な操作の繰り返しなので，単純な計算機構があれば実現できる。しかし，人間の場合，視覚などの感覚フィードバックを利用するには時

間がかかる。何か突然目の前にものが現れても、反応するまでには0.2–0.3秒かかる(単純反応時間)。ところが、慣れた運動(たとえば目標物への手のばし運動)ならば、運動の開始から0.7秒ほどで終わってしまうので、運動途中の修正はせいぜい数回が限度である。これでは、素早くなめらかな運動はできない。スポーツなどで新しい運動を学習するとき、はじめはフィードバックに頼って、ぎくしゃくした運動をしているが、練習を積むとフィードフォワードな運動ができるようになると考えられる。

　フィードフォワード制御による運動は、途中で修正ができないし、運動が速くなるにつれて、慣性力や遠心力など制御にとっては厄介な要因が増加するので、フィードバック制御よりも複雑な制御方法が必要になる。1つの可能性として考えられるのが、対象物の操作特性を模倣・シミュレーションできる「**内部モデル**」を学習によって脳内に獲得して、望ましい運動からそれを実現するための運動指令を生成できるようにしておく方法である(Kawato 1999)。内部モデルは、学習によって獲得される「記憶」であると考えられる。しかし、人の名前や顔の記憶、英語の単語と日本語の単語の対応関係の記憶のようなものとは異なり、運動指令や、手・足の運動軌道など、時間に変化する連続的な信号の変換器である。「わざ」「こつ」という表現の方がふさわしいのかも知れない。内部モデルには、「**順モデル**」と「**逆モデル**」の2種類があると考えられている。順モデルは、運動指令を入力として、その運動指令を実行したときに得られる感覚フィードバックを予測する。たとえば、私たちが使い慣れたコンピュータマウスを操作するときに、マウスをある方向に、ある距離だけ動かしたとき、画面のカーソル(ポインタ)が、どの方向にどれだけ動くかを予測することができる。このような予測を可能にするのが順モデルの働きであると考えられる。逆モデルは、望ましい運動結果から、その結果を実現するための運動指令を計算する。使い慣れたマウスであれば、画面のカーソルをある場所に移動させたいと思ったときに、マウスをどの方向にどれだけ動かせば良いか、動かす以前に分かる。そのような予測的な制御を可能にするのが、逆モデルの働きであると考えられる。逆モデルは、フィードフォワード制御に役立っていると考えられる。

　順モデルも、日常のいろいろな場面で役に立っている。よく例として挙げられるのが、把持力—負荷力結合である。親指と人差し指で物体をつまんで、腕を上下させる場合、もっとも低い位置に振り下ろした時点で物体にかかる

負荷力は最大になる。このとき，つまむ力(把持力)を増加させて指と物体の摩擦を大きくしないと，物体は滑り落ちてしまう。人が物体を持って腕を上下させているとき，把持力と負荷力を計測すると，人間は負荷力の変化とほぼ同期(または先行)して把持力を調節し，必要最小限の力で物体が滑り落ちないように把持していることが分かる。このような把持力の制御を行うには，感覚フィードバックを使って負荷力の変化を予測する必要があり，物体の動力学的な入出力特性を反映する内部モデルを使って予測を行っていると考えられる(Flanagan & Wing, 1997)。今水らは，fMRIを用いて把持力―負荷力結合に関与する脳活動を調べた。実験条件は3つあり，第1の条件では，メトロノームに合わせて一定のペースで，物体を親指と人差し指でつまんで腕の上下運動を行った。第2の条件では，指に物体を貼り付けた状態で同じペースで腕を上下させた。この条件では，負荷力に応じて把持力を変化させなくても，物体は滑り落ちることはなく，腕の上下運動にかかわる脳活動を調べることができる。第3の条件では，腕を上下させずに，やはり同じペースで親指と人差し指に力を込めて物体を握った。この条件では，把持力の単純な制御に関係する脳活動が見られるはずである。物体をつまんで上下させる場合(第1の条件)，把持力―負荷力結合のほかにも，腕を上下させたり，把持力を単純に制御することに関与する脳活動も同時に計測されてしまうので，第1の条件で計測した脳活動から，第2の条件と第3の条件で計測した脳活動を引き算して純粋に把持力―負荷力結合に関与する脳活動を取り出す実験デザインになっている。引き算した結果では，「小脳」(後頭部の下方にある脳の一部)の下方で活動が見られ，この部分が把持力―負荷力結合に関与すると考えられる(Kawato et al., 2003)。把持力―負荷力結合は，指と腕という複数の効果器の運動をうまく協調させて，少ないエネルギーで巧みな運動制御を行っている例である。最近の理論的・実験的な研究では，各効果器の順モデルが仲立ちとなり，互いの振る舞いについての予測が可能となるのではないかと考えられている(宇賀田ら，2003)。

　手と目の運動の協調においても，小脳の内部モデルが重要な役割を果たしていることを示す研究がある。Miallら(2001)は，ジョイスティックを操作して，画面上をランダムに動き回るターゲットを追跡する課題を被験者に行ってもらった。このとき，目が追いかけるターゲットと，ジョイスティックのカーソルが追いかけるターゲットを別々に提示できるように実験装置を

工夫して，目が追いかけるターゲットと手が(ジョイスティックが)追いかけるターゲットのあいだに時間差を生じさせた。目のターゲットが0.3秒する先行する場合から，手のターゲットが0.3秒先行する場合まで，いろいろな時間差で課題を行わせた。目のターゲットが0.038秒だけ先行しているときに，被験者は最もよく課題ができて，それ以上先行しても，遅れても課題の成績は次第に悪くなることが分かった。課題を行っているときの脳活動をfMRIで計測して，目のターゲットが0.038秒だけ先行しているときに，最も活動が強くなる場所を探したところ，小脳の下方だけにそのような場所が見つかった。この場所は，上記の把持力—負荷力結合に関与する脳活動が見られた場所に非常に近く，手の運動に関連する効果器官協調に重要な役割を果たしていると考えられる。

　Blakemore et al. (2000)は「自分をくすぐっても，くすぐったくないのはなぜか」という素朴な疑問に基づいて一連の実験を行い，内部モデル，特に順モデルが脳内に存在していることを示唆する結果を得ている。彼女らは，まず，「自分でくすぐるときは，感覚が遮断されるためにくすぐったくない」のか，「刺激を正確に予測して，打ち消すような仕組みが存在する」のかを調べるために次のような実験を行った。被験者の手のひらにウレタンの棒をあてがい，その棒を小型ロボットアームで動かした。ロボットアームは，被験者のもう片方の手の動きと連動して動く。つまり，被験者はロボットアームを介して間接的に自分の手のひらをくすぐるが，ロボットを使うことで，片方の手の動きとウレタンの棒の動きのあいだで，角度差をつける(たとえば，くすぐる方の手は上下に動いているのに，ウレタンの棒は左右方向に動く)，時間差をつける(手が動いてから，数秒経ってから棒が動く)ことができる。単に刺激が遮断されるのであれば，自分で手を動かしたときには，角度差や時間差とは無関係に「くすぐったくない」と感じるはずであるが，刺激を正確に予測できていれば，角度差や時間差が少ないほど「くすぐったくない」と感じるはずである。結果は後者であり，自分で手を動かしたときの運動指令から，手のひらに感じるはずの体性感覚を時間的にも空間的にも正確に予測し，予測した感覚を使って，実際に手のひらに感じた刺激を打ち消していることがわかった(ひとにくすぐられるときには，そのような予測ができない)。その後の実験では，人にくすぐられるときと自分でくすぐるときの脳活動を比較している。人にくすぐられるときの脳活動から，自分でくすぐるときの

脳活動を引き算すると，二次体性感覚野と前帯状回という場所に活動が見られ，これが「くすぐったさ」に対応する脳活動であると考えられる。さらに，自分でくすぐるときには，小脳の一部で活動が見られ，小脳の活動が強いときほど二次体性感覚野・前帯状回の活動は弱いことが分かった。このことから，小脳の順モデルの出力を使って，第二次体性感覚野と前帯状回の活動を抑制するようなメカニズムが存在していることが分かる。

Frith et al. (2000) は，このような研究をもとに，分裂病でもっとも顕著な症例である「幻聴」が生じる仕組みに，新たな解釈を加えている。それによると，健常者は自分の内言（頭のなかで考えたこと）を，自分の行為として外部からの刺激と区別できるが，分裂病患者では，自分の行為の結果を予測したり，認識するメカニズムに障害があるので，自分で考えたことでも，他人の行為と感じてしまい，幻聴として感じられたり，他人に操られているような幻覚が生じると考えられる。

以上のように，「内部モデル」は，もともと速く正確な運動制御のメカニズムを理解するうえで提案された概念であるが，現在は，人間の感覚や知覚，高次な認知機能に至るまで，広い領域で重要な概念になりつつある。

II. 道具使用の学習に見られる脳のモジュール性

私たちは，さまざまな道具を使って便利な生活を送っている。木材を加工して家具を作るとき，のこぎり，のみ，かんな，やすり，ドライバーなどたくさんの道具を使う必要がある。熟練した職人は，「のみ」だけでも，必要に応じて何種類もの「のみ」を使い分ける。それぞれの道具をうまく使えるようになるまでには，試行錯誤の練習を積み重ねて，道具に固有なスキルを獲得しているはずであるが，脳は一瞬のうちに過去に学習したスキルを呼び出すことに成功している。ときには道具の使い分けに失敗することもある。たとえば，長い菜箸を使って料理を盛りつけた直後に，短い箸で食事を始めようとすると，感覚が狂って食べ物を落としてしまうこともある。このような場合は，道具固有のスキルの呼び出しに失敗したと考えられる。

本章で紹介する一連の研究は，異なるスキルを状況に応じて適切に呼び出すには，① それぞれのスキルが，小脳の異なる場所に蓄えられて，互いに干渉しないような仕組みになっていること（モジュール性），② 前頭葉，頭頂葉，

小脳を含むネットワークが，必要とされているスキルの適切な選択に重要な役割を果たしていること示唆している。

■ 1. 道具使用の学習と小脳における活動の変化

はし，はさみなどの道具のように，はじめは使いこなすのに苦労するが，繰り返し練習することで，自分の体の一部のように自在に使えるようになるものがある。道具を使うには，何のために使う道具か，何に対して用いる道具かという知識も必要であるが，それだけでは道具をうまく使いこなすことはできない。実際に使いながら試行錯誤の練習を積み重ね，道具の使い方を体で覚える必要がある。このような道具を使う技能(スキル)を修得するとき，小脳と呼ばれる神経機構が重要な役割を果たしているのではないかと言われてきた。

最近の神経科学では，「内部モデル」という概念が重要になりつつある(第I部を参照)。内部モデルとは，筋骨格系や操作対象物の入出力特性を模倣できる中枢神経機構のことである。道具を上手に使うためには，道具にある動きをさせたいときに，どのような操作をする必要があるか，道具に対してどのような操作を行えば，道具はどのように動くかということを理解する必要がある。このような道具の入力と出力の対応関係が脳内に表現されていれば，実際に道具を操作する前に，適切な操作をあらかじめ決めることができる。内部モデルが，脳のどこに存在しているかに関しては，人間以外の動物に関する生理学的な研究や，理論的な研究から，小脳がもっともその可能性が高いと言われている。

今水ら(Imamizu *et al.*, 2000)は，人間が新しい道具の使い方を学習するときの小脳活動を調べる実験を行い，内部モデルを反映すると考えられる脳活動を捉えることに成功した。実験ではコンピュータマウスと，それに対応して動く画面上のマウスポインタのあいだに回転変換を施し，被験者にとっての新奇な道具(回転マウス)を作り出した。これは，図1Aに示すように，通常のマウスでカーソルが表示されるべき位置(灰色の十字)から，120°回転した位置に表示される(黒い十字)というものである。はじめは操作するのに苦労するが，2-3時間ほど試行錯誤の練習を行うと，楽に操作することができる。fMRIという，脳内の血流の変化をミリメートル単位の正確さで計測できる装置の中で，回転マウスを使う練習をしてもらった。テスト条件では回

第13章 計算理論・脳機能計測・実験心理学の融合　*195*

図1　回転マウス（A）と速度制御マウス（B）におけるマウスとカーソルの関係

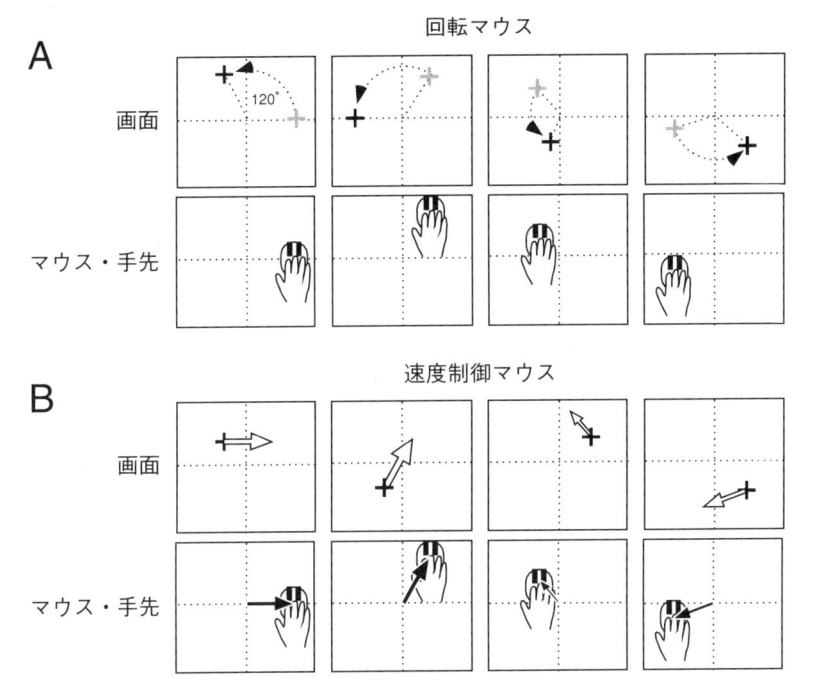

回転マウスでは，通常，カーソルが提示されるべき場所(灰色の十字)から120°回転した場所にカーソルが提示される(黒い十字)。速度制御マウスでは，カーソルの速度(白抜きの矢印)が，マウスの中心位置からのずれ(黒い矢印)で決まる。

転マウスを使い，コントロール条件では使い慣れている通常のマウスを使ってもらい，テスト条件の脳活動からコントロール条件の脳活動を引き算することで，回転マウスの学習に関連する小脳活動を取り出した。

　図2は学習に関連する脳活動を示した図である。図2Aに示すような位置での小脳断面を図2Bに示す。学習の初期には，白く塗りつぶした場所が活動していた。小脳の広い範囲に活動が現れていたことがわかる。トレーニングの終了間際で，上手に動かせるようになると，灰色に塗りつぶした部分だけに活動が見られた。図2Cは横軸に練習時間，縦軸に脳活動の強さを取り，それぞれの部分の脳活動が練習中にどのように変化したかを示している。白く塗りつぶした部分の活動(実線)は，練習を重ねるにつれて著しく活動が低

図2 新しい道具の使い方を学習しているときの小脳活動

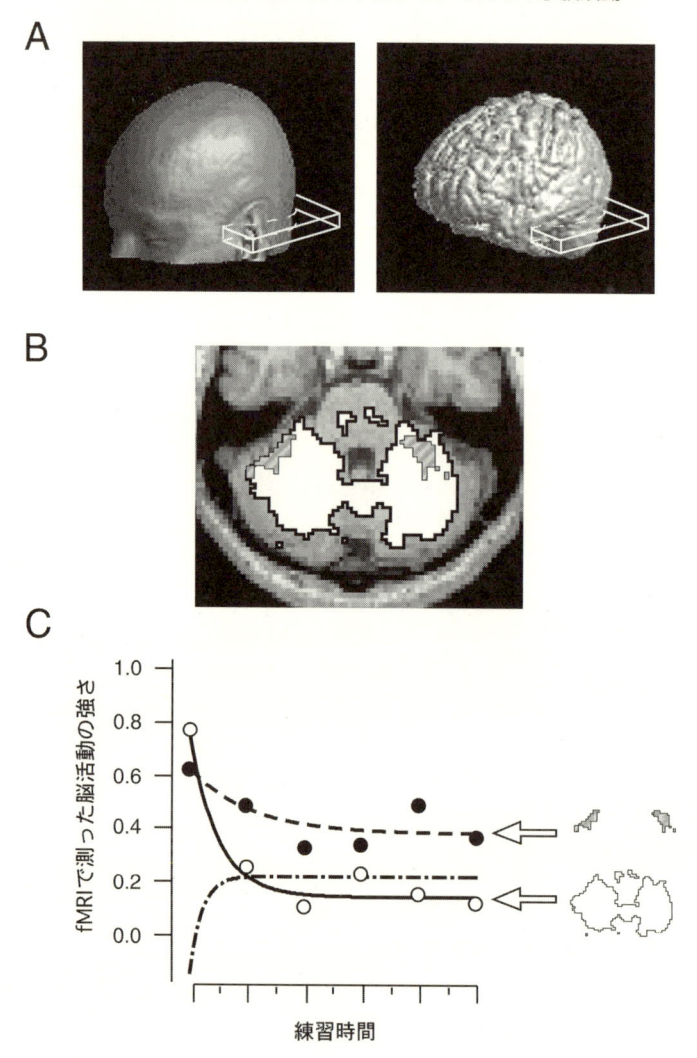

AはBに示した断面の位置を示す。Bの白く塗りつぶした領域では，学習の初期に強い活動が見られ，練習するにつれて活動が低下した。灰色で塗りつぶした領域では，練習しても活動があまり低下しなかった。Cはそれぞれの領域で，練習中に活動の強さがどのように変化したかを示す。破線はBの灰色で塗りつぶした領域の活動の変化を，実線は白く塗りつぶした領域の活動の変化を示す。一点鎖線は，破線から実線を引き算した値を示す。

下しているが，それに比較して灰色の部分の活動(破線)は，あまり下がっていない様子がわかる．破線と実線の差を調べると，一点鎖線で示したような曲線を描くことができる．

　回転マウスを使っているときの間違いの程度(誤差)を調べると，白い部分の活動の強さと非常に高い相関が見られた．白い部分の活動は誤差を反映していて，練習を重ねるにつれて，次第に低下すると考えられる．しかし，灰色の部分の活動はそれだけでは説明できなくて，誤差の活動を反映しながらも，学習するに従って増加する成分(一点鎖線)を含んでいる．この成分が学習中に修得された内部モデルの活動を反映していると考えられる．

■ 2. 小脳内部モデルのモジュール性

　私たちの日常生活には，試行錯誤の練習で使い方を覚えなくてはならない道具がたくさんある．仮に，内部モデルが1つしかないとすると，道具や操作対象物を取り替えるたびに，内部モデルの記憶を抹消して，学習を一からやりなおさなくてはならない．しかし，それぞれの道具や操作対象物に特殊化した複数の内部モデルが存在し，互いに干渉がおきないような仕組み(モジュール性)になっていれば，道具を取り替えても即座に柔軟な対応ができる．

　今水らは，先の研究をもとに，内部モデルのモジュール性を調べた(Imamizu et al., 2003)．被験者には，操作特性の異なる2種類のマウスを使う練習をしてもらった．1つは，すでに説明した回転マウス(図1A)であるが，もう1つは「速度制御マウス」というものである．図1Bに示すように，マウスが中央の位置からどの方向にどれくらいずれているか(黒い矢印)によって，その時点のカーソルの速度(白い矢印)が決まる．速度制御マウスも回転マウスも，操作の難しさや容易に操作できるようになるまでの練習時間はほぼ同じである．十分な練習をしてもらった後で，2種類のマウスを操作しているときの小脳活動を調べた．その結果は図3(巻頭の口絵参照)に示す通りであった．図3は小脳を斜め後ろから見た図である．黄色の部分は，回転マウスを操作しているときの脳活動から，通常マウスを操作しているときの脳活動を差し引いた活動で，青い部分は，速度制御マウスから通常マウスを差し引いた活動である．小脳の同じような場所に活動が見られたが，回転マウスは比較的前方・外側，速度制御マウスは後方・内側という傾向が見られた．

2種類の活動の重なり具合を調べると，全体の活動体積のわずか10%程度であることも分かった。

回転マウス，速度制御マウス，通常マウスは，マウスとカーソルの対応関係を制御しているコンピュータプログラムが異なるだけなので，被験者がマウスを使っている最中に一瞬で切り替えができる。実験者がマウスの種類の切り替えを行っても，それぞれのマウスの使い方に慣れた被験者は，数秒以内に対応できる。これは，それぞれのマウスに対応する内部モデルが，機能的に異なる独立なモジュールとして獲得されていて，互いに干渉がおきないような仕組みになっていることを示唆している。図3の小脳活動は，内部モデルが解剖学的にも異なる場所に蓄積されていることを示している。

図3をよく見ると，回転マウスの活動も，速度制御マウスの活動も，1つの場所が活動しているのではなく，複数の場所が同時に活動している様子がわかる。これは，回転マウスや速度制御マウスが，モジュールの最小単位になっているのではなく，複数のモジュールの組み合わせで表現されていることを示している。回転や速度制御といった日常生活ではあまり馴染みのない，改めて学習しなくてはならない変換は，おそらく最小単位ではないであろう。何が最小単位であるかは，今後の研究課題であるが，複数のモジュールで1つの道具のスキルを表現していることは重要である。われわれが一生のうちで学習しなくてはならないスキルは無数にある。スキルとモジュールが一対一に対応しないで，複数のモジュールの組み合わせで対応すれば，小脳の細胞の数に限りがあっても無数の組み合わせが考えられる。

3. モジュールを切り替える脳のネットワーク

複数の内部モデルがモジュールとして獲得されている場合，今度は選択の問題が生じる。つまり，回転マウスを使っているときには回転マウスの，速度制御マウスを使っているときには速度制御マウスの内部モデルを活動させる必要があるのだが，それはどのような仕組みで行われているのであろうか？　計算理論では，内部モデルの切り替えに関して，2つの代表的なモデルが提案されている。1つは，**エキスパート混合**（Mixture of experts）**モデル**で，もう1つは**モザイク（MOSAIC）モデル**である。

道具を例にして，2つのモデルの違いを説明する。エキスパート混合モデルでは，図4Aに示すように，個々の道具の使い方を専門に学習する「エキス

第13章 計算理論・脳機能計測・実験心理学の融合　*199*

図4　エキスパート混合モデル（A）とモザイクモデル（B）の仕組み

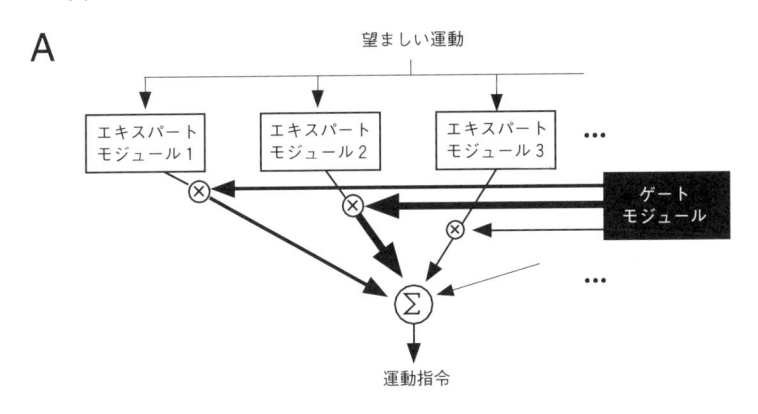

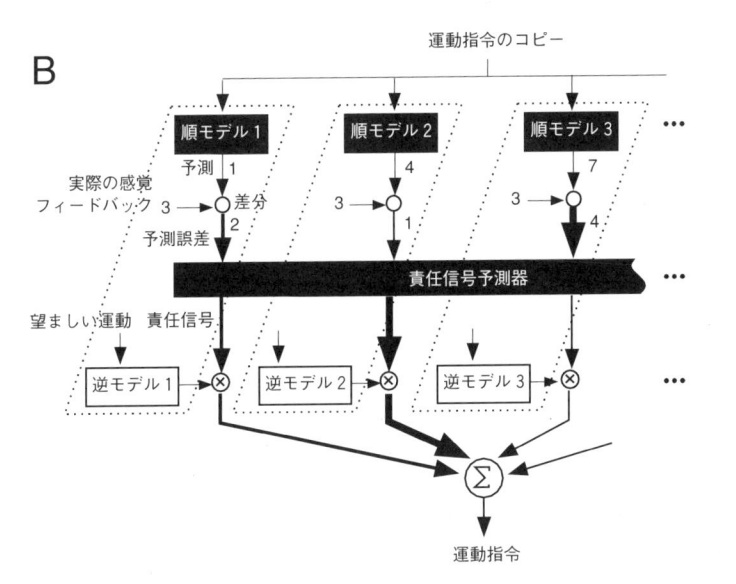

切り替えに関与する部分は，黒く塗りつぶした四角形で示している．Bでは，それぞれの順モデルが，1, 4, 7という予測をしたとする．実際に得られた感覚フィードバックが3であった場合，もっとも正確な予測をした順モデルは2番の順モデルであり，その順モデルと対になっている逆モデル（2番）の出力が全体の運動指令に占める割合を大きくする．

パート・モジュール」と，現在の状況をもとに，どのエキスパートが働くべきかを判断する「ゲート・モジュール」が存在している。この場合，エキスパート・モジュールは，内部モデルと同じ役割をしている。適切な内部モデルの選択を行う役目は，すべてゲート・モジュールが担っていて，エキスパート・モジュール(内部モデル)そのものは選択に関与していない点が特徴である。

モザイクは，MOdular Selection And Identification Controller の略であるが，運動の制御を行う部分 (controller = 内部モデル) が，モジュールの選択と同定 (modular selection and identification) に大きく関与する点が特徴である(図4B)。モザイクモデルの主要部分は，内部モデルと責任信号推定器から成る。先にも述べたように，内部モデルには，順モデルと逆モデルの2種類があり，どちらも道具の操作特性を表現しているが，入力と出力の関係が逆になっている。ハンマーを使って釘を打つとき，順モデルはハンマーを振り下ろしたときの力から，何ミリメートルくらい釘が木材に埋没するかを予測する(原因 → 結果)。逆モデルは，たとえばあと5ミリメートルほど釘を打ち込みたいと思ったときに，どれくらいの力でハンマーを振り下ろせば良いかを推定する(結果 → 原因)。ハンマーの種類ごとに対応する逆モデルと順モデルが対になっている。新しいハンマーを使うときは，使い慣れた何種類かのハンマーの順モデルが，振り下ろしたときの力から，何ミリメートルくらい釘が進むかを一斉に予測する。順モデルの予測と，実際に釘が埋没した長さ(視覚を通した感覚フィードバック)を比較すれば，それぞれの順モデルがどれくらい正しい予測をしたかが分かる(予測誤差)。正確な予測をした順モデルは，現在使っているハンマーの入出力特性を正しく反映している可能性が高く，それと対になっている逆モデルの出力を使えば，適切な制御ができるはずである。その判断をしているのが，責任信号推定器であり，予測誤差の少ない順モデルと対になっている逆モデルの出力が，全体の出力に占める割合を多くするように調整する(矢印の太さに注意)。このように，モザイクモデルは，エキスパート混合モデルとは異なり，内部モデルそのもの(特に順モデル)が，選択に大きく関与している。

今水ら(Imamizu *et al.*, 2004) は，前節で説明したような実験方法で，被験者がマウスを使って作業しているときに，マウスの種類(回転，速度制御，通常マウス)を突然変え，どのような脳活動の変化が起きるかを調べた。目的

は，内部モデルの切り替えに関与する脳活動を調べることである．しかし，マウスの種類が変わると，マウスとカーソルの位置関係が変わり，カーソルが突然別な場所にジャンプすることになり，視覚的な変化や一時的な注意の上昇などによる脳活動も同時に計測されてしまう．そこで，マウスの種類が変わらなくても，カーソルが突然ジャンプする条件をコントロール条件として設け，マウスの種類が変わったときの脳活動から，視覚的な変化や一時的な注意の上昇を差し引いた．図5A（口絵参照）は，そのようにして得られた脳活動を示している．前頭部の46野，島回と呼ばれる領域，頭頂部の前方，小脳で，マウスの種類の切り替えに関連する脳活動の変化が見られた．

さらに，これらの領域の活動の時間的な変化を調べると，場所によって異なるパターンが見られることが分かった．図5B（口絵参照）は，一番上の図が水平断面における46野の活動領域を示し，下2つのグラフは，通常マウスから回転マウスへ，または回転マウスから通常マウスへ切り替わる前後における活動の時間変化を示している．46野では，回転マウスから通常マウスに切り替わるとき（上のグラフ）に一時的に活動が大きく上昇し，また元の活動のレベル（水平な実線）に戻っている．回転マウスから通常マウスに切り替わるとき（下のグラフ）も同様であった．それに対して，小脳では，通常マウスから回転マウスに切り替わった直後に一時的に活動が上昇し，上昇した活動は少し下がるが，回転マウスを使い続ける限り，継続的に一定のレベルで高くなっている（斜線部分）．また，回転マウスから通常マウスに切り替わるときには，一定の高いレベルから，さらに活動が上昇した後，低いレベルに活動が落ち着いた．つまり，46野の活動は，切り替えに関与する過渡的な活動のみを含んでいて，小脳の活動は，切り替えに関与する過渡的な活動と，回転マウスに特有な定常的な活動の両方を含んでいる．これまでの研究や詳しい解析により，定常的な活動は，回転マウスの内部モデルを反映していると考えられる．通常マウスと速度制御マウスのあいだの切り替えでも，同じ傾向が見られた．切り替えに関連する他の場所でも，時間波形を詳しく分析すると，島回は46野と同じく過渡的な活動のみが見られ，頭頂部前方は小脳と同じく，過渡的な活動と定常的な活動の両方が見られた．

エキスパート混合モデルとモザイクモデルは，先に説明したように，内部モデル自身が切り替えに貢献するかどうかという点で異なっている．その違いがどのように脳活動に反映されるかを考えると，エキスパート混合モデル

では，切り替えに関与する脳活動(ゲート・モジュールの活動)と内部モデル(エキスパート・モジュール)の活動が，異なる場所で観察されるはずである。一方，モザイクモデルでは，どの内部モデルが現在の状況に合っているかを判断するときに，順モデルの予測が重要な役割を果たすので，切り替えに関与する活動と内部モデルの活動が同じ場所で観察されるはずである。過渡的な活動のみが見られた46野や島回は，エキスパート混合モデルのゲート・モジュールのような役目を果たしていて，各マウスに特有な内部モデルの活動と切り替えに関与する過渡的な活動の両方が見られた頭頂前方と小脳は，モザイクモデルで説明できるような切り替えメカニズムが存在していると考えられる。

■ おわりに

箸やはさみなど一般的な道具の使用に関連する研究は，脳損傷患者の症例から関連する脳の場所や機能を推定する神経心理学で長い歴史がある。それによると，道具に関する知識と，道具の使用に関連する行為は，別な場所が関与しているようである。左半球の側頭–頭頂–後頭部の3領域の境界付近に損傷を受けると，歯ブラシで髪をとかす，くしで歯をみがくなど，道具の意味に関する知識に障害が現れる症状が知られている。一方，左の頭頂部後方や運動前野に損傷を受けると，道具を使うまね(パントマイム)ができなくなるなど，道具を使う行為に障害が現れる。

回転マウスや速度制御マウスは，コンピュータマウスという，すでに使い慣れた道具の操作特性に変更を加えたものであり，道具そのものの目的や意味，基本的な行為や動作は変わっていない。一連の研究は，道具をより上手に使うために必要な「スキル」が獲得されるメカニズムや，いろいろなスキルを同時に学習し，適宜使い分けたりできるメカニズムを，可能な限り実験的に統制した状況で調べようとした試みである。従来の神経心理学的では，道具使用に最低限必要と思われる知識や基本的な行為を生成するメカニズムは詳しく調べられてきたが，速く上手に使うためのスキルの獲得メカニズムは調べられて来なかった。このようなスキルに関するメカニズムと，道具に関する知識や基本的な行為を生成するメカニズムが，脳の中でどのように統合されているのかは，まだ明らかではなく，その解明は今後の課題である。

● 読書案内
乾敏郎(編). 1995.『認知心理学 1　知覚と運動』(第 9 章　運動制御と視覚・自己受容感覚)　東京大学出版会.
人間の運動制御・運動学習のメカニズムを解明するための実験的方法について，平易に解説した，初学者向け入門書。

乾敏郎・安西祐一郎(編). 2001.『認知科学の新展開 3　言語と運動』(第 1 章　運動学習と道具の使用)　岩波書店.
本章で述べた「道具使用の内部モデル」や「小脳の認知機能」について，より詳しく知りたい人は，こちらを読んで下さい。

甘利俊一・外山敬介(編). 2000.『脳科学大事典』(III. 脳のモデル 3-19. 大脳皮質の情報表現)　朝倉書店.
脳内で，運動はどのように表現されているのかを，具体的な実験結果を通して解説。

引用文献

Blakemore, S. J., Wolpert, D., & Frith, C. 2000. Why can't you tickle yourself? *Neuroreport,* 11(11), R11–16.

Flanagan, J. R., & Wing, A. M. 1997. The role of internal models in motion planning and control: Evidence from grip force adjustments during movements of hand-held loads. *Journal of Neuroscience,* 17(4), 1519–1528.

Frith, C. D., Blakemore, S. J., & Wolpert, D. M. 2000. Abnormalities in the awareness and control of action. *Philosophical Transactions of the Royal Society of London. Series B, Biological Science,* 355 (1404), 1771–1788.

Imamizu, H., Kuroda, T., Miyauchi, S., Yoshioka, T., & Kawato, M. 2003. Modular organization of internal models of tools in the human cerebellum. *Proceedings of the National Academy of Science of the USA,* 100(9), 5461–5466.

Imamizu, H., Kuroda, T., Yoshioka, T., & Kawato, M. 2004. Functional magnetic resonance imaging examination of two modular architectures for switching multiple internal models. *Journal of Neuroscience,* 24(5), 1173–1181.

Imamizu, H., Miyauchi, S., Tamada, T., Sasaki, Y., Takino, R., Putz, B., et al. 2000. Human cerebellar activity reflecting an acquired internal model of a new tool. *Nature,* 403(6766), 192–195.

Kawato, M. 1999. Internal models for motor control and trajectory planning. *Current Opinion in Neurobiology,* 9(6), 718–727.

Kawato, M., Kuroda, T., Imamizu, H., Nakano, E., Miyauchi, S., & Yoshioka, T. 2003. Internal forward models in the cerebellum: fMRI study on grip force and load force coupling. *Progress in Brain Research,* 142, 171–188.

Miall, R. C., Reckess, G. Z., & Imamizu, H. 2001. The cerebellum coordinates eye and hand tracking movements. *Nature Neuroscience,* 4(6), 638–644.

宇賀田正臣・黒田朋枝・今水寛・吉岡利福・和田安弘・川人光男. 2003.「効果器間協調における順モデル使用の可能性——ヒトの把持力負荷力結合モデルの仮説の検討」『電子情報通信学会論文誌』J86-D-II, 715–726.

第14章

脳機能画像

田中茂樹

I. イメージングの方法

　多くの臓器においては，構造からある程度の機能が推測可能である．心室の筋肉は収縮して全身に血液を送り出し，心室と心房を仕切る弁は逆流を防いでいるのが理解される．しかし脳は他の臓器と比べると，構造が比較的一様に見え，またその機能が複雑であることから，どの部分がどんな働きをしているのか，外見から推測するのは容易ではない．従来，脳のどの領域でどのような機能が担われているかに関する研究は，神経心理学が中心的役割を果たしてきた．

　神経心理学では主に，脳梗塞や頭部外傷などで脳の一部に損傷を受け，半身麻痺や失語などの脳機能に障害が現れた症例について，現れた症状と損傷を受けた部位との対応を調べる．症例から得られるデータを積み上げていくことにより，どの領域がどんな機能に関係しているか，知ることができる．このようなアプローチは**神経心理学的手法**と呼ばれる．CT（コンピュータ断層法）や MRI（核磁気共鳴画像法）などが使用できるようになる以前には脳損傷の部位の確認は剖検もしくは開頭手術中の所見などからしか得られなかった．

　画像診断の技術の進歩により，診察をしながら剖検ではなく脳の観察が可能になった．さらに近年，PET (Positron Emission Tomography: 陽電子放出断層撮影) や fMRI (functional Magnetic Resonance Imaging: 機能的核磁気共鳴画像法) などが登場するに至り，機能と部位の関係を調べることが可能になった．健常被験者を対象とする心理実験を行い，課題実行中の脳血流の変化を測定することにより，どの部分がどのような機能に関係しているか，直接の観察ができるようになったのである．

認知心理学でよく使用されるイメージング方法は，上記の PET や fMRI の他に MEG (Magnetoencephalogram: 脳磁場計測)，ERP (Event-Related Potentials: 事象関連電位)，光トポグラフィーなどがある．PET は数十秒〜数分程度，fMRI は数秒〜数十秒の時間精度で神経活動の変化を観測する．空間解像度は fMRI で 2-3 mm，PET では数 mm の精度である．PET は放射性同位元素を用いるため施設が大がかりになる，被爆の問題から同一被験者で繰り返し実験することが難しいなどの問題があるが，fMRI と比較すると画像提示やある程度の被験者の動きなど，実験環境の制約は少ないという利点もある．fMRI は被爆など侵襲の危険がなく同じ被験者で何度でも実験することができるが，高磁場という実験装置の制約から画像提示や被験者の反応をとる装置などは非磁性である必要がある．MEG は神経活動によって生じる微少な電流発生に伴う磁場の変化を測定する手法であり，時間分解能は非常に高いが測定装置はかなり大がかりであり設置台数も少ない．ERP や光トポグラフィーなどは装置が比較的身軽であり被験者の動きについても制約が小さく，また侵襲性がないため子供での実験も可能である．ERP は神経活動によって生じる電位変化や磁場変化を捉えているため，時間分解能は数ミリ秒 (ms) と非常に正確である．ただ ERP，光トポグラフィーともに，PET や fMRI と比較すると空間分解能は低く，せいぜい数センチ程度であること，また，脳の表面の情報しか得られないなどの欠点がある．ERP や MEG は，例えば言語認知実験における数十ミリ秒の精度での神経活動の検討，光トポグラフィーは子供の発達段階ごとの大脳半球左右差の形成時期の検討や運動中の脳活動の観察など，それぞれの長所を生かした実験がなされている．

　ここでは fMRI について説明する．fMRI は心理実験の手法として最近急速に普及してきているが，MRI 撮像の原理は非常に難解である．興味のある方は章末に挙げた参考図書にあたられることを勧める．私は医学生時代，MRI に関する授業を受けたときまったく理解できなかった．臨床を始めて診察で MRI 画像診断を使うようになっても，どのような所見ならどのような疾患を考えるか，ということは分かるようになったが，MRI の仕組みについては"T1 強調画像では水は黒く，脂肪は白く映る"という程度しか知らなかった，つまりほとんど無知であった．MRI を用いて実験をするようになった今も，「なぜこのように人体の内部が黒白グレーの画像として撮れるのか？」と問われてまともに答えることができない．これはおそらく 4 サイクルエンジ

ンの仕組みを知らなくても車の運転ができることと同じような構図である。メカの特性を知らなくても運転はできるが，しかし知っている方が運転に有利であるというのも，fMRIに関してもあてはまる。fMRIの実験は1人でやるのではない。実験で確かめたいテーマ，その背景や意味，解明したい点はどこかなどに関して考える人，実際の実験デザインを考える人，MRI装置を使ってデータを撮る人，撮れたデータを解析する人，結果として得られた脳活動の持つ意味を検討する人，これらをすべて同じ人がやるわけではない(そんな人もまれにはいるが)。それでもfMRIのおよその原理を知らずに実験デザインを考えることは無理であるし，イメージングに関する論文を読んでも方法や結果について正しく理解することができないであろう。

　PETでは神経活動の増減を血流変化として捉える。被験者が認知課題を行うと課題に関係する脳の領域では血液要求が高まり，それに応じて供給される血液量が増える。正確には血流を介して取り込まれる放射性物質の増減を検出している。fMRIも神経活動の変化を血流の変化に反映させて捉えるという点は同じである。fMRIで使用される**BOLD法**（Blood Oxygenation Level Dependent）では，この増加する血液供給(動脈血)を，そこに含まれる酸素ヘモグロビンの増減によって捉えている。

　fMRIのおよその仕組みは以下の通りである。1) MRIデータ撮像を行いつつ，被験者に課題を断続的に実行させる。2) 課題をやっている間は課題実行に関与する領域で神経活動が上昇する，課題をやっていないときには神経活動の上昇はない。3) 活動が上昇すると，その領域における酸素要求が高まる，4) その領域に供給される動脈血液が増加する(結果として，その領域における酸素ヘモグロビンの量も増加する)。5) ヘモグロビンは酸素が結びついているか否か(酸素ヘモグロビンと還元型ヘモグロビン)によって，磁性特性が異なるため，血流増加に伴いMR信号も変化する。

　ポイントは神経活動の変化を血流変化で捉えているところである。税務署がラーメン店のお客の数(=神経活動の強弱)を探るために，店から出される割り箸の数(=血流の増減)を調べるようなものである。

　fMRI実験ではブロックデザイン（block design）やイベント・リレイテッドデザイン（event related design）などの課題デザインが使用される。このうちブロックデザインでは課題条件，対照条件そしてrest条件(何も提示されず被験者も反応しない)を一定の時間(ブロックと呼ばれる，通常20〜30秒

ほど)で何サイクルか繰り返し実施する。対照条件では検討したい認知要素以外の要素をなるべく課題条件と等しくなるようにする。こうすることにより，目標とする認知要素に関する神経活動が特定されていくことになる。イベント・リレイテッドデザインでは，課題条件試行，対照条件試行をランダムな順序でそれぞれ数十回程度実施する。通常は，何も提示されず被験者も何も反応を行わない条件(null event と呼ばれる試行)を baseline として加えることが多い。各条件の試行がどのタイミングでなされたか，という情報にもとづいて MR 信号変化との相関を検定する。

データの解析では Friston らが開発した SPM (Statistical Parametric Mapping) というフリーの統計解析ソフトがよく使われている (www.fil.ion.ucl.ac.uk/spm/)。これは Matlab (www.mathworks.com) という演算ソフト上で動作する。fMRI に使用される MRI 画像は EPI (Echo Planar Image) というタイプの画像である。SPM による解析では，(1) EPI 画像に対して，実験中の被験者の動きを補正する，(2) 各被験者の脳を標準脳に変換する，(3) 空間フィルターをかける，などの準備処理を行う。続いて，実験における課題条件の実施タイミングに合わせた血流変化の関数を HRF (hemodynamic response function) にもとづいて設定し，各辺数ミリの直方体に区分した脳の各部分(voxel と呼ばれる)ごとに，MR 信号の変化と，課題実施の相関について統計検定を行う。課題を遂行しているときには活動が上昇し，課題をしていないときには上昇を示さないところを調べるわけである。HRF については，生理学的データから，ある特定の領域で神経活動が生じてから，6-7 秒後に局所の血流が増加し，活動が終わると 16-20 秒ほどで増加した血流はもとのレベルに戻ることが知られている。このことからも分かるように，fMRI で捉えることのできる神経活動は ERP や MEG と比較するとかなりスローなものである。例えば後述する実験 2 では 3 秒間ごとに身体の長軸に垂直な断面の脳画像を 5 mm の厚さで 30 枚撮像している。上から下までで 15 cm となり，これは頭頂から小脳までをほぼカバーしている。前後左右には 3.75 mm に分割されたデータを撮っている。つまりこの場合の voxel のサイズは 3.75 mm × 3.75 mm (平面) × 5 mm (高さ)となる。3 秒ごとに 1 回，voxel に分割された全脳の合計数万ヵ所のデータを撮っていることになる。600 秒間の実験では 200 回，解析すべきデータは膨大になる。

撮像中 MRI 装置の中では大きな装置音が聞こえているが，聴覚野の活動

が検出されないのは，装置音はずっと聞こえているので，この音を聞くことに関連する神経活動は課題の遂行・停止に合わせて上昇したり下降したりしないからである．

II. fMRI を用いた実験

私たちが実際に行った fMRI 実験を 2 つ紹介する．いずれの実験も目的は模倣に関する神経基盤の検討である．

■ 模倣に関する実験 1

模倣は人の学習発達やコミュニケーションにおいて重要な役割を果たしている（Tomathero *et al.*, 1993）．他者の動作を模倣する過程には複雑な情報処理過程が含まれている．まねをしようとする相手の動作を見る，見た動作を自分の動作のイメージに置き換える，実際に動作をする．複雑な動作でなければ，われわれはこのプロセスをあまりに簡単にやってのけられるので，模倣が複雑な情報処理であることにほとんど気がつかないほどである．

手や腕の動作の模倣障害は**観念運動失行**と呼ばれる．左頭頂葉の損傷によって生じる病態である．観念運動失行では口頭指示による動作の表出（例："敬礼をしてください"）や道具使用のパントマイム（例：歯を磨く，櫛で髪をとかす，などのまねをする）などが障害される．提示された動作の模倣ができなくなることもある．しかし，日常の場面ではこれらの動作は可能である．つまり指示された動作を意図的にすることができなくなるのである．Heilman *et al.* (1982) は左頭頂葉にさまざまな習熟動作の表象が蓄えられており，この領域の損傷により意図的なアクセスが障害されると説明する．これに対して Goldenberg & Hagmann (1997) は一部の観念運動失行患者は他者の動作の認知に問題があることを示した．動作模倣ができないのではなく，そもそも模倣すべき相手の動作を正しく認知できていない場合がある．これは以下のような実験で確認される．(1) 患者にある動作（例：右手で左の耳をつまむ）をしている人の写真を提示し，同じ動作をする．(2) 同じくある動作をしている写真をターゲットとして示し，別の人が同じ動作や別の動作をしている数枚の写真の中からターゲットと同じ動作を選ぶ．(1) の課題はできないが，(2) の課題はできるようであれば，模倣すべき動作の認知はできていると考え

られる．もし，(2)の課題もできないようであれば動作の認知そのものに問題があることになる．

　見えている動作を模倣することに関係している神経領域をニューロイメージングによって調べた研究はいくつかあったが，いずれも模倣すべき動作は，どの指を動かしてボタンを押すか，という単純な動作であった．そのため，他者の動作の模倣という過程に含まれる重要な要素，相手の動作の詳細な観察と認知，自己の動作への変換，自己の動作表象を操作しての動作実行といった要素はいまだ検討されていなかった．

　そこでわれわれはさまざまな指の動作の模倣課題をfMRIを用いて実施し，模倣に関与する領域を検討した．図1に実験で用いた刺激の例を示した．

　文化によって違いはあるものの，日常生活で使用される記号的な意味を持つ指動作というものがある．このような動作はことばで指示されても実行することが可能である．"きつね"とか"OK"と指示されれば，それに対応する指動作をすることは簡単である．ところが，図1上段に示すような指動作は決まった意味を持たないため，この動作を口頭で指示するのは難しい．各指の形を詳細に説明することが必要になるからである．模倣する場合にも指と指の関係を正確に捉えて，自己の指動作に変換し実行することが必要にな

図1　実験1で用いた視覚刺激の例

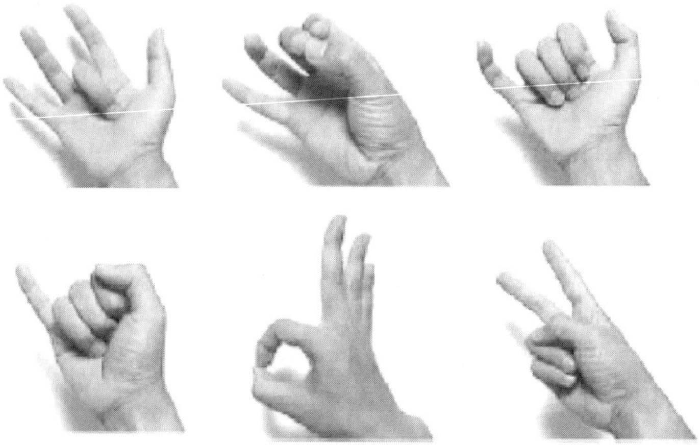

（上段）無意味指動作，（下段）有意味指動作

る。これらは文字を書き写す場合で考えると分かりやすいかもしれない。提示された文字を書き写す場合，知っている文字であれば一目見て何の文字か分かりさえすれば，その後は見直す必要はない。すでに習得している自分の書体で書くだけである(＝有意味の指動作の模倣)。ところがはじめて見る文字(例えばヒエログリフやパスパ文字など)を書き写す場合には，示された文字を何度も見て字画どうしの関係を確認し，自分で書いたものと合っているかを確認しながらの作業になる(＝無意味な指動作の模倣)。模倣すべき指の動作を有意味と無意味に分けたのはこのためである。

被験者は右利きの大学院生9名(男性6名，平均年齢25.2歳)。全員が神経疾患および精神疾患の既往や治療中の疾患はなかった。被験者はMRI装置の中で図2のような姿勢で横たわっており，目のすぐ上に取りつけた鏡でスクリーンを見る。スクリーンにはパソコンからの画像が液晶プロジェクタによって投影される。

実験1では，無意味な指動作(S−; symbolic meaning (−))，有意味な指動作(S+)，と，rest条件，の3つの条件からなるブロックデザインを用い

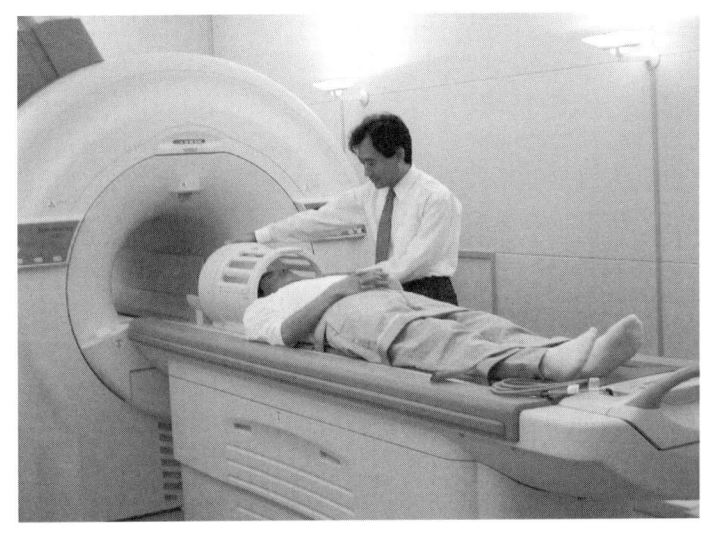

図2 fMRI装置

写真の装置はATR脳活動イメージングセンター(http://www.baic.jp)のMagnex (Shimazu)。

図3 実験1の結果

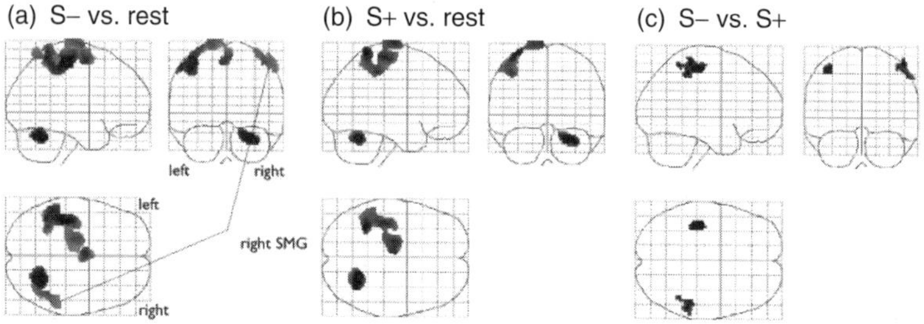

(a) S− vs. rest　　(b) S+ vs. rest　　(c) S− vs. S+

た。ブロックの構成は，rest，S−，S+，rest，S+，S−，rest，S+，S−，rest，S−，S+として，各条件4回繰り返した。無意味指動作条件では，図1上段に示したような無意味な指動作の画像1枚が3秒ごとに提示され，被験者は右手指を用いて同じ動作をするよう指示された。画像は2秒間表示され，この間に被験者は右手で同じ動作を行う。続いて1秒間の空白（画面には何も表示されず）があり，次の画像が表示される。画像が消えるごとに被験者は模倣動作を止めて，すべての指をそろえて伸ばした姿勢に戻すよう指示された。有意味指動作条件も構成は同じ。rest条件では，動作画像ではなく固視点が表示され，被験者は何も行わない。

　上記のSPMを用いて解析を行った結果を図3に示した。(a), (b), (c)ともに脳の透視図を用いて表示してある。左上の図は脳を左右方向に透視した図であり，向かって右が前である。同じように右上は前後方向の透視図で，下は上下方向の透視図である。図で黒く表示されているところは，課題の実施とMR信号の変化の相関が有意であった（→ 課題の実施に合わせて血流が増加した → 課題の実施に合わせて神経活動が高まった）部位である。有意さの検定ではvoxel levelで$p < 0.001$という基準を用いている。voxelは，脳全体では数十万個になる。このため，課題のon, offに合わせて血流が上昇・下降を繰り返したと偶然判定されるvoxelも数百にのぼることになる。このようなfalse positiveな結果を取り除くために，単独で検定を通過したvoxelは採用しない。つまり，一定の数のvoxelが一塊りになって有意と判定されたものだけを選び出す。これは，課題に対応した神経活動の変化が起きた場合，これに呼応した血流変化はある程度の広がりをもって生じるという現象を考慮したものである。

rest 条件との比較では，S− 条件，S+ 条件ともに(図 3–a, b) 左の一次運動野・感覚野で活動上昇が認められる。これはいずれの条件でも右手を動かす要素は共通のためである。また，同じように小脳では右半球に活動上昇が認められている。一般にイメージング研究では小脳は同側有意な(右手の運動課題では右半球で)活動上昇が見られる。rest との比較で，S− 条件に特徴的なのは右頭頂葉での活動上昇である。図 3–a では right SMG (SMG = supramarginal gyrus, 縁上回)として示されている。この部位の活動上昇は S+ と rest との比較では見られていない。次に S− と S+ を直接比較した(図 3–c)。この比較では運動の要素はいずれの条件にも共通するため運動野の活動上昇は相殺されている。S− において S+ との比較で活動上昇が有意とされたのは左右の頭頂葉(縁上回)であった。右の頭頂葉の損傷では**視覚構成障害**が生じることが知られている。この障害では図形の模写課題や積み木課題(提示された形と同じ構成を作る課題)ができなくなる。視覚構成機能とは，モノとモノの空間関係を認知し，自己の運動で表現する機能である。このうち前者，モノ同士の空間関係の認知には右半球頭頂が，自己の運動での表現には左半球頭頂が，それぞれ関与しているらしいことが分かってきている。一方，左頭頂葉損傷では前述したように観念運動失行が生じる。S− と S+ の比較で S− に認められた左頭頂葉(縁上回)の活動上昇は，日頃することのない指動作の実行が，動作表象の操作の要求度が高かったことを反映しているのかも知れない。一方，S+ と S− の比較では，同じレベルの検定では活動上昇を示す部位は認められなかった。S+ で使われた指動作は習熟動作であるため，左頭頂葉が関与するかたちで動作表象が保持されていると考えられるが，これに相当する活動上昇は S+ と S− の比較では捉えられなかった。この理由として，新奇な刺激である S− 課題の方が難しかったことに関係があると考えられた。実験後のインタビューでも，各被験者が共通して S− 課題が難しいと感じていたことが分かった。被験者は自分の指や手の形を見ることができないため「指の形を感じながら模倣をした」と述べていた。それぞれの指を動かして新奇な指動作を実行するために左頭頂葉が重要な働きをしているのであろう。

■ 模倣に関する実験 2

さて，動作模倣に関してウィーン大学の Goldenberg ら (1997) は興味深

い研究結果を発表した。右半球損傷患者と左半球損傷患者では，指の動作模倣と腕の動作模倣のそれぞれの成績に違いが見られるというのである。彼らが使用した動作の例は，指動作は筆者らが実験1で使用したような無意味な右手指の動作であった。また，腕（右腕）の動作は，頭の上に手のひらを前方に向けてあてがう，右手で左の頬に触れ手背を前方に向けるなどであり，頭部と腕の位置関係，手のひらの方向などが動作のポイントになる刺激であった。実験の結果，右半球損傷群では，指の動作の模倣の成績が悪く，腕の動作の模倣の成績は良かった。一方，左半球損傷群では腕の動作模倣の成績が悪かった。彼らは，指の動作について視覚認知についても検討している。右半球損傷群ではターゲットとなる指動作の画像を提示して，それと同じ動作をしているものを別の方向から撮影した複数の指動作画像の中から選ばせる課題を行うと，左半球損傷群に比べて成績が悪かった。この結果は，右半球損傷群では指動作模倣の成績が悪いが，その原因は対象となる動作そのものが正しく認知できていないことを示唆している。指の動作と腕の動作の違いは脳のどの領域に関係するのであろうか。この点を検討するため，筆者らは次のような実験2を行った。

実験2もブロックデザインを採用し，健常な右利き被験者12名（男性6名，平均年齢24.8歳）を対象として行った。課題条件は，指動作条件（Finger），腕動作条件（Hand），rest条件の3つである。実験1と同じく1ブロックの長さは30秒で各条件が4回繰り返される構成とした。Finger条件では，3秒ごとに無意味な指動作の画像が2秒間提示され，続いて1秒間は固視点が表示される。図4下段に使用した6つの画像を示した。これらの画像がランダ

図4　腕動作（Hand条件，上段）と指動作（Finger条件，下段）で使用した刺激画像（実験2）

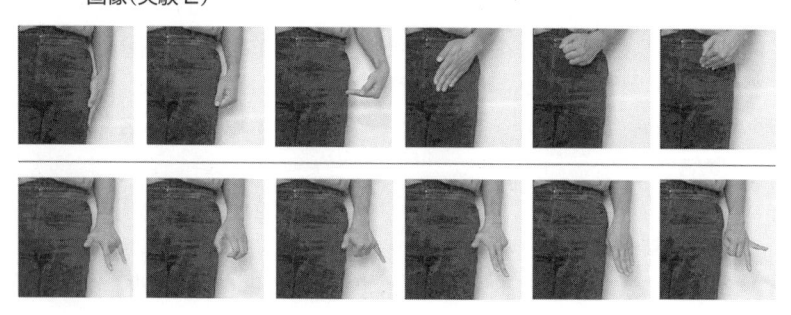

ムに繰り返し使用された．動作画像が提示されているあいだ被験者は右手で同じ動作を行い，画像が消えると指を伸ばしニュートラルポジションに戻る．なお腕は身体の右側にのばしてそえている．使用した動作は実験1と同様であるが，今回の実験では課題画像は左手で動作したものを使用した．被験者が右手で動作模倣する場合に，相手は左手で動作している方が容易で正確であることが，予備実験の段階で判明したためである．Hand条件では図4上段に示すような6つの動作を使用した．rest条件では他の2条件と同じ構成であり，動作画像の代わりにニュートラルポジションに腕や手をおいた画像が提示され，被験者はただ画像を見るだけで動作はいっさい行わなかった．被験者の反応はビデオで撮影し確認した．

　SPMによる解析により，図5(巻頭の口絵参照)に示すような結果が得られた(標準脳の表面に解析結果を貼り付けて表示している)．赤い色で示された部分が血流変化がそれぞれの比較検定において有意と判定された領域である．Finger条件ではrest条件との比較で，左一次運動野，体性感覚野，左右頭頂葉(下頭頂小葉)，ブローカ野(左下前頭回後方)，右小脳半球，などに活動上昇が認められ，これは実験1の無意味指動作条件とほぼ同様の結果である(図5左から2列目)．同じ課題をほぼ同じ条件で行っているので当然の結果である．一方，Hand条件ではrest条件との比較によって左一次運動野，体性感覚や頭頂葉(上頭頂小葉，左に強い)に活動上昇を認めた．条件同士の比較では，Hand条件ではFinger条件と比較して左半球の上頭頂小葉(図5左から3列目)に活動上昇が認められた．Finger条件ではHand条件との比較では左右の下頭頂小葉，ブローカ領域などで活動上昇を認めた(図5右端)．この結果は脳損傷症例で行われたGoldenbergらの研究結果に合致している．指動作模倣における右頭頂，腕動作模倣における左頭頂の，それぞれより深い関わりを明確に示した．

　Rizzolatti *et al.* (1996)はサルの前頭葉に**ミラーニューロン**と彼らが名づけた神経細胞を発見した．そのニューロンは，1) サルが自分の手でエサをつまむとき(自己の運動に伴う情報)，2) 他の個体(サルや人)がエサをつまむのを見るとき(視覚情報)のいずれの場合にも発火する特性を持つ．このことからミラーニューロンは模倣，見まね学習において重要な役割を果たしていると考えられている．興味深いことにこのミラーニューロンが見つかった領域はヒトの脳では**ブローカ領域**(運動性言語中枢)に相当する．言語獲得と模倣

の関係を考えていく上でミラーニューロンの機能の意味を調べることが非常に重要であると考えられているゆえんである。実験2の結果は，指動作の模倣でのみブローカ野の活動上昇が見られている。ミラーニューロンの関与する模倣は指の動きに特異的なものなのかも知れない。これは以下に述べるように指と腕，それぞれの動作模倣における頭頂葉の働きの違いにも関連し興味深い。頭頂葉の活動は指動作模倣では左右の下頭頂小葉で見られた。これに対して腕の動作の模倣では主に左上頭頂小葉に活動が見られている。右頭頂葉は損傷により視覚構成障害を生じることがある。視覚構成機能とは前述したように「モノとモノの空間関係を認知し，自己の運動で表現する機能」である。おそらく発達を通じてヒトは自らの指も（身体外のモノと同じように）モノとして視覚で捉えて制御してきたのであろう。実際に幼児に指動作の模倣をやらせると，対象と自分の手指を何度も見比べながら，ときには一方の手でもう一方を折り曲げたり伸ばしたりして模倣をする（図6）。これに対して腕の動作においては自分の姿を見ることが難しい。この場合，制御の上での腕の位置や頭部などとの位置関係は体性感覚情報を主に使用して認知されている。簡単に言えば，「指は見て動かす，腕は感じて動かす」となるであろうか。これはミラーニューロンが見えた動作にも自己の動作にも同じように反応することとよく合致する。指の動作模倣よりも視覚の関与が小さいと考え

図6 自分で見えるか，見えないか

(a)自分で見えるか　　　　　　(b)見えないか

られる腕の動作模倣において，ブローカ野での活動上昇を認めなかった。これらの結果から，指の動作模倣においては，視覚の関与が重要であり，ブローカの活動上昇はこれに関連している可能性がある。臨床的にも図形の模写や積み木課題で障害を示す視覚構成障害患者は指動作の模倣でも障害を示すが，腕の動作模倣は可能なことが多い。

　以上，動作模倣に関連したわれわれのイメージング研究を紹介した。機能イメージングは，脳の各部分の働きを調べるための強力な手段である。脳損傷症例の診察・治療によって積み上げられてきた知識の中には，機能イメージングによって探索・解明が可能な多くの課題が数多く含まれている。また，イメージングによって高次脳機能のメカニズムが明らかになれば障害の診断・治療(リハビリテーションなど)に大いに役立つことが期待される。発達障害や高次脳機能障害など臨床分野からイメージング研究の発展に期待が寄せられている。

● 読書案内

ポズナー，M. I. & ライクル，M. E. (養老孟司ほか訳) 1997.『脳を観る』日経サイエンス社.
　著者は PET が使われ始めた頃の代表的研究者。実験のデザイン，とくにコントロール課題が巧みに設定されていて，得られた結果からなぜそのような結論が導かれるか，分かりやすく書かれている。

カーター，R. (藤井留美訳) 1999.『脳と心の地形図』原書房.
　最近のイメージング研究のデータを，脳損傷症例から得られた知見や動物実験における成果と，うまく関連させて解説されている。図も美しい。

川島隆太. 2002.『高次脳機能のブレインイメージング』医学書院.
　さまざまな PET および fMRI の実験の紹介解説。イメージング研究の問題点や今後の方向なども解説されている。PC で見ることのできるイメージングデータなどの画像が付属の CD-ROM に収められている。

エルスター，A. D., ほか. (荒木力訳) 2003.『MRI「超」講義: Q & A で学ぶ原理と臨床応用』医学書院.
　図を多く使って難解な MRI の原理を直感的に理解できるよう工夫されている。

引用文献

Gallese, V., Fadiga, L., Fogassi, L., & Rizzolatti, G. 1996. Action recognition in the premotor cortex. *Brain,* 119, 593–609.

Goldenberg, G., & Hagmann, S. 1997. The meaning of meaningless gestures: A study of visuo-imitative apraxia. *Neuropsychologia,* 35, 333–341.

Heilman, K. M., Rothi, L. J., & Valenstein, E. 1982. Two forms of ideomotor apraxia. *Neurology,* 32, 342–346.

Iacoboni, M., Woods, R. P., Brass, M., Bekkering, H., Mazziotta, J. C., & Rizzolatti, G. 1999. Cortical mechanisms of human imitation. *Science,* 286, 2526–2528.

Krams, M., Rushworth, M. F., Deiber, M. P., Frackowiak, R. S., & Passingham, R. E. 1998. The preparation, execution and suppression of copied movements in the human brain. *Experimental Brain Research.* 120, 386–398.

Rizzolatti, G., Fadiga, L., Gallese, V., & Fogassi, L. 1996. Premotor cortex and the recognition of motor actions. *Cognitive Brain Research.* 3, 131–141.

Tanaka S, Inui T. 2002. Cortical involvement for action imitation of hand/arm postures versus finger configurations: An fMRI study. *Neuroreport,* 13, 1599–1602.

Tanaka, S., Inui, T., Iwaki, S., Konishi, J., & Nakai, T. 2001. Neural substrates involved in imitating finger configurations: An fMRI study. *Neuroreport,* 12, 1171–1174.

Tomasello, M., Savage-Rumbaugh, S., & Kruger, A. C. 1993. Imitative learning of actions on objects by children, chimpanzees, and enculturated chimpanzees. *Child Development.* 64, 1688–1705.

第15章

神経心理学

山鳥　重

I. 神経心理学とは

　認知過程は意識・見当識・注意・記憶・知覚性対象認知・視空間認知・言語・思考・判断・行為・行動，さらには感情・情動・意欲など，多くの働きから成り立っている。大脳を頂点とする高次中枢神経系に損傷が生じると，これらの働きが単独に，あるいはさまざまな組み合わせで障害される。たとえば，脳幹や視床の損傷は昏睡・錯乱・意識混濁など意識の異常を生じ，左大脳半球のある領域の損傷は失語・吃・緘黙(かんもく)など言語活動の異常を生じる。これらの神経心理症状を詳しく分析し，その症状構造を明らかにする。そしてその症状構造と病巣分布を対応させて，正常な神経心理構造をも推定してゆく学問を神経心理学と呼ぶ。

　神経心理学にはさまざまな方法論が用いられている。

　もっとも古くてもっともオーソドックスな方法は実際に脳損傷を生じ，さまざまな心理的・行動的障害を生じた人との，医学的・治療的かかわりの中で，その症状と病巣の対応，さらに治療経過の中での病巣の変化そして症状の変化を症例ごとに細かく追及し，過去に報告された類似の症例と重ね合わせて，その症状構造を明らかにし，その症状構造(心理学的特徴)と神経障害構造(神経学的特徴)の相関を研究し，その結果を土台に健常人にも共通する心理構造の本質を明らかにしようとするものである。これは**臨床神経心理学**と呼ばれ，医学・医療関係の研究者が主たる担い手である。

　実際にヒトを対象にする臨床神経心理学にはもう1つの重要な領域がある。脳外科を中心に発展してきた領域で，脳手術に際し，もし間違って言語領域などを切除してしまうと，術後重篤な生活障害を生じることになる。このよ

うな不測の事態を避けるため，手術に先立って，手術のために露出した大脳領域に直接電極を置き，これを電気刺激して，本人の言語活動に障害が起きないかどうかを確かめるという手順を踏むことが多い。このときに副次的ながら，健常な認知活動と大脳領域についてのさまざまな知見が得られる。もちろん，手術対象領域およびその周辺でしか刺激は行われないから，得られるデータは限局的なものではあるが，健常な脳を直接的に刺激して得られるデータであり，その価値は計り知れない。

　最近，**脳機能画像化**にかかわる技術が目をみはる進歩を遂げている。PET (Positron Emission Tomography, 陽電子放出性断層画像) は，短時間で崩壊する放射性同位元素を血流中に打ち込み，ごく微量な血液量の変化や，代謝の変化を捉えて，その部位を特定，画像化する。fMRI (functional MRI, 機能的磁気共鳴画像) は脳内物質が作り出している微細磁場の変化を外部磁場で操作することで画像を作る。この方法では局所の酸化・還元ヘモグロビン量の微細な変化を検出することができる。あるいは MEG (Magnetoencephalogram, 脳磁図)，さらには近赤外線による局所血流変化の測定，さらには従来からの脳波情報の解析能力の高度化など，さまざまな方法が生体脳の研究に応用されるようになっている。こうしたハイテク装置の普及は現在の脳科学研究に多数の研究者を誘引する大きな理由の1つとなっている。これも神経心理学の1つの流れである。

　また，基礎的心理学の分野では従来から認知過程の研究が営々と積み上げられてきている。この中で，認知過程と脳機能の直接的な相関の解明を目標とする場合は，広い意味で神経心理学の流れに入る。実験神経心理学と呼ぶ人もある。

　以上の方法はいずれも，人間を対象とし，人間心理を脳との関連において研究する領域であり，人間神経心理学と呼べよう。

　これに対し，**動物神経心理学**と呼べる領域もある。この場合研究対象は動物で，動物の心理過程の研究にもとづいてヒトの心理過程に迫ろうとする。脳のさまざまな領域を破壊して認知・行動変化を分析する方法，電気的にさまざまな領域を刺激して認知・行動変化を探る方法，あるいは機能画像を用いる方法など，さまざまな研究手法が駆使されている。

　ちなみに筆者は冒頭にかかげた古典的臨床神経心理学が専門である。もっと具体的に言えば，最近はやりの「**高次脳機能障害**」をかかえて苦しむ人た

ちと医療の現場で向き合ってきた。実験的に研究を構築するのではなくて、医学界で言い古された(やや不謹慎な)表現を借りれば、天が行った実験(すなわち病気)の結果を、なんとか説明しようとする仕事である。

　脳はきわめて複雑な構造を持つ臓器なので、部位によって関与している認知能力に大きな違いがある。それだけでも厄介なのに、脳が損傷を受けた場合、たとえそれがほぼ同じ部位に存在するように見えても、損傷の広がり、分布、程度は病因や個人によってすべて微妙に異なっている。同じ血管に梗塞が生じたとしても、その血管分布には個人差があり、代償血管路の形成にも大きな個人差が出るため、なかなか同じ病巣になることはない。そして、その微妙な損傷部位や損傷程度の違いは、引き起こされる神経心理症状に大きく影響する。したがって、まったく同じ病巣分布を持つ症例、あるいは、まったく同じ神経心理症状を持つ症例を多数集め、その上で、それら症例の共通点を探るという研究方法を用いることは臨床現場ではほとんど不可能である。ではどうするか。一例一例自分が出会った症例と丁寧に向き合い、その障害構造を明らかにしてゆくほかはない。その上で、今自分が向き合っている症例と障害パターンをある程度共有するこれまでの文献例や自験例(自身の治療経験)を探し出し、共通の障害構造を推定してゆくという方法しかとれないことになる。特殊(個)から普遍を割り出すのが目的である。このような研究方法は**症例研究**と呼ばれ、臨床神経心理学ではもっとも重要な方法である。

II. 失読失書症の研究方法

■ 読みの障害から読みの心理過程へ

　そのような研究のプロセスを失読失書症 (alexia with agraphia) という神経心理症候群を例にとって考えてみよう。

　1891年、フランスの神経学者 Dejerine は彼が「失読失書」と名づけた1症例を報告した (Dejerine, 1891)。症例は63歳の男性で、土木工事労務者である。1890年はじめより、パリ近郊(当時)ビセートル病院に入院中であったが、ある朝、突然新聞が読めなくなり、精査のため同年2月12日同じ病院内の神経病棟に転科した。

　入院時の神経心理学的所見で目立ったのは読み書きの障害で、「患者は活字で書かれたものも、手書きのものも理解できない。新聞や手書きの文章を示

すと，これらをしばらく眺め，ついで検者の方に向きなおって理解できないと言う。これはアルファベットの文字についても同様であり，文字を呼称することはまったくできない。しかし自分の名前を読むことはできる。これに反し，示された物品はすべてこれを認知し，正しく呼称する。患者に書字を命ずると，筆や鉛筆の持ち方が不器用であり，文字を書くことを習い覚えたばかりの幼児のような形で筆を持つ。また，自発書字でも書き取りでも，また模写であっても，いつも自分の名前，すなわち "Séjalon" としか書かない。おまけに，書字の字体もひどく誤りが多く，その気になって好意的にみなければ，患者の名前であると読み取ることさえ困難である」

「転科後 27 日目，3 月 10 日には，初期に見られた錯語(ことばの言い間違い)は完全に消失し，自発語はほぼ回復したが，依然，自発書字も書き取りもまったく不能であり，かつ模写もできず，形をなさない線をやたらに書きなぐるだけ。数字は 1 ケタ，または最高 2 ケタまでなら書き取り可能。失読は依然同様で，自分の名前を認知しうるのみ。ほぼ 8 ヵ月後の 11 月 5 日には語盲(読めない状態)はごくわずか改善。アルファベットの中で C と G を認知し，これを発音することができる。患者の認知できる文字はこれのみであり，語を解読することはまったくできない。しかし，2 ケタ以下の数字の場合は，これを認知し，呼称することができる。書字障害は以前と同じであり，自発書字も書き取りも模写もまったく不能である。11 月 20 日死亡」

Dejerine は当時最高の神経病理学者であり，自らこの脳を剖検し，病巣部位を詳しく記載している。すなわち病因は脳梗塞で，病巣は左大脳半球角回領域(左半球頭頂葉下部で後方。図 1 参照)の下 3/4 を占め，その後端が頭頂後頭溝(頭頂葉と後頭葉の境界)におよんでいた。脳を水平に切ってみると，この角回の梗塞巣は大脳表面でもっとも広く，最深部の側脳室部(大脳深部で脳脊髄液に満たされた空隙構造)近傍でもっとも狭く，楔状形をなしていた(図 2)。

いきなりこのような 100 年以上も前の古い症例研究を読まされても，読者は何がどう重要なのか，お分かりいただけないかもしれない。実はこの症例報告より以前から，読みの能力だけを選択的に侵すタイプの神経心理症候群は知られてはいたのである。決してこの例が失読の最初の報告ではなかった。しかし，これまでのものは症状が失読だけに限局しており，変な言い方だが，症状の純粋度の高いものであった。自発的に字を書こうと思えば書けるので

figure 1 角回の位置

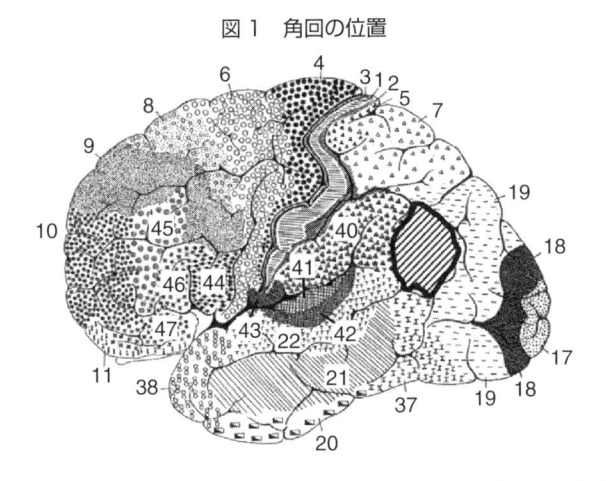

この Brodmann 地図で斜線の部分。Brodmann が 39 野と名づけた領域。

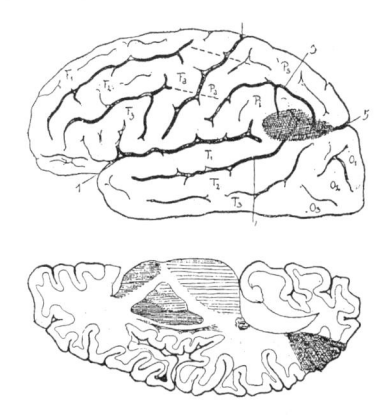

図2 Dejerine 症例 (1891) の脳の剖検図

影の部分が病巣。上図は左大脳半球外側面，下図は病巣水準での左半球の水平割面。病巣はちょうど角回とその深部に位置している。

ある。ただし，奇妙なことに，自分が書いた文であっても，しばらくして読もうとすると，全然読めなくなる。さらに奇妙なことに，読めない字であっても，その字を自分の指でなぞると読めるのである。Dejerine が失読失書症の論文を発表したとき，彼はすでにこの純粋な失読を示す患者についても病

理研究を進めていたようで,翌年にはこのタイプの失読(**失書を伴わない失読**とか**純粋失読**と呼ばれる)の詳細な研究を発表している(Dejerine, 1892)。Dejerine はこの2つの失読症候群の比較から,失読でも,自発的に文字が書け,なぞり読みもできるタイプでは文字の視覚心像は壊されていないはずだと考えた。なぜなら,文字を書くためには文字の視覚形態の記憶が喚起されなければならない。また文字のなぞり読みが可能だということは,なぞりが文字の視覚形態を喚起できることを意味している。一方,文字が書けず,文字のなぞり読みもできないタイプでは,文字の視覚心像自体が壊されてしまっているのであろうと推論した。そして,文字の視覚心像は失読失書症で破壊が確認されれた左角回に貯蔵されているのであろう,と結論づけた。つまり,この例は Dejerine が現在もなお決して無視しえない角回文字心像中枢説を提唱する契機となった重要な症例なのである。

■ 失読失書症では本当に文字心像が失われるのか

　筆者が在米時代に経験した失読失書症例がある(症例 1. Albert *et al.*, 1973)。この人は 57 歳右利きの男性で,左側頭後頭葉領域の腫瘍切除術を受けた後,字が読めなくなった。入院後の神経心理学的評価でもっとも目立ったのは読むことと書くことの障害である。文字の模写は可能であった。読みの障害は重篤で,単語を声を出して読むことは強く傷害されていた。にもかかわらず,その単語の意味はあいまいながらもある程度理解できているようであった。その点をはっきりさせるため,いくつか同一の意味カテゴリーに属する単語を並べ,1つだけまったく意味カテゴリーの違う単語をまぜて,その仲間はずれの単語を選んでもらうというテストをやってみた。たとえば一枚の紙に cat, dog, pig, wolf, hat という単語を並べ,関係ない hat を選んでもらう。予想どおり,彼はこのテストにやすやすと成功した。つまり,単語の音読はできないけれども,だからと言って意味が取れていないわけではなく,意味は取れているのである。ただ意味理解は cat なら cat という具体的な生物に正確に絞り込まれる段階までは達しておらず,cat と dog と wolf は同じカテゴリーのもので,おそらくは動物だという漠然たる段階に留まっているものと推定される。

　症例1は神経心理症状の全体プロフィールから考えて,失読失書症と考えられ,障害構造は Dejerine 例に近いと考えられたが,Dejerine 例のように

ただひたすら読めないわけではなく，読めない単語も実はある程度読めている，という点に際立った特徴があった。つまり，呈示された単語を音に変換すること(音読と呼ぶ)はできないが，ある程度意味を拾い出す(意味読と呼んでおこう)ことはできるのである。だとすれば，少なくとも症例1については，Dejerineが主張したように文字心像がなくなっているとは考えられない。文字形態を介する以外に単語の意味に至る経路はないはずだから，文字心像は保存されているはずである。このラインの考えでDejerine例を読み返すと，自分の名前が読めたとか，数字は読めたとかの記載がある。読めた字については，文字心像は残っていたはずである。

　ところで，欧米では文字と言えばアルファベット文字である。アルファベットは音素を表記するシステムで，複数の文字を組み合わせることで音節を表現する。文字列と発音の関係には一応の規則性はあるが，機械的なものではなく，結構あいまいである。たとえば文字列 gh は /f/ と読んだり(laugh)，/g/ と読んだり(ghost)，発音しなかったり(daughter)する。前後の文字列で同じ文字列が表す音(音価)が変わるのである。仮名は音節を表記するために発明された文字だから，音節と文字との対応はきわめて規則的である。漢字は意味(あるいは意味の最小単位)を表記する。こうした使用文字による音韻表記水準の違いは失読失書になんらかの影響をおよぼすだろうか。

■ 日本人の失読失書症

　筆者がはじめて経験した日本人の失読失書症を紹介しよう。症例は61歳右利きの男性であった(症例2. Yamadori, 1975)。来院時の主訴は「文字が読めない」。初診のとき，試しに手近にあった日刊新聞の見出し「日本は最大のインフレ国」を読んでもらうと，確かに読めない。しかし，ただ単に読めないというわけではなく，その「読めなさ」は奇妙なものだった。「日本」を指して「ニッポン」と読み。ついで「が」を飛ばして「最大」を指差し，「これサイダイですか？　よう分からん」。ついで「国」を指して「クニ」と読む。「は」，「の」，「インフレ」は読めない。仮名は読めないが，漢字は読めているようなのである。そこで，仮名と漢字の読み能力を詳しく調べてみたところ，仮名だけで書いた単語の読みはほとんど不可能だった。仮名1文字でもよく分からないと訴え，ああでもないこうでもないと，同じ文字を2分も眺めて

いたりする。仮名だということはよく分かっているのだが，読めないのである。ところが漢字だと，読みは早くて正確なことが多い。

　書字にも障害があり，仮名でも漢字でも同じようにうまく書けない。書けるのは自分の名前だけであった。

　仮名もアルファベットも音を表記する表音文字だから，仮名が読めないという症状は，欧米の失読失書と同じ病態メカニズムにもとづいて生じたものと考えてよい。しかし，漢字が読めるという事実はどう考えればよいのだろう。

　日本語における漢字は本来漢字が伝来したときの固有の音だけでなく，その漢字の意味に対応する日本語名(やまとことば：訓読み時の音価)も貼り付けられている。しかも，漢字輸入当初，多くの日本人には無意味であったと思われる中国音も，時代の経過の中で漢字に結んで意味を持つようになったから，現代の日本漢字は 2 つ以上の意味ある名前を持つ文字(ロゴグラム)として機能している (Yamadori, 1998)。たとえば仮名表記「くに」の音価「く」・「に」はそれぞれ無意味で音節だけを表していると考えられるが，漢字「国」の音価である「くに」と「こく」は，どちらも独立の単語，あるいは単語の一部(意味素)を表している。さらに「国」という象形は一定領域に暮らす人々の集合体という意味を直接的に担っている。漢字は 1 つの文字が 2 つ以上の音価と特有の意味価を有する特殊な記号である。

　上記症例が「インフレ国」の「国」を「こく」と読まず，「くに」と読んだのは，単語の音読としては正しいと言えないが，文字の音読としては正しいと言える。「国」を文字列の一部としては読めないが，独立の文字としては正しく意味を理解し，正しく「くに」と読んだのである。このことは症例 1 が cat を正しくは読めないが，hat とは違うカテゴリーの単語として読み解くことができたのと共通した現象と考えられる。まとまりある形態「国」がまとまりある意味を喚起しているのである。つまり，この症例では，漢字から意味を喚起し，意味から名前を喚起する，というストラテジーを使って「読んで」いるのではないかと考えられる。

　実際，失読失書の漢字の読みでは意味把握が先行したと思われる読み行動が多く観察される。たとえば，「岡山」を見て，「神戸でなし…大阪でなし…」と反応する。「岡山」という文字列の全体は「どこかの町」という意味を喚起するだけで，音韻系列「おかやま」を喚起することはない(山鳥,

1979)。あるいは「果物」を「ヤサイ」と読む(山鳥, 1979)。この場合は一応それらしい音価が喚起されてはいるが，意味がずれている(**意味性錯読**という)。単語読みにおいて意味性錯読を特徴とする失読は英語圏でも報告されているが，失読失書症とは異なった症状の組み合わせの中で出現しており，直接的には比較できない(Marshall & Newcomb, 1973)。

　病巣はどうか。症例 2 の場合，当時のこととてまだ CT は普及しておらず，実際の損傷部位は特定できなかった。ただ，脳血管造影では，左大脳半球に分布する大脳動脈の中で角回動脈という，名のとおり角回領域を栄養している血管の閉塞が見つかった。角回またはその近傍の病巣を推定させるデータである。その後筆者が経験した何例かの失読失書例の CT 像の検討結果からすると，病巣は必ずしも角回に収斂しているわけではなく，左角回から角回下方，つまり左頭頂葉下部後方から中側頭回や下側頭回後方にひろがるかなり広い領域に病巣が分布している(山鳥, 1982)。この領域は，後頭葉から下部側頭葉へ広がる視覚性形態処理経路とウェルニッケ領域(左側頭葉上部後方)などの音韻処理領域(言語領域)の中間に位置している(図 3)。前者のシステムが立ち上げた文字の視覚心像と後者のシステムが立ち上げる言語性聴覚心像(音韻)とが，この領域で連合し，読みを実現するのではないかと考えられる。

図 3　損傷で失読失書 (alexia with agraphia) が生じやすい領域

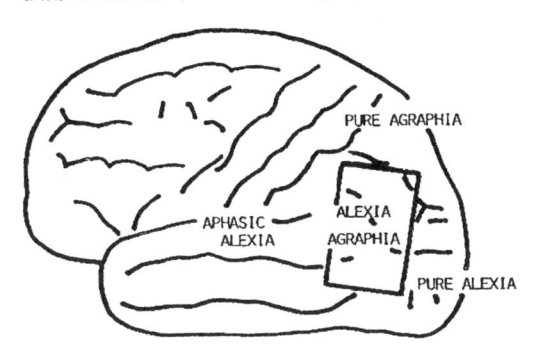

　この領域の上方に純粋失書 (pure agraphia) が生じやすい領域，前方に失語性失読 (aphasic alexia) が生じやすい領域，後方に純粋失読 (pure alexia) が生じやすい領域が広がる。(山鳥, 1982)

■ 意味のある・なしと読みの出来・不出来

このように，失読失書症における音読能力と意味読能力の差が文字列の直接的な意味喚起能力に依存しているとすれば，このような差は何も仮名と漢字の差としてのみ観察されるものではないはずである。同じ仮名文字列であっても，なじみ深い文字列(意味を喚起しやすい単語)となじみの薄い文字列(意味を喚起しにくい単語)，あるいは無意味な文字列(非単語)のあいだでも読み能力に差が生じることがあってもよいはずである。

実際，そのような失読失書症が報告されている(松田ら，1993)。われわれの経験を例に挙げてみよう(症例3．岡田ら，2002)。55歳右利きの男性。仮名と漢字をくらべると，仮名1文字の音読成績が悪く，漢字の方が良好。しかし，漢字では「村」を「さと」と読むなど，意味性錯読が見られる。筆者がこれまで経験してきた失読失書のパターンである。

ところが仮名読み能力を細かく調べてみると，2文字から4文字の仮名単語は意外にも正しく読めることが多い。これに反して同じ字数の無意味な文字列(非単語)はさっぱり読めない。たとえば，「ひまわり」は読めるが，「くいねさ」は「くめねせ」などと読む。「ふるさと」は読めるが，「てけなれ」は「てねせな」と読んでしまう。さらに興味深いのは，同じ単語でもその表記方式がなじみのあるものとなじみのないものを比べると，やはり読みに差が出

図4

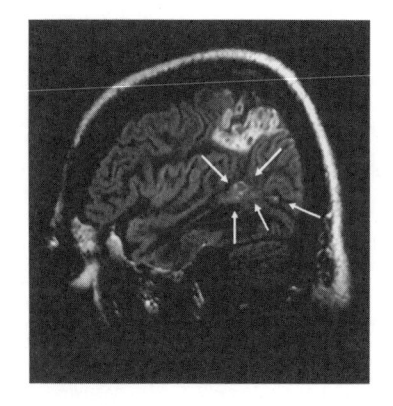

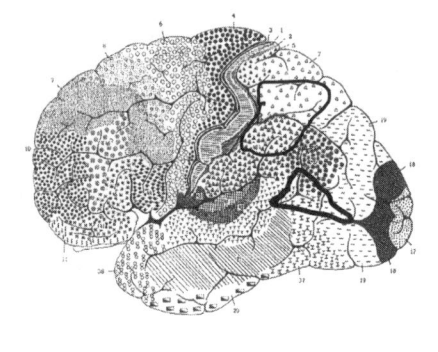

左: 症例3の脳MRI画像。白い部分が病巣。右: MRI病巣を図式化。下の病巣は角回の一部とその下方を侵している。

る。「ドライブ」は読めるが，「どらいぶ」は読めないのである。

　症例3の病巣はMRIで調べているので，これまでの筆者の経験の中では一番正確に病巣が定位できた。すなわち病巣は脳梗塞によるもので，2ヵ所あり，1つは左頭頂葉前方の皮質・皮質下にあり，もう1つは中側頭回後方(角回の直下方)の皮質・皮質下に認められた。おそらくこの角回下方病巣が症例2の読み障害の責任病巣ではないかと考えられる(図4)。松田らの症例は左大脳基底核に大きな病巣を有しているが，左頭頂葉皮質下にも病巣があり，後者は筆者が想定している失読失書の責任病巣に近い。

■ 失読失書における失書の性質

　本章で，文字読みのメカニズムを考えるにあたって，失読すべてを考察の対象とせず，失読失書症という特殊な症候群に見られる失読だけを対象としてきたのには理由がある。

　ある認知的能力の障害(**神経心理症状**)は脳損傷の結果であると同時に，損傷を受けなかった中枢神経系全体の代償活動の結果でもある。このような基本的観点からすると，本章で取り上げてきた読み能力の障害についても，ただ読めていたものが読めなくなったというマイナス面(陰性症状と呼ぶ)だけに注目するのでなく，そのマイナスをカバーしようとして，どのような読み方をするようになったかというプラス面(陽性症状と呼ぶ)に注目することが重要になる。マイナスとプラスの両面を過不足なく把握することができてはじめて心全体の働きとしての読みの過程を理解することができる。

　もし読み能力の低下が，「読み」というある1つの独立した認知機能の障害を表しているのであれば，どのような症候群に見られる「読み」障害であっても，その分析・解釈は「読み」という普遍的機能のメカニズムの解明に直結するであろう。しかし，もし「読み」という能力が，「読み」という独立した機能によって実現されているのではなく，大脳が有するさまざまな認知能力の協働によって実現されているのだとしたら，さまざまな症候群に見られる読みの障害はすべてその障害の質が異なっていることになるであろう。もしそうであれば，異なる症候群が表す読みの障害の分析・解釈から，共通の読みの過程を推定するのは相当に困難な知的作業になるであろう。同じ障害構造を持つ症例だけを相手にするのであれば，話はもう少し楽である。筆者が本章の読みの障害構造の分析・解釈に際して，失読失書例だけを取り上げ

てきたのは，こうした理由による。

　この立場からいうと，純粋失読と失読失書は比較できそうで，比較できない症候群である。前者では文字が書け，後者では文字が書けない。この症候の組み立ての違いは失読の発症メカニズムに関係するはずだからである。

　たとえばDejerineが提唱した，失読失書の障害の中核は文字心像の破壊にあるという仮説は，失書という合併症状の存在から推論されたものであることはすでに述べたとおりである。

　面白いことに，この失書という合併症状は，文字心像は壊れていないというDejerineとはまったく逆の仮説の根拠にも使えるのである。実際，筆者はそう考えている。Dejerine例では，文字が自発的に書けないだけでなく，文字の模写能力も障害されていた。その障害の有り様はすでに引用したように「筆や鉛筆の持ち方が不器用で，文字を書くことを習い覚えたばかりの幼児のようなかたちで筆を持つ。自発書字でも書き取りでも，また模写であっても，いつも自分の名前Séjalonとしか書かない」というもので，さらに転科27日目の記録には，「筆の持ち方は改善されたが，依然自発書字も書き取りもまったく不能であり，模写もできず，形をなさない線をやたらに書きなぐるだけである」としている。

　このように記載されている文字模写能力の異常は，文字心像がなくなっているからだとも言えるが，そうではなくてむしろ，文字実現の運動水準に障害があったことを強く示唆している。実際，角回近傍の頭頂葉障害では運動要因による書字障害が生じることがあり，**失行性失書**と呼ばれる。この場合，文字の形態そのものをスムーズに作り出すことができなくなる。当然模写でも自発書字でも同じような障害になる。Dejerine例は筆の持ち方にも異常が観察されており，これも運動水準での障害を示唆している。

　しかし，筆者の経験した失読失書ではこの点は決定的に異なっている。自発的に書くことに強い障害があることはDejerine例と変わらないのだが，文字模写能力はDejerine例と違って，すべての症例でよく保たれていた(症例1, 2, 3)。それも模写の仕方に特徴があって，手本をちらと見ただけで，自分の書体で書き下す。われわれが文字テキストをノートなどに写す時もそうだが，手本の形を写すのではなく，手本が代表している言語情報を写し取るという態度である。形態を写すのでなく，記号を写すのである。もちろんペンや鉛筆の持ち方にはなんの異常もない。

文字模写能力が保たれているだけでなく，その模写のやり方が図形模写でなく，刺激文字に対応した自分の文字の書き出しであるということは，「失書を伴う失読」では文字がちゃんと知覚されているだけでなく，対応する文字心像を正しく喚起できていることを意味している。一方，「失書を伴わない失読症」の場合，文字のコピーは成功するにしても，失敗するにしても，文字を模写するのではなく，図形を写すように部分部分を積み上げつつ写してゆくのが特徴である（Dejerine, 1892; Yamadori, 1980）。したがって，「失書を伴わない失読症」では，文字はそもそも言語記号として認知されていない可能性が高い。だとすれば，純粋失読における読み障害の問題は，言語記号としての認知にはなんら問題のない失読失書の読み障害の問題とは扱う問題の性質が大きく異なることになる。合併症状の性質（この場合は失書の性質）は読みの障害過程の性質の推定に重要な手がかりを提供してくれるのである。

▍失読失書症における読みの神経心理症状をどう読み解くか

ここまで例に挙げてきた筆者の自験例のうち第1例は米国人で，アルファベット表記単語の音読と意味読能力の解離を示し（前者が障害，後者は保存），第2例は日本人で仮名の読み能力と漢字の読み能力の解離を示し（前者が障害，後者は保存），第3例も日本人で，仮名と漢字の読み能力の解離（前者が障害，後者は保存）に加えて，仮名非単語と仮名単語の読み能力の解離（前者が障害，後者は保存）を示した。同じような障害と保存のパターンはすでにDejerine例にも存在し，アルファベット文字の読み能力が障害され，数字の読み能力は保存されている。数字は漢字に類似して文字が強い意味価を持っていることに留意してほしい。それぞれの症例の具体的な読み障害はかなり異なるように見えるが，それは見かけであって，障害パターンの基本的性質は同じである。

つまり，失読失書症においては，文字への音価の貼り付け過程（音読）と意味価の貼り付け過程（意味読）の間に常に解離が存在し，音読はできなくなっても意味読はある程度残されるということである。この事実は失読失書症では意味のシステムは保存されており，文字はこの保存された意味システムを駆動できることを示唆している。失読失書症では失語の合併はほとんどなく，あっても軽微である。口頭言語活動に必要な音韻システムの働きにはさしたる問題はないのである。視覚能力についても，形態としての文字認知に問題

がない。そのことは文字の模写能力に関連してすでに言及したが，本人の自覚としても，失読失書症候群ではどの患者も文字はちゃんと見えていると主張する。形は見えているけれども，どう読んだらよいか分からないと訴える。視覚系そのものにも問題はないと考えてよい。文字列認知に限って選択的な障害が生じているのである。

　これらの事実をどう解釈すれば，障害の本態に近づけるだろうか？

　筆者は図5に示したような仮説を立てている（Yamadori 2000 に発表した模式を改変）。まず3種の平行する認知系を考える。**文字列認知系**(左端)，**意味認知系**(中央)，そして**音韻認知系**(右端)である。この3つの認知系は常に平行して同時に賦活されると考える。つまり3系を通じて，常に同じ水準の活動が同時に生起する。左右の三角形は処理の深さと精度を表している。上ほど幅が広いのは処理があいまいであることを表し，下ほど先端が尖っているのは処理の精緻化を表している。原則として，認知活動(あるいは処理)の最初期(上端)ほど認知焦点があいまいで，処理が進行するほど(下になるほど)認知焦点が絞られてゆくという意味を込めている。文字列(有意味単語)を目の前にしたとき，まず，文字列の全体が把握される(図の左，文字系の上

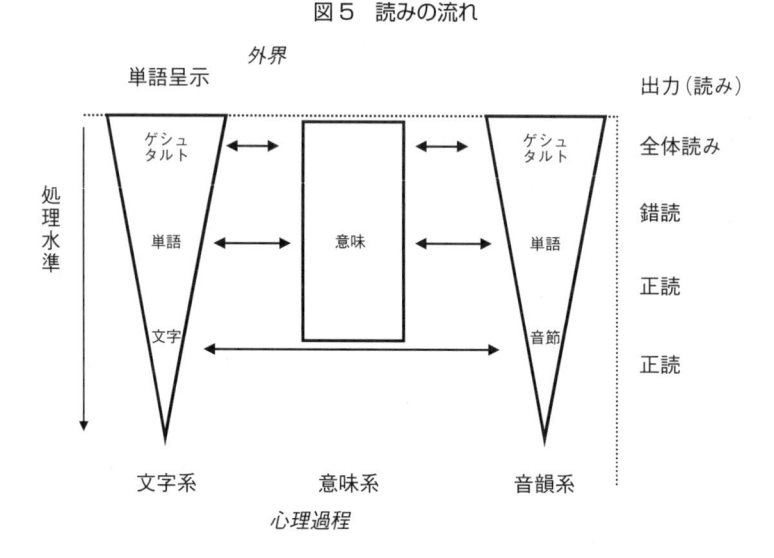

図5　読みの流れ

破線で囲った部分が脳内心理過程を表す。

段。ゲシュタルト知覚，あるいは相貌知覚の段階）。ついで文字列の全体の構造がその構成成分の集合として把握される（単語知覚の段階）。この段階まででも読みは十分可能だが（斜め読みなどと言われる読み方），通常はさらに過程が深まり，構成成分の1つ1つが正確に認知される（個々の文字認知の段階）。ゲシュタルト段階の読みは同時に喚起される意味システムによって補強される（図の中央，意味理解の初期段階）。同時に意味システムは口頭言語システム（図の右。音韻系）の初期段階を賦活し，文字列ゲシュタルト理解に対応する言語活動を生成する。もしこの段階で文字列認知が停滞すると，認知は全体的なものにとどまるため，対応する意味理解も全体的となり，同時に喚起される言語活動もあいまいなものになる。「岡山」を見て「神戸でなし…大阪でなし…」と言ったり（山鳥，1979），cat が hat と違うことは分かるが，cat とは読めなかったりする（症例1）。文字系列認知がもう少し深まると（図の中段。単語段階），文字系列の全体があいまいな相貌としてではなく，既知の単語として認知される。同時にその水準に対応する意味が喚起される。しかし，単語構成成分の把握はなお精緻さを欠くため，この段階で文字系の処理が停滞してしまうと，意味の喚起はなお確実なものではないため，対応して喚起される音韻形は，正しいものであったり，間違ったものであったりと，不安定な反応になる。間違った場合は意味性の錯読になる。「果物」を「ヤサイ」と読んだりする（山鳥，1979）のは，読みがこの水準で停滞していることの表れであろう。もっと文字列認知が深まると，構成成分もすべて正確に捉えられるようになるため，意味読も音読も正確になる。ただ，意味価を持たない文字系列を読まなければならない事態が起こると，意味システムの賦活なしに，音韻システムだけを賦活することになるため，音価だけを頼りに1字ずつ読み進むことになる（図の下段。音節との対応段階）。この段階で停滞が生じると，文字と音価の対応が不安定となり，無意味な文字列だけが読めなくなり，「てけなれ」を「てねせな」などと読んでしまう（症例3）。

　要するに，読みは全体的な読みから始まって分析的な読みへと常に深められてゆく。どのような文字列に対しても常時この流れで認知は進行する。この深化の過程は文字列認知システムだけに生じるのではなく，平行する意味システムと音韻システムでも，同じように全体から細部へ認知過程が進行する。3つのシステムが同時に並行して認知を深めてゆくのである。つまり，初期の視覚性認知段階で実現される全体的な対象把握はそのまま，その水準に

対応する意味システムを駆動し，文字列の全体把握に対応した全体的な意味が喚起される。さらに同じ水準の言語システムが駆動され，おおまかな意味把握に対応する言語反応が駆動される。決して，文字列のぼんやりしたゲシュタルト把握がいったん正確な文字列把握の段階に達し，そのあとで意味に変換されたり，音韻に変換されたりするわけではない。どの系も同じ水準が同時に駆動される。そして認知系全体として，あいまいなものから正確なものへ，ぼんやりしたものから焦点の絞り込まれたものへ認知を深化させてゆくのである。脳損傷はこのような力動的な系を不安定化させ，さまざまな症状や症状の揺れを生み出すことになる。しかし，そのような症状や症状の揺れは，正常な心理過程と異質なものではない。正常の過程がいっそう誇張された形で表現されているのである。

　最後になったが，このような筆者の考えは Brown という学者が主張する認知の「**微小発生説**」(microgenesis)と呼ばれる学説に触発されたところが多い。何をどう引用したということではない。ここに述べたのはすべて筆者の考えで，Brown には何の責任もないが，ものの見方という点で彼に負うところが大きい。彼は長年にわたってこの考えを臨床神経心理学に取り入れようと努力してきた人である。彼はまた，わずかな期間ではあったが，筆者留学時代の先輩でもある。多数の著書があるが，中でも *Self and Process* (Brown, 1991) が参考になる。この考えをもっと勉強したいという方には Hanlon 編著 (1999) の *Cognitive Microgenesis* をお勧めする。

● 読書案内

山鳥重．1985.『脳からみた心』NHKブックス．
　　臨床神経心理学の立場から心の仕組みに取り組んだ入門書。著者が実際に観察した症状（神経心理症状）を例示し，その症状を手がかりに心理構造の深層に切り込んでいる。

岩田誠．1996.『脳とことば』共立出版．
　　脳損傷によることばの障害（失語症）をテーマに脳とこころ（本書の場合はことば）の関係を探っている。臨床神経心理学の歴史的な流れも分かりやすくまとめられている。

山鳥重・河村満．2000.『神経心理学の挑戦』医学書院．
　　臨床神経心理学の広範な問題を対談形式で扱っている。知・情・意にわ

たる心理学の諸問題を脳との関連で見渡した読みやすい書物.
なお,筆者らは医学書院から,神経心理学分野の学問的進歩を神経心理学コレクションというユニークな形式で刊行中。本書はこのシリーズ第一冊。

引用文献

Albert, M., Yamadori, A., Gardner, H., & Howes, D. 1973. Comprehension in alexia. *Brain,* 96, 317–328.

Brown, J. W. 1991. *Self and process: Brain states and conscious present.* Springer-Verlag.

Dejerine, J. 1891. Sur un cas de cécité verbale avec agraphie. *C. R. Soc. Biol.,* 3, 197–201.(岩田誠訳「失書を伴う語盲症とその剖検所見について」『神経心理学の源流 失語編(上)』創造出版, 1992, 213–229)

Dejerine, J. 1892. Contribution á l'étude anatomopathologique et clinique des différentes varieties de cécité verbale. *C. R. Soc. Biol.,* 4, 61–90.(鳥居方策訳「異なる2種類の語盲に関する解剖病理学的ならびに臨床的研究への寄与」『神経心理学の源流 失語編(上)』創造出版, 1992, 331–376)

Hanlon, R. E. (Ed.) 1991. *Cognitive microgenesis: A neuropsychological perspective.* Springer-Verlag.

Marshall, J. C., & Newcomb, F. 1973. Patterns of paralexia: A psycholinguistic approach. *Journal of Psycholinguistic Research,* 2, 175–199.

松田実・鈴木則夫・小林由美子・水田秀子. 1993.「Phonological alexia—仮名無意味綴り音読障害の機序」『神経心理学』9, 172–180.

岡田和江・安藤志穂里・鈴木匡子・遠藤佳子・山鳥重. 2002.「親密度の高い仮名単語の読みが良好な deep dyslexia の一例」『臨床神経心理』13, 11–16.

Yamadori, A. 1975. Ideograph reading in alexia. *Brain,* 98, 231–238.

山鳥重, 1979.「失読失書症」『神経内科』10, 428–436.

Yamadori, A. 1980. Right unilateral dyscopia of letters in alexia without agraphia. *Neurology,* 30, 991–994.

山鳥重. 1982.「失読失書と角回病変」『失語症研究』2, 236–242.

Yamadori, A. 1998. Aphasia in ideograph readers: The case of Japanese. In P. Coppens, Y. Lebrun, & A. Basso (Eds.), *Aphasia in atypical populations,* 143–174. Lawrence Erlbaum.

Yamadori, A. 2000. Neuropsychological model of reading based on Japanese experiences. *Psychologia,* 43, 1–14.

第16章

神経生理学

入來篤史

I. 「身体性」にもとづく「知性」の神経科学

　ニホンザルを訓練すると，さまざまな様式の**「身体イメージ」**を生成して操作する能力が獲得されて，道具やモニターなどの装置を自在に使いこなすことができるようになる。まずこのような種々の「身体イメージ」が相互にどのように位置づけられるのかを整理することからはじめることにする。

■ 1．内部表象の発達と進化

　図1左側に示すのは，ヒトが誕生から成長するにつれて，脳内に形成される世界の内部表象の性質がどのように変化するかを心理学的に考察したブルーナーら（1977）の考えを説明する模式図である。

　ヒトは，生まれた瞬間から外界のさまざまな刺激にさらされ，環境に適応した自己の生存のための営みを始める。このときヒトは，身体に備わったさまざまな感覚器を通じて事物の情報を収集して，その意味を認識する。すなわち，自己の心の内に形づくられた，外界の森羅万象の事象の脳内表象，つまり「脳はいかにして世界を表現しているか」という「世界観」の獲得である。この内部表象は，それがどのような身体や脳の活動を通して獲得されるかによって，成長とともに「**動作的**（enactive）」→「**映像的**（ikonic）」→「**象徴的**（symbolic）」なものへと性質が変化してゆく。

　生まれたばかりのヒトの赤ん坊は，自分の顔面・四肢が行う動作や物品操作などの行為の様式を通して得られる，触覚や固有感覚などの主に体性感覚情報の時空間的構造をもとに世界の様式を把握する。この表象は「動作的」で，意識に上らない**「身体図式」**（Head & Homes, 1911）の一様式として脳

図1 ヒトの認知能力の成長(左)と霊長類の認知能力の進化(右)を比較した模式図

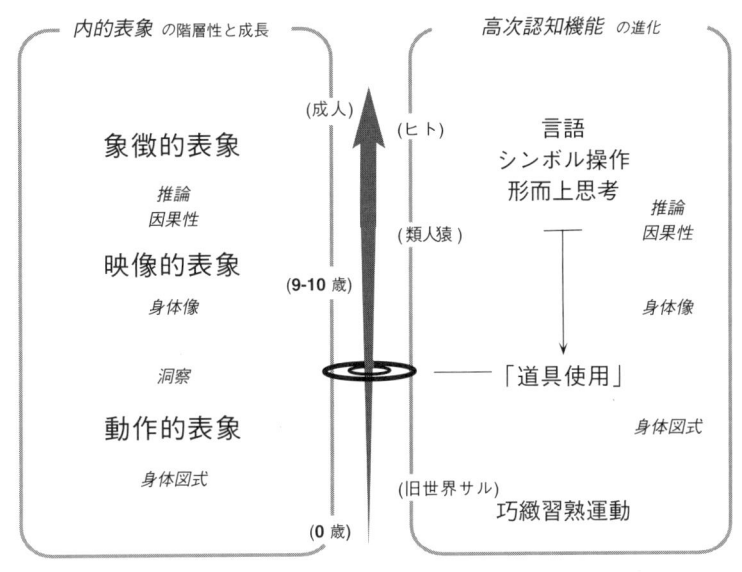

内的表象 の階層性と成長

象徴的表象
　推論
　因果性

映像的表象
　身体像

　洞察

動作的表象
　身体図式

(成人)
(ヒト)
(類人猿)
(9-10歳)
(旧世界サル)
(0歳)

高次認知機能 の進化

言語
シンボル操作
形而上思考
　推論
　因果性

　身体像

「道具使用」
　身体図式

巧緻習熟運動

中央の矢印は成長および進化の方向を示す。

内に格納されるものと考えられる。

　ヒトの子供が9-10歳位に成長する過程で，視覚情報処理能力が発達して，視覚的な世界像および身体像を扱うことができるようになり，これを意識的に構成することが可能になる。この「映像的」表象の獲得過程で，子供は事物の空間内での**心的回転**（Mental Rotation）が可能になり，さらにこの能力を発展させることによって，世界構造を意識的に再構成する能力が芽生えるものと考えられる。これはさらにより記号化されたものへと発展する可能性を持つものであったのであろう。

　ヒトがさらに成熟するにつれて因果性を知覚し，推論することができるようになる。すると，内部表象は次第に外界や身体の持つ物理的拘束条件から解放されて，恣意的に創造・再構造化することができる「象徴的」なものに変化してゆく。ヒトの持つ高度な「知性」はこの象徴的表象を獲得し操作する能力によるものであると考えられる。

　図1右側には，異なる進化レベルの霊長類であるヒト・類人猿・旧世界サ

ルの認知能力を，左側のヒトの認知能力の発達段階に対応させて示す。これまでの伝統的解釈にもとづけば，**シンボル(象徴)操作**による言語や形而上学的思考はヒトでのみ実現されると考えられており，道具使用や推論にもとづく思考はチンパンジーなどの類人猿以上の霊長類でのみ見られ，ニホンザルなどの旧世界サルでは巧緻性を要求される習熟運動は可能であるものの道具使用行為などはごく稀にしか見られないと信じられてきた。しかしわれわれは，第II部で説明するように，うまく訓練すればニホンザルでも比較的容易に熊手状の道具を使うことができるようになることを示した。これを手がかりにシンボル操作の脳内機構を科学的に解明する突破口が開けるのではないかと期待されている。

2. 「心の内を計測する」とはどういうことか？

これまでに述べてきたような内部表像が，互いにどのような位置づけにあるのかを，別の角度からもう一度振り返ってみることにする。その枠組みを概念的に示すのが図2である。

中央には，哲学者エルンスト・カッシーラー（1997）が提案した，生物を

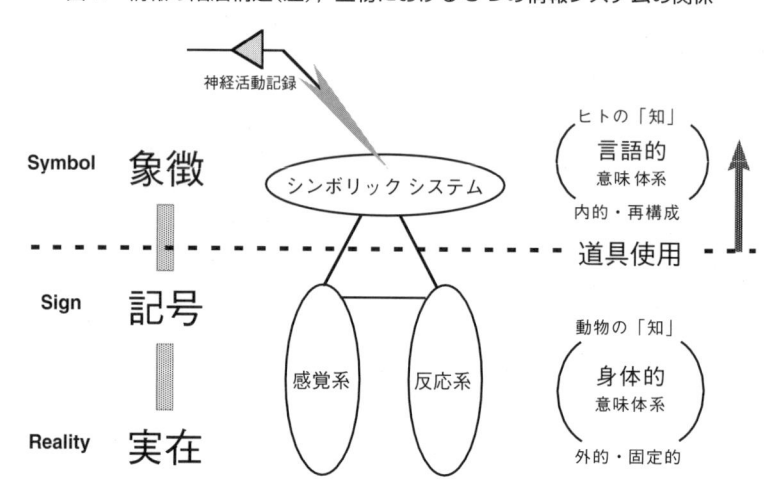

図2　情報の階層構造(左)，生物における3つの情報システムの関係

ヒトと動物における「知」的意味体系と「道具使用行為」の占める位置(右)の相関図。

人間と動物とを対立軸とする二分法で分類する立場に立ったときの情報システムの構造を図解する。それによれば，ヒト以下の動物（中央部破線より下方）の情報システムでは，感覚系と反応系（運動系）の生得的に固定した関係によって，環境に適応して最適な生命維持活動を営んでいる。これに対し，ヒトの情報システム（破線より上方）には，これら2つの系の上に外界の物理的拘束条件から解放された**シンボリック・システム**があり，これによって自由意志にもとづいた世界の恣意的な再構成が可能であるとする。しかし，これをわれわれ神経生理学者の視点に立って脳構造から考察すると，感覚系は感覚皮質に，反応系は運動皮質に，シンボリック・システムは連合皮質に相当するではないか。動物にも（少なくともニホンザルには）ヒト脳に対応するような立派な連合皮質があるのであるから，シンボリック・システムがまったくないとする理由は見あたらない。では，なぜこれまでこのシステムについての研究がなされてこなかったのだろうか？

　左には，これらのシステムが扱う，世界における情報の階層構造を示す。現実世界における物理的パラメータやエネルギーとしての実在情報は，それを指し示す神経インパルスなどの記号列に変換することは比較的容易に達成され，動物の情報システムもこれを日常的に扱うことができる。それに対して，物理的拘束条件から自由に，恣意的にシンボル（象徴）化した情報は，それを扱うシステムを独自に発達させたヒトによってのみ扱うことができるとする。ここで，記号までを扱う感覚系と反応系までは，そこに電極を刺入して神経活動を記録したときに，その活動様式に対応する外界の物理的パラメータを直接計測することができるので，両者を対応づけて解釈することが可能であった。しかし，シンボルシステムは外界と対応づけられない内的な「心の内」の活動であるので，動物でその神経活動を計測しても，その意味を解釈することは不可能であった。しかし，実験系を工夫して設計し，動物を訓練して発現する道具使用という行為を手掛かりとして，その脳機能をヒトのそれに実験的に近づければ，この従来不可能と考えられていた領域に切り込むことができるのではないだろうか。

　前述の非常に概念的な構造を，動物とヒトの持つ知的意味体系にあてはめてみたのが図2の右側である。動物の「知」・身体的意味体系とは，与えられた環境とそれにうまく適応した自己との相互作用によって生存に寄与しようとするもので，自己の体の特性と外的環境の特性によって固定的に決まっ

ており，自己の身体的行為を通して獲得される。それは，ある意味では，潜在的で顕在化しない原初的な「知」であると見なされる。一方，ヒトの「知」・言語的意味体系とは，恣意的にシンボル化された言語にもとづくものであるため，環境や自己の物理的特性に束縛されることなく，意図によって自由に変更・再構成することができる。ヒトはこのような自在な意味体系を持つことによって知識が一段高いレベルに昇華したのではないかと考えられる。

このとき，はたしてカッシーラーの言うように，動物の固定的な身体的意味体系と，ヒトの再構成可能で柔軟な言語的意味体系のあいだには，不連続な溝があるのだろうか？ われわれは，もちろんこれらは連続的であるとの立場をとっている。もう少しつきつめると，それは，いくつかの段階を経て，相互転換的な二重構造になっていると考える。すなわち，動物の「知」は，身体的意味体系を基本にして，世界を分節化・構造化するものでありながら，決して完全に固定的なものではなく，訓練次第ではさらに高度な表象を獲得することも可能ではあった。このとき，身体図式の操作や意図的変更を伴うような洞察的ゲシュタルト転換能力が芽ばえ，それと並行して，言語的意味体系と基本的に同じ論理構造・原理を持った意味体系が発達してきて，意図による洞察的再構成が可能な，相互転換的二重構造を持ち，ヒトの「知」を獲得するに至ったとする考え方である。人類進化の過程で，このような転換を引き起こすきっかけとなったのが，「道具使用行為」あったのではなかろうか？

II.「心の内」を「計測」する

われわれが道具を使う時の内観を省みてみよう。例えば，棒を手に持って遠くのものを取ろうとするとき，その棒が手の延長になったような，あるいは棒が手に同化して手の一部になったような"感じ"を持たないだろうか。このような，「心の内」に抱く「身体イメージ」は，脳のどこに，どのような形で宿っているのかを知りたい…，そもそも「心の内」は客観的な科学研究の対象になりうるのだろうか…，そのような知的好奇心に導かれて行った研究について紹介しようと思う。

第16章 神経生理学　241

■ 1. サルに自ら気づいて道具を使わせる

「心」は，われわれの脳神経の活動によって立ち現れるものであることは，誰もが疑いなく認めるだろう。したがって，そのメカニズムを知るためには，「心」の有り様と具体的な神経活動との関係を，明示的に描き出す必要がある。このためには，2つの相矛盾する要求を同時に満たさねばならない。つまり，1) 脳神経の活動を正確に記述するためには，脳内に電極を刺入して個々の神経細胞の活動を記録(計測)する必要があるが，これはヒトで実験することができない。また，2) 他人(他個体)の「心」の有り様を知るためには，それをことばで表現し伝え聞かなければ知ることができないが，これは動物では不可能である。はて，どうしたものか？　この命題を解決しようと考案した実験パラダイムが，「ニホンザルの道具使用の神経生理学」である。ここでは，具体的な実験的思索の足跡をたどることにしよう。

野生のニホンザルが自発的に道具を使うことはきわめて稀である。しかし，2週間程度うまく訓練すれば，熊手状の道具を使いこなしてエサを取る行動ができるようになる。サルは何をしたのか？　まず，道具の用途やそれを使う目的を，はっきりと理解していることを確認する。このためには，はじめから道具を握らせるのではなく，手の届かないところにエサを置き，手の届くところに道具(熊手)を置いた。すると，サルはまず道具を手にとって，そしてそれを用いてエサを取るようになる。これは，すでに手に道具が与えられている状況でエサを取る行為をただ観察しただけからはさらに一歩ふみこんで，サルに目的の達成のために道具を手にする，という行為をはっきりと理解させるための効果があると言える。さらに，エサのみを遠くに与えて，道具は与えずにおく。すると，サルはテーブルを手でたたいて道具を要求するようになる。これにより，サルがより一層，エサを取る手段としての道具の用途を理解していることが確実となる。

■ 2. 「熊手は前腕の延長になったという内観」の観測

頭頂葉後方下部領域近傍は，体性感覚，視覚，聴覚などの複数感覚が統合される脳領域である。この領域では，中心後回を後方に向かって逐次階層的に処理の進んできた体性感覚情報と，視覚背側経路を前方に向かって処理されてきた空間視情報とが統合される(図3A，口絵参照)。ニホンザルのこの部位には，触覚などの体性感覚受容野を持つと同時に，その体性感覚受容野を

取り囲む空間に視覚受容野 (B〜D) を持ち，両感覚種の入力情報を統合する Bimodal ニューロンが存在する。これらのニューロンの活動特性に対する1つの解釈として，「空間内における自己の身体(この場合は「手」)のイメージをコードする」ということができよう。素手のときには触覚受容野 (F) を取り囲む，手/前腕の周囲の空間に限局されていた視覚受容野 (G) が，道具を使用した直後には道具に沿って延長した (H)。これは，道具が手のイメージに同化した内観を反映していると解釈される。ところが，道具を『使用する』のではなく，単なる物体として手に持っただけの状態のときは，視覚受容野は手元の空間に限局していた (I)。つまり，この場合は道具は手の一部とは見なされていないことを意味する。これらのニューロン活動特性は，道具使用時に身体イメージが変化して道具が手に同化するという主観的な心理学的経験に対応する神経生理学的現象を，客観的に計測したものと解釈される。これらの Bimodal ニューロンがコードする身体イメージは，サルが習得した行動の変化に対応しており，この表象は空間内における行為の生成の無意識的過程に関与する「身体図式」にも対応する「動作的」な表象であると考えられる (Iriki et al., 1966)。

しかし，上記の実験方法には決定的な弱点がある。それは，身体イメージをコードする視覚受容野を計測するためには，手や道具を含む周囲の空間全体を走査する必要があり，そのためには最低2〜3分の時間を要するということである。しかし，これでは実際に道具を使用している最中の身体イメージの操作の様式，そして何よりも，道具使用中に身体イメージをコントロールするためにこの脳領域を本当に使用しているのか，という問題に答えることは方法論として不可能であったのだ。この問題を解決するために，放射線標識をした「水」の動態を指標として，脳内血流の変化を**ポジトロンCT (PET)**を使って計測して，脳活動パタンを検出することにした。道具を使ってエサをとっているときの脳活動から，道具と同様の棒を弄びながらエサを取る時の脳活動を差し引くと，図 3E (口絵参照)に示す活動パタンが得られる。道具使用中の身体イメージ操作に関与する脳活動である。いくつかの高次運動関連領域と視覚関連領域に加えて，上記の頭頂間溝部皮質の活動がはっきりと現れているのが分かるだろう (Obayashi et al., 2001)。

3. サルはモニター映像に自己投影しているか？

　サルも訓練すれば道具を使えるようになり，そのときわれわれヒトと同様に「心の内」の身体イメージを操作しているらしいこと，そしてそれは頭頂葉ニューロンの活動として「計測」できることが分かってきた．1つの区切りがつくと，さらにその先をめざさねばいられなくなるのが研究である．次のステップは「映像的」な身体像を表現する神経活動を探すことである．例えば，テレビゲームやバーチャルリアリティ装置を使用しているときの内観を省みてみよう．モニターの中のキャラクターや映像が自分の体の一部や延長になったような，さらにはそこに自己を投影しているような，感じがすることがないだろうか？　モニターの中に心的な「身体イメージ」を感じているならば，前節で説明した頭頂葉のBimodalニューロンは，このモニター上に映し出されている視覚的身体イメージに対しても反応するだろうか？

　もし上記のニューロンが，モニター内に映写されている手の映像に対しても，実際の手と同様の反応を示すとすれば，それは少なくともこのニューロン活動のレベルでは，実際の手とモニター内の手とその見かけを区別していないということになる．一方，もしモニター内の手を単なる「運動のための手掛かり」としてしか見なしていないのであれば，このニューロンは反応しないか，別の反応パタンを示すだろう．「自分の体を直視したときに得られる視覚像ははたして自分の身体の実体そのものであるか？」という命題は，確かに議論は難しい．しかし，ここで仮定しているニューロン活動が観測できれば，サルは少なくとも「モニター内の自分の手の映像を実際の手を直視したときと同程度に扱う神経活動を脳内に宿している」ということは結論できる．

　とにかくまず実際に実験をしてみる．実験のセットアップ(図4H)を簡単に説明すると: 1) サルはモンキーチェアに座り，腰の高さのテーブルの上でエサをとったり，道具を使ったりといった行動をする．2) サルの目の下，丁度鼻の高さに大きな不透明なプレートを固定する．そうすると，サルは手元やテーブルの上を直接見ることができなくなる．しかし，口はプレートの下にあるので，サルは自由に手でエサを口に運んで食べることができる．3) 次に，プレートのちょうどサルの鼻先の位置に小さな穴をあけ，サルがテーブル上の景色を見るときの視線の向きに沿うように，小さなテレビカメラを装着する．また，プレートの鼻の周囲の小さな部分に窓をつけておいて，これを開ければサルは直接テーブル上を直視できるようにもしておいた．4) サルの眼

図4 ビデオモニター内の自己映像的イメージの符号化。

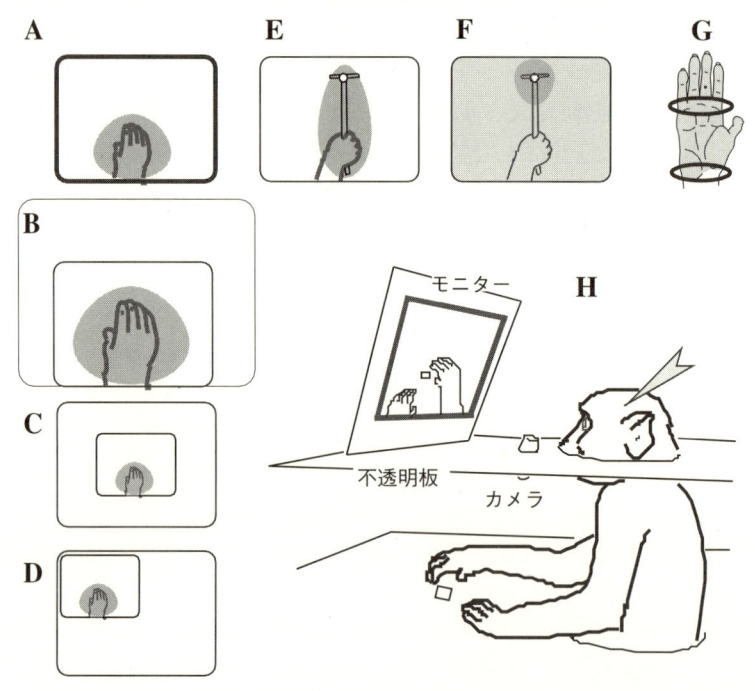

ビデオモニターに映る手の周囲に形成された視覚受容野（A；陰影部，以下同様）は，画面の拡大（B）や縮小・移動（C・D）によって，映像効果で変化させた映像の通りに変化した。さらに，道具を持つと手から道具周囲を含む映像領域に延長し（E），映像効果により手を消去し道具先端のみ映写（○）すると視覚受容野がその点を中心とした領域に移動した（F）。A〜Fの輪郭は，ビデオ画面の枠を示す。G：体性感覚受容野。H：実験のセットアップを示す模式図。(Iriki et al., 2001 より改変)

　前に，液晶テレビを設置して，上記の小型カメラで撮影した映像をリアルタイムで映写する。
　結果は図4のとおりであった。このニューロンの体性感覚受容野は，掌全体の皮膚と指の付け根および手首の関節の屈曲である（G）。まず，小型カメラの手前の窓を開けて，モニター上の映像をオフにしておき，実際の手の回りの空間をプローブでスキャンすると，このニューロンの視覚受容野は手の回りの空間にあることが確認された。次はいよいよ窓を閉じてモニターに手

を写してみる。そして同様に空間をプローブでスキャンする。眼前のモニターには，自分の手と手の回りをスキャンするプローブが写し出され，プローブが手に近づいたとき，それを直視していたときと同様にこのニューロンは活動した。やはり，手をモニターを通して見ているだけでも，手の回りに受容野が形成されたのだ。手を直視しても，モニターを通して見ても，このニューロンは両者を同様なものと見なした。さらに，映像効果技術を使って，プローブをモニターの中だけに合成して画面を走査する。そうすると，モニター内の手の回りに受容野が形成された (A)。この場合の受容野は，それをモニターを通して見ているのではなく，まさにモニター内に出現した，言い換えると手のイメージがモニター内に投影したことと対応していると言えるのではないか。また，モニター内に形成された視覚受容野は，映像の拡大/縮小や位置の移動に従って変化した (B〜D)。このとき，実際の手が拡大/縮小/移動するわけではない(したがって体性感覚情報は不変)ので，この視覚応答の変化は，身体表象の「映像的」側面をコードして，その様式の変化のみに対応して意識的に変化させられているものであると解釈される (Iriki *et al.*, 2001)。

▎ 4. コンピュータ・カーソルに指先を感じる

　サルもモニターが使えることが分かると，さらに先を目指したくなる。われわれがコンピュータのモニターを使うとき，マウスで動かすカーソルの矢印や指先のアイコンに，自分の「指先」を感じることはないだろうか。自分がマウスを動かす思いのままに，画面上を動き回り，ときにはそれで画面の中の「ボタン」を押し，それによって音が出たり画面が変化したり，というようにさまざまな効果を引き起こす。われわれヒトはそんなカーソルが，自分の指先になったような，指がカーソルとなって画面内に転移したような内観を持っている。

　そこでまず，モニターを見ながら道具を使ってエサを取ることをさせ，映像効果技術を使って，熊手の先端の白い丸いスポットだけを残して，映像の他の部分を消去してしまう。すると，道具の先端はあたかもカーソルのように見え，動く。サルは，カーソル(のような記号的なもの)をモニターの中で使いこなすことができたのである。さっそく，頭頂葉の例のニューロンの活動を記録することにした。モニターの中で素手の手の周囲に受容野が存在す

ることを観測した後(図4A),道具を持ってエサ取り行動をしばらくした後に再び視覚受容野を計測すると,道具に沿って受容野は引き延ばされた(E)。道具の先端のスポット以外を消去してこの「カーソル」を頼りにエサとりを行う。そして,先程と同様に手と道具の周囲の空間をスキャンする。道具の先端のカーソル部分の空間での僅かな反応を残して視覚受容野が小さく,弱くなっていた。次に,今度は道具の先端のスポットを中心に空間をスキャンしてみる。すると,明確で力強い反応を伴う視覚受容野を記録することができた(F)。(Iriki et al., 2001)

　ここまでの「事実」に,このニューロン活動がコードするものについてのこれまでの「解釈」を当てはめて説明すると,以下のようになるだろう。サルの持っている「自分の手」という概念に相当するものは,モニターの中の「手の映像」に投射され,それはモニターの中でも「手にした道具」を含むように延長され,さらにそれは「道具の先端」というより機能的に抽出された「記号的な映像」に『転移』した。このように,実体としての自分の手という「身体像」は次々とより**抽象化**されてゆき,頭頂葉のニューロンはそれらを総て共通にコードしていたわけである。逆にこのニューロンの活動だけから判断すれば,それがコードするさまざまなレベルの身体像の間を区別することはできない,ということになるのではないだろうか? この実験結果ではじめて,視覚受容野は手の実像から遊離した。手のイメージは,その実像が見えなくなると,その機能に貼り付けられたラベルである別の記号に置き換えられたのである。

■ 5. 見えない手のイメージを創る

　次に,身体表象の発達の延長として,見えない身体のイメージを形成し操作する神経機構の可能性について考えてみた。われわれは暗闇の中で自己の手や身体が見えなくても,心の中の身体イメージをたよりにかなり正確な行為ができる。サルもこのような見えない身体イメージをたよりに行動することができそうである。具体的な実験手技に落とし込んでゆくために,テーブルの下を手探りするパラダイムを考えた。サルがエサを取るテーブルを2段構えにして,2枚のテーブル板の間の空間でエサを取るようにしたのだ。そして,手が見えたり見えなかったりする条件を瞬時に切り替えるための仕掛けとしては,液晶シャッターを用いることにした(図5 A, B)。液晶シャッター

とは，平板な板ガラスの間に液晶板を挟んだもので，両端から電圧をかけると，10～100ミリ秒で，実感としてはほぼ瞬間的に，透明になったり不透明になったりするので，この上の空間をプローブでスキャンすれば，その下の手をサルに見せたり（A），隠したり（B）を自在に切り替えることができる。

図5C～Fにその実験結果を示す。今回は道具を使った実験ではないが，この実験に参加したサルはみな，道具使用の訓練を受けたエキスパートたちであった。まず上のテーブルを透明にした状態でエサ取り行動を行う。ついで，下のテーブルの中央に手を静かに置いた状態で，空間を透明板の上からスキャンし，視覚受容野が手の触覚受容野（C）周囲の空間に存在することを観測した（D）。次に，液晶シャッターのスイッチをオンにして，上のテーブルを不透明にして，再び上の今は不透明になった板の上から再び同じようにスキャンする。すると，直視下では手の周囲に存在したこのニューロンの視覚受容野は，依然として隠された前腕の真上に相当する板上の空間に残存していた（E）。つまり，手が見えないのにもかかわらず（プローブは見えている

図5　見えない手のイメージの符号化

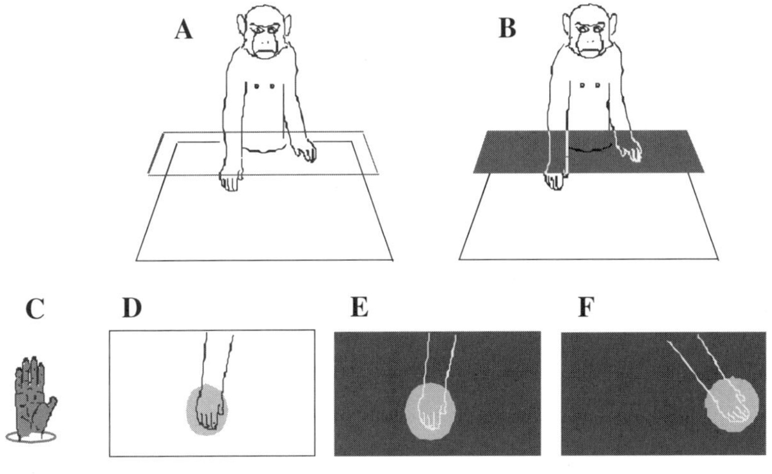

　直視下（A）で手の周囲に存在した視覚受容野（D; 陰影部，以下同様）は，前腕を不透明な板で覆うと（B）見えない前腕の真上の板上空間に残存し（E），板の下で前腕が変異すると視覚受容野もそれに伴って板上を移動した（F）。手を覆う位置に置かれた板は，液晶シャッターにより瞬間的に透明（A, D）または不透明（B, E, F）に変化する。C: 体性感覚受容野。（Obayashi et al., 2000）

が），その見えない手のイメージをコードすべく，視覚受容野は残っていたのである．さらに，テーブルの下で手探りするとき，手のイメージが移動をする鮮明なわれわれの内観を，この実験に再現してみる．上記の観測が終了したのち，まだ不透明なままの液晶板の下で前腕の位置を変えてみる．まず，実験者がサルの手をとって，サルにとっては受動的に手の位置を移動させてから，再び液晶板の上をスキャンする．そうすると，視覚受容野も移動した手にともなった，それに伴って板上を移動し，観測時現在手がその下にある位置に形成されていた（F）．このような，見えない手の移動に伴う視覚受容野の移動は，サルが自ら能動的に手をさらに移動させたときにも同様であったこれらの視覚受容野の移動は，おそらくは肘や肩など腕の近位の体性感覚情報を参照しながらアップデートされているのではないかと想像されるが，そのメカニズムがいずれであるにしろ，空間内における前腕の身体イメージを心的に生成した結果を反映するものと解釈される（Obayashi et al., 2000）．

■ 6. 身体イメージにもとづく思考と洞察——2 段階道具使用

「心の内」で，実際には見えない手のイメージをつくり，それを操作することができるとすると，道具を意識的に順次組み合わせて用いる，などということができるのではないだろうか？　これは，単に熊手を手の延長として使うだけではない，もっと高次の心的機能が要求される．そこで，複数の道具を洞察的に組み合わせて使用することを要求するような課題を考えてみた．図 6 A〜E に示すように，長短 2 つの道具の計画的な組み合わせ使用である．遠くにある長い道具を使えばエサを取れるがそれには手が届かず，手の届く位置にある短い道具ではエサを取ることはできないが，長い道具には届くとき，サルがどのような行動をとるかという課題である．

このように道具を配置した後でエサをテーブルの上に置くと（A），驚くことにサルは比較的容易に，まず短い道具を使って（B）長い道具を取り（C），次に長い道具に持ち換えて（D）エサを取る（E）いう 2 段階の道具使用行動を行うことができるようになった．これは，道具の持つ機能を理解し，それを組み合わせることによって生じる結果を推論により予測して，行動を計画しているように見える．これは，単なる身体像の操作の能力の獲得ではなく，いったん獲得したこの能力を応用的に活用する能力ではあるまいか（Hihara et al., 2003）．

第16章 神経生理学　249

図6　長短2種類の道具を計画的に組み合わせて使用することによるエサとり行動

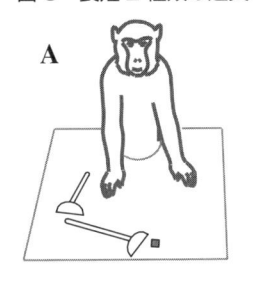

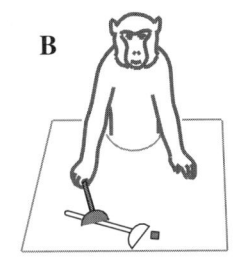

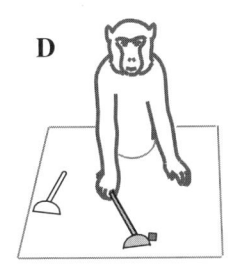

A: 手の届く位置に短い道具(それではエサに届かない)，遠方に長い道具(これには手が届かないがこれを使えばエサに届く)を置く。B, C: サルはまず短い道具で長い道具をかき寄せる。D, E: 次に長い道具に持ち替えて，それを使ってエサを取る。(Hihara *et al.*, 2003; Obayashi *et al.*, 2002 より改変)

　上記の機能の発現にどの脳領域がかかわっているのかは，これまでの神経生理学的実験からは見当をつけることはできない。そこで，上記の道具組み合わせ使用とは若干異なるが，類似の道具複合操作を要求されて PET 装置の中で遂行できるタスクを用いて，そのときに特異的な脳活動領域を調べてみた。複数の道具を使うときの脳活動から1つの道具を使うときの活動を差し引くと，「前頭前皮質と頭頂葉皮質の相互作用」が示唆される脳活動パタンが得られた(図 6F，口絵参照)。つまり，頭頂葉で獲得された，基本的な身体像操作の能力を応用すべく，それを前頭皮質の神経回路がコントロールしているという様が想像される。
　すなわち，サルは身体の延長としての道具の持つ「機能」を記憶し，道具使用行為の「時系列」を理解し，機能の「因果関係」を認識して，これらを「心の内」の過程によって，あらかじめ推論や論理的計画にもとづいて結果を予測して，恣意的に身体像を操作・構造化するという，純粋に内観的な過程

を構成する能力を持つと推定される。これらの機能の基礎となるのは,「身体イメージの操作」から発展したと考えられる,抽象化・記号化されたものの延長に想定される「象徴」やそれにもとづく概念の萌芽に対応するものではないだろうか。サルも訓練すれば,このような能力を脳内に獲得することができることが示されたのである (Obayashi *et al*., 2002)

● 読書案内

ブルナー, J., ほか. (岡本夏木ほか訳) 1977.『認識能力の成長』明治図書.
  ヒトの認知能力の生後発達の様式に関する考察と,それにもとづいた育成方法についての古典的著作。それらの基礎的枠組みについての洞察を与えてくれる。

入来篤史. 2004.『Homo faber 道具を使うサル』医学書院.
  本章第Ⅱ部で紹介した一連の研究を,実際に遂行している研究者の内観や,その背景を構成する精神活動の履歴をたどりながら綴る,『研究日誌』的な読み物。

引用文献

ブルナー, J., ほか. (岡本夏木ほか訳) 1977.『認識能力の成長』明治図書.
カッシーラー, E. (生松敬三ほか訳) 1997.『シンボル形式の哲学』岩波文庫.
Head, H., & Holmes, G., (1911). Sensory disturbances from cerebral lesions. *Brain*, 34, 102–154.
Hihara, S., Obayashi, S., Tanaka, M., & Iriki, A. 2003. Rapid learning of sequential tool use by macaque monkeys. *Physiology & Behavior*, 78, 427–434.
Iriki, A., Tanaka, M., & Iwamura, Y. 1996. Coding of modified body schema during tool use by macaque postcentral neurons. *Neuroreport*, 7, 2325–2330.
Iriki, A., Tanaka, M., Obayashi, S., & Iwamura, Y. 2001. Self-images in the video monitor coded by monkey intraparietal neurons. *Neuroscience Research*, 40, 163–73.
Obayashi, S., Suhara, T., Kawabe, K., Okauchi, T., Maeda, J,. Akine, Y., Onoe, H., & Iriki, A. 2001. Functional brain mapping of monkey tool use. *Neuroimage*, 14, 853–61.
Obayashi, S., Suhara, T., Nagai, Y., Maeda, J., Hihara, S., & Iriki, A. 2002. Macaque prefrontal activity associated with extensive tool use. *Neuroreport*, 13, 2349–2354.
Obayashi, S., Tanaka, M., & Iriki, A. 2000. Subjective image of invisible hand coded by monkey intraparietal neurons. *Neuroreport.*, 16, 3499–505.

第17章

心の哲学

信原幸弘

I. 心の哲学の概観

現在の心の哲学においては，心の自然化，すなわち心を物的なもの（たとえば脳の働き）に還元する試みが支配的である。心の自然化に反対する論者も，自然化のさまざまな具体的な試みに対してその欠陥を暴くことにその主な精力を注いでいる。ここでは，心の自然化の代表的な試みを概観していこう。[1]

1. 心身問題

心と物はどのような関係にあるのだろうか。この問題は心身問題と呼ばれる。心の自然化の立場から，心身問題に対して最初に有力な説を展開したのは，G. ライルである。彼は信念や欲求のような心的状態を，心の中で現に生起している状態ではなく，行動を起こす傾向性として理解する。たとえば，のどが渇いているという心的状態は，水があれば，それを飲むだろうという傾向状態にほかならないというわけである。心的状態を行動傾向として理解するライルの考えは，**行動主義**と呼ばれる（心理学での行動主義と区別するときは特に哲学的行動主義と呼ばれる）。

行動主義には，**心の全体論的性格**にもとづく有力な反論がある。たとえば，のどが渇いていても，水があれば，それを飲むとはかぎらない。あとでビールをおいしく飲みたいと思っていれば，水を飲むのを我慢するだろう。われわれがどのような行動を行うかは，われわれが持つ1つの心的状態で決まる

---

[1] 心の自然化については，詳しくは，拙著『心の現代哲学』（勁草書房，1999）および『意識の哲学』（岩波書店，2002）を参照。

ことではなく，関連する心的状態の全体によって決まることである。したがって，各心的状態を個別に行動傾向に対応させるわけにはいかない。

心の全体論的性格は，心的状態がやはり心の中で現に生起している状態であって，それらが相互に作用しあって行動が産み出されることを示唆しているようにみえる。行動主義に代わって登場した**心脳同一説**は，心的状態を現に生起している状態として認め，それを脳状態と同一視する。たとえば，痛みは脳のc繊維の興奮と同一だというわけである。

心脳同一説が主張する同一性は**タイプ同一性**という非常に強い同一性である。痛みとc繊維の興奮が同一だというとき，それは痛みという状態タイプとc繊維の興奮という状態タイプが同一だということである。したがって，痛みのいかなるトークン（個別事例）も，c繊維の興奮のトークンであり，その逆も言える。ある人があるときに感じた痛みのトークンはc繊維の興奮のトークンであったが，その人が別のときに感じた痛みのトークンはある人造繊維の興奮のトークンであったというようなことはありえない。

しかし，そうすると，c繊維が損傷したために，それに代えて人造繊維を埋め込まれた人は，足を踏まれたり，歯が炎症を起こしたりしたときに，「痛い」と叫んだり，顔をゆがませたりするにもかかわらず，痛みを感じていないことになる。この難点を解消するために，心脳同一説に代わって提起されたのが機能主義である。

機能主義では，心的状態はその因果的役割（機能）によって規定される機能的状態と同一視される。たとえば，痛みは足を踏まれることや歯の炎症によって生じ，「痛い」という叫びや顔の歪みを引き起こすような機能的状態である。この状態はc繊維の興奮だけではなく，人造繊維の興奮によっても実現される。したがって，機能主義では，c繊維の代わりに人造繊維を埋め込まれた人も，痛みを感じることができる。

一般に，機能的状態はさまざまなタイプの物的状態によって実現可能である。これは**多型実現可能性**と呼ばれる。心的状態が機能的状態だとすれば，心的状態はさまざまなタイプの物的状態によって実現可能だということになる（つまり心的状態の異なるトークンは，異なるタイプの物的状態のトークンと同一でありうる）。したがって，ロボットのように，われわれとはまったく異なる素材からできているものでも，心的状態を持ちうることになる。

機能主義では，心的状態は一定の法則に従うものと見なされる。たとえば，

トマトとリンゴがともに赤いと信じるならば、トマトは赤いと信じるとか、太りたいと思い、ケーキを食べれば太れると思うならば、ケーキを食べるといった法則が成立すると想定される。心的状態の機能とは、要するに心的状態を支配するそのような心理法則によって規定される機能にほかならない。

機能主義が心的状態に法則性を認めるのに対し、**解釈主義**と呼ばれる立場では、心的状態に法則性を認めない。解釈主義では、心的状態は行為を合理的に解釈するために行為者に帰されたものと見なされる。われわれはたとえば、ある人が指揮者に拍手したとき、その人は指揮者を讃えたいと思い、拍手すれば讃えられると思って、拍手をしたのだと説明するが、解釈主義によれば、このような説明はその人にそのような欲求と信念を帰すことによって、その人の行為を合理的に解釈することにほかならない。それゆえ、心的状態の本質は他の心的状態や行為と合理的な連関を形成する点にある。つまり、心的状態は法則性よりもむしろ、合理性をその本質とする。

しかし、合理性が法則性に還元されるならば、つまり合理的な秩序が実は法則的な秩序にほかならないとすれば、心的状態の本質が合理性にあるとしても、心的状態は結局、法則性を有することになろう。合理性は法則性に還元されるだろうか。機能主義は還元されると見る。それは心的状態の合理的な連関をまさに法則的な連関と見るのである。

これに対して、解釈主義では、合理性は法則性とは別の秩序だと見なされる。したがって、合理性を本質とする心的状態は法則的ではありえないとされる。実際、解釈主義の代表的な提唱者であるデイヴィドソンは、**心的なものの非法則性**のテーゼを唱える。

心的状態が非法則的だとすれば、それは法則的な脳状態とタイプ的に同一ではありえない。痛みがc繊維の興奮とタイプ的に同一だとすると、c繊維の興奮に関して成立する法則が、痛みに関しても成立することになる。したがって、痛みはc繊維の興奮とタイプ的に同一ではありえない。しかし、それらはトークン的に同一でありうる。実際、デイヴィドソンは心的状態と脳状態の**トークン同一性**を認め、**非法則的一元論**を唱える。

しかし、解釈主義は必ずしも心的状態と脳状態がトークン的に同一であることを認める必要はない。それはもっと弱い関係、すなわち心的状態の全体と脳状態の全体の同一性(個別的な同一性ではなく、全体的な同一性)を認めるだけでもよい。それでも、解釈主義は心の自然化に属する立場でありうる。

むしろ，解釈主義はそのような弱い関係で満足した方がよいかもしれない。認知科学で提唱された**コネクショニズム**の考えによれば，心的状態は「構文論的構造」を持つのに対し，脳状態はそのような構造を持たない。したがって，心的状態と脳状態のあいだには，タイプ同一性はおろか，トークン同一性すら成立しない。つまり，それらのあいだには，たかだか全体的な同一性しか成り立たないのである。

■ 2. 志向性

心的状態がどのような物的状態と同一視されるにせよ，心の自然化を成功させるためには，心的状態に特有の2つの特徴，すなわち志向性と意識を物的な観点から説明する(つまり自然化する)ことができなければならない。まず，志向性の自然化から見ていこう。

心的状態の中には，何かを表象する働き(志向性)を持つものがある。たとえば，晴れであるという信念は，晴れであることを表象し，それに対して信じるという態度をとる心的状態であり，痩せたいという欲求は，痩せることを表象し，それに対して欲するという態度をとる心的状態である。心的状態がこのような志向性を持つことはいかにして可能だろうか。

志向性の自然化に関しては，機能主義的な説明がもっとも有力である。晴れであるという信念は，晴れのときに形成され，他の信念や欲求と一緒になって何をなすべきかの考慮(実践的推論)において利用されるという機能を持つ。したがって，この信念が晴れであることを表象するということは，その信念の機能に含まれる形成条件，すなわち晴れのときに形成されるという条件によって説明される。

また，痩せたいという欲求は，太りすぎたときなどに形成され，他の信念や欲求と一緒になって何らかの行動を産み出し，それによって痩せることを実現するという機能を持つ。したがって，この欲求が痩せることを表象するということは，その欲求の機能に含まれる実現条件，すなわち痩せることを実現するという条件によって説明される。

このように心的状態の志向性はその機能によって説明できる。しかし，それでは，心的状態がいかなる機能を持つかはどのようにして決まるのだろうか。今，晴れのときだけではなく，曇りのときにも形成される信念があったとしよう。この信念は晴れのときに形成されるという機能(厳密には機能の一

部)を持つのだろうか。それとも，晴れのときか曇りのときに形成されるという機能を持つのだろうか。前者だとすれば，その信念は晴れであることを表象し，それゆえ曇りのときに形成されれば，誤りだということになる。しかし，後者だとすれば，その信念は晴れか曇りであることを表象し，それゆえ曇りのときに形成されても，正しいことになる。

　心的状態の機能を決定するためには，単なる機能ではなく，もう少し限定された意味での機能が必要である。そのような機能として提起されたのが**目的論的機能**である。この機能は，心的状態が現に持つ因果的な役割よりもむしろ，それが進化の過程において生物の生存のために果たしてきた因果的な役割によって定められる。心的状態の機能をこのような目的論的機能として理解することにより，心的状態の機能は一義的に定められる。

　現在，志向性の自然化に関しては，目的論的機能による志向性の説明がもっとも有力である。

3. 意識

　意識の自然化に関しては，知覚経験や感覚経験において意識に現れる感覚的な質(**クオリア**と呼ばれる)をいかにして物的なものに還元しうるかが最大の問題となる。

　たとえば，赤いトマトが見えるとき，意識に赤いトマトが現れる。しかし，意識に現れる赤のクオリアは実物のトマトの赤ではない。眼を閉じると，赤のクオリアはなくなるが，実物のトマトの赤はなくならない。また，黄色い色眼鏡を通して見ると，意識に現れるトマトは赤くなくなるが，実物のトマトは赤いままである。赤のクオリアが実物のトマトの赤でないとすると，それはいったい何であろうか。それは脳状態の色でもない。赤いトマトが見えるとき，脳のある部位が赤く染まるわけではない。

　このようにクオリアは明らかに物的なものとは異なるように見える。そのようなクオリアを物的なものに還元することははたして可能だろうか。クオリアの還元に関してもっとも有力なのは，クオリアの表象説である。眼前に赤いトマトが見えるとき，この知覚経験は眼前に赤いトマトがあることを表象している。実際に眼前に赤いトマトがあろうとなかろうと，ともかくそれは眼前に赤いトマトがあることを表している。**表象説**によれば，この知覚経験によって表象される赤が，意識に現れる赤のクオリアにほかならない。

一般に，表象には，表象それ自体に備わる特徴(**内在的特徴**)と，表象によって表象される特徴(**志向的特徴**)がある。たとえば，「トマトが赤い」という文は，内在的特徴として3つの語から成るとか，主述構造を持つとかといった特徴を持ち，志向的特徴としてまるいとか赤いといった特徴を持つ。知覚経験も同様である。赤いトマトの知覚経験は，それが何らかの脳状態と同一だとすれば，内在的特徴としてニューロンの興奮に関する諸特徴を持ち，また志向的特徴としてまるいや赤いといった特徴を持つ。表象説によれば，意識に現れるクオリアとは，要するに意識的な経験の志向的特徴なのである。

そうだとすれば，クオリアを意識的な経験の機能に還元する道が開けてくる。志向性の自然化において見たように，心的状態が何かを表象することは，心的状態の機能(厳密には目的論的機能)によって説明される。したがって，意識的な経験がある特徴を表象することも，その経験の機能によって説明される。それゆえ，クオリアが意識的な経験の志向的特徴だとすれば，クオリアはその経験の機能によって説明されることになる。こうしてクオリアを経験の機能に還元することが可能になるのである。

以上，心を自然化する主な試みを概観してきたが，成功までの道のりはまだまだ遠い。おおまかな方針は示されたが，細部は問題が山積みというのが実状である。今後も，自然化をめぐる果てしない試みが長く続くであろう。

II. 行為の理由と原因

心の哲学における私の研究の一端を示すために，以下では，行為の理由と原因の問題を検討しながら，私の提唱した行為の**包括的合理化説**を紹介してみたい。[2]

■ 1. 理由による行為の説明

タクシーがやってきたので，手を挙げたとしよう。なぜ私は手を挙げたのか。それは，私がタクシーを呼び止めたかったからであり，手を挙げれば，タクシーを呼び止めることができると思ったからである。このように私の行為

---

[2] 行為の理由と原因の問題については，拙著『心の現代哲学』(勁草書房，1999) 第二章を参照。

は私の欲求と信念によって説明される。

　われわれは自分や他人の行為をその人の欲求と信念によって説明する。これは理由による説明である。タクシーを呼び止めたいという欲求と，手を挙げれば，タクシーを呼び止められるという信念は，手を挙げるという行為に対してその理由を与えている。手を挙げるという行為は，そのような欲求と信念に照らしてみれば，「なるほどそういうわけだったのか」と納得できるものとなる。つまり，その行為はそのような欲求と信念によって「理にかなったもの」となり，「合理化」される。

　ただし，この合理化は，行為を道徳的な意味で正しいものとするということではない。ある人が大金を手に入れたいと思い，会社の金を横領すれば，大金を手に入れられると思って，会社の金を横領したとしよう。このとき，そのような欲求と信念に照らしてみれば，横領することは「なるほどそういうわけだったのか」と納得できるものとなり，したがってこの行為はその欲求と信念によって合理化される。しかし，だからといって，その行為が道徳的に正しいことになるわけではない。その行為がどうしてなされたかが分かるようになるだけである。

　行為は，欲求と信念を理由として挙げることによって説明される。ところで，この欲求・信念と行為のあいだの理由関係（合理化関係）は，因果関係とは異なるように見える。理由関係には，因果関係と違って，「意味づけ」ないし「解釈」の側面がある。手を挙げるという行為がタクシーを呼び止めたいという欲求と，手を挙げればタクシーを呼び止められるという信念によって合理化されるとき，その行為は単なる挙手の行為としてではなく，タクシーを呼び止める行為として新たに意味づけられ解釈される。

　これに対して，たとえば，イヌが卵を踏んだために，卵が割れたという説明がなされるとき，卵が割れたという出来事に何か新たな意味が付与されるわけではない。出来事の解釈はそのままで，ただそれが起こった原因が明らかにされるにすぎない。

　このように理由関係が因果関係と異なるとすると，欲求と信念によって行為が説明されるとき，それらのあいだに因果関係が成立している必要はないように思われる。なぜなら，欲求と信念によって行為が説明されるためには，それらのあいだに理由関係が成立していれば十分であり，この理由関係が成立するために，因果関係が成立する必要はないからである。そうだとすれば，

欲求と信念による行為の説明は純粋に合理的な説明であり，因果的な説明とは無縁だということになる。

2. 行為の因果説

　欲求と信念にもとづく行為の説明を純粋に合理的なものとする見方は，**行為の反因果説**と呼ばれる。この見方に異論を唱えたのは，D. デイヴィドソンである。彼は理由関係と因果関係が異なることを認めつつも，そのうえで，行為の説明となる欲求と信念はその行為の理由であるだけではなく，原因でもなければならないと主張して，行為の因果説を唱える。

　デイヴィドソンは彼の因果説に対して，2つの論拠を挙げている。第1は，行為を合理化する複数の欲求と信念の組が存在するケースから導かれる論拠である。今，太郎が花子にバラを贈ったとしよう。そしてこのとき，太郎にはたまたま，その行為を合理化するふた組の欲求と信念が存在したとしよう。すなわち，太郎は一方では，花子を喜ばせたいと思い，バラを贈れば花子が喜ぶだろうと思っていた。しかし，他方では，彼は花子の誕生日を祝いたいと思い，バラを贈ればお祝いになると思っていた。このとき，太郎の行為を説明するのはどちらの欲求と信念であろうか。

　行為の反因果説によれば，どちらの欲求と信念も，太郎の行為を合理化する以上，どちらもその行為を説明するということになる。しかし，そのような場合も確かにありうるだろうが，そうではなく，一方だけがその行為を説明する場合もありうる。たとえば，太郎が両方の組の欲求と信念を持っていたとしても，彼が花子にバラを贈ったのは，花子を喜ばせたいと思ったからであって，花子の誕生日を祝いたかったからではないということがありうる。太郎は確かに花子の誕生日を祝いたいと思っていたが，それゆえに花子にバラを贈ったのではなく，あくまでも花子を喜ばせたかったから贈ったのである。

　こうした違いは何によって説明されるだろうか。太郎が持つふた組の欲求と信念は，いずれも太郎の行為を合理化する。したがって，合理化の観点からは，一方が行為の説明となり，他方がならないということは説明できない。デイヴィドソンによれば，因果関係がまさにこの違いを説明してくれる。花子を喜ばせたいという欲求とそれに関係する信念の組が太郎の行為を説明し，花子の誕生日を祝いたいという欲求とそれに関係する信念の組はそうでない

のは，前者の組が太郎の行為を引き起こし，後者の組はそうでないからである。行為を説明する欲求と信念は，行為を合理化するだけではなく，それを因果的に引き起こさなければならないのである。

　因果説の第2の論拠としてデイヴィドソンが挙げるのは，行為の説明は行為を合理化するだけではなく，行為の生起をも説明するという点である。私が手を挙げたのは，タクシーを呼び止めたいと思い，手を挙げればタクシーを呼び止められると思ったからだと説明するとき，この説明は欲求と信念によって行為を理にかなったものとするだけではなく，その行為がなぜ生じたのかをも説明している。つまり，タクシーを呼び止めたいと思い，手を挙げればタクシーを呼び止められると思ったことから，私の行為が生じたのだという説明も，そこではなされている。

　一般に，出来事の生起はその原因によって説明される。大きな災害が起こったのは台風が直撃したからだと説明されるとき，大災害の生起はその原因である台風の直撃によって説明されている。そうだとすれば，行為も出来事の一種であるから，行為の生起もその原因によって説明されることになろう。したがって，手を挙げるという行為の生起が，タクシーを呼び止めたいという欲求と，手を挙げればタクシーを呼び止められるという信念から説明されるとき，そこでは，その欲求と信念が原因となってその行為が生じたのだという因果的な説明がなされているのである。

　デイヴィドソンは，以上の2つの論拠から，行為を説明する欲求と信念は行為の理由であるだけではなく，その原因でもあるとして，行為の因果説を主張する。

■ 3. 包括的合理化説

　行為の因果説は，一見，説得的に見える。しかし，因果説が正しいとすると，われわれは行為を説明しようとするとき，どの欲求と信念が行為を合理化するかということだけではなく，どれが行為の原因であるかということも考慮することになる。だが，われわれははたしてそのような因果的な考慮を行うだろうか。われわれはもっぱら合理化の観点からのみ考慮を行うのではなかろうか。

　私は行為の因果説に代わって，純粋に合理化の観点から行為の説明を捉えようとする「包括的合理化説」を提唱したい。そのために，因果説を支える

デイヴィドソンの2つの論拠を順に検討していくことにしよう。

　第1の論拠は，行為を合理化するふた組の欲求と信念のうち一方だけが行為の説明となることがありうるということは，原因の観念に訴えてはじめて理解できるというものであった。しかし，はたしてそうであろうか。ふた組の欲求と信念のうちどちらが行為の説明となるかを考えるとき，われわれはどちらが行為を引き起こしたのかを考察するだろうか。太郎が花子にバラを贈ったとき，太郎は一方では，花子を喜ばせたいと思い，バラを贈れば喜ばせられると思っており，他方では，花子の誕生日を祝いたいと思い，バラを贈ればお祝いになると思っていた。このふた組の欲求と信念のうちどちらが太郎の行為を説明するかを考えるとき，われわれはどちらが太郎の行為を引き起こしたかを考察するよりもむしろ，太郎がほかにどんな欲求や信念を持っていたのかを考えるのではなかろうか。

　たとえば，太郎が花子にバラを贈ったとき，太郎はその日が花子の誕生日ではなく，その翌日が誕生日だと思っていたとしよう。そうだとすれば，太郎が花子にバラを贈ったのは，花子の誕生日を祝いたかったからではなく，花子を喜ばせたかったからだということになろう。花子の誕生日を祝いたいという欲求と，バラを贈ればお祝いになるという信念は，それだけで考えれば，バラを贈るという行為を合理化するが，花子の誕生日は翌日だという信念とあわせて考えれば，その行為を合理化しない。それゆえ，太郎の行為を説明しないと考えられるのである。

　行為の説明となる欲求と信念は，それら単独で行為を合理化するだけではなく，他の関連する欲求や信念に照らしてもなお行為を合理化するような欲求と信念でなければならないように思われる。その証拠に，太郎がさらに，花子の誕生日の前日にお祝いをすませたいと思っていたとすれば，誕生日のお祝いをしたいという欲求と，バラを贈ればお祝いになるという信念は，他の関連する欲求や信念に照らしてもなお太郎の行為を合理化するものとなり，それゆえ太郎の行為を説明すると言えよう。

　結局，行為を説明する欲求と信念というのは，他の欲求や信念に照らしてもなお行為を合理化するもの，すなわち行為を「包括的に」合理化するものであるように思われる。ここで，しかし，次のような反論が提起されるかもしれない。行為の合理化を包括的なものにしたところで，そのような合理化を行うふた組の欲求と信念が存在し，そのうち一方だけが行為の説明となる

ことがありえよう。そうだとすれば，その違いはやはり原因の観念に訴えて理解するしかないのではなかろうか。

確かに，花子を喜ばせたいという欲求と，バラを贈れば花子を喜ばせられるという信念の組も，誕生日のお祝いをしたいという欲求と，バラを贈ればお祝いになるという信念の組も，いずれもバラを贈るという行為を包括的に合理化するということはありうるだろう。しかし，このとき，一方だけが行為の説明になるということは本当にありうるのだろうか。どちらの組も行為を包括的に合理化するのであれば，どちらも行為の説明となるのではなかろうか。ある欲求と信念が行為を包括的に合理化するとき，われわれはもはやそれらを行為の説明から除外するいかなる理由も見いだすことができない。それゆえ，われわれはそれらを行為の説明として十分認めるように思われる。

因果説を支持する第2の論拠は，行為の説明が行為の生起の説明でもあるというものであった。確かに，手を挙げるという行為が，タクシーを呼び止めたいという欲求と，手を挙げればタクシーを呼び止められるという信念によって説明されるとき，その行為がなぜ生じたのかが説明されている。しかし，行為の生起は行為の原因によってしか説明できないのだろうか。

出来事の生起が一般に出来事の原因によって説明されるというのは，その通りであろう。また，行為は確かに出来事の一種である。しかし，そうだとしても，行為は出来事の特殊な一種である。それは，通常の出来事と違って，欲求や信念と合理的な関係（理由関係）を形成する。われわれは欲求と信念によって行為の説明を行うとき，行為者の合理性を前提にしている。すなわち，行為者は合理的に思考し，合理的に振る舞うという前提のもとで，行為を説明する。そうだとすれば，行為の生起は行為者の合理性という前提から説明できるのではなかろうか。

たとえば，ある人が減量したいと思い，体操すれば減量できると思ったがゆえに，体操したとしよう。このとき，その人は，減量したいという欲求を持っている以上，減量を実現すべきである。それゆえ，いかなる行為でも，それが減量を実現できると思えば，その行為を遂行すべきである。今，この人は，体操すれば，減量できるという信念を持っている。したがって，この人は体操すべきである。そうであるにもかかわらず，もしその人が減量しないとすれば，そこには何か理由があるはずである。つまり，その人の持っている他の欲求や信念がその妨げになっているはずである。たとえば，減量より

も勉学に励みたいと思っていたり，体操はつまらないと思っていたりするはずである。そのような妨げとなる欲求や信念がないとすれば(つまり減量したいという欲求と体操すれば減量できるという信念が体操するという行為を包括的に合理化するのであれば)，その人が体操しないいかなる理由もない。そうであるにもかかわらず，その人がなお体操しないとすれば，その人はもはや合理的とは言えない。それゆえ，その人が合理的であるとすれば，その人は必ず体操を行うことになる。

　こうして体操するという行為の生起は，行為者の合理性を前提にすれば，純粋に合理化の観点から説明できる。つまり，減量したいという欲求と体操すれば減量できるという信念がその行為を包括的に合理化することから説明できる。したがって，行為の生起が欲求と信念によって説明されるとき，その欲求と信念は必ずしもその行為の原因である必要はない。行為の生起は，因果の観点からではなく，純粋に合理化の観点から説明できるのである。

　以上のように，デイヴィドソンが行為の因果説のために提示した2つの論拠は，いずれも原因の観念を持ち出さなくても，包括的合理化の観念によって十分対処できる。行為を説明するのは，行為を包括的に合理化する欲求と信念であり，それらは必ずしも行為の原因である必要はない。もちろん，行為を説明する欲求と信念が行為の原因であることもありえよう。しかし，そうでなくても，行為を包括的に合理化しさえすれば，その欲求と信念は行為の説明となるのである。

　行為の説明においてデイヴィドソンが原因の観念に担わせようとした役割は，すべて包括的合理化の観念に担わせることができる。因果は行為の説明にとって本質的なものではない。行為の説明は純粋に合理化の観点から捉えられるのである。

● **読書案内**

　心の哲学については，現代的なトピックを詳しく紹介しながら，それをさらに深く掘り下げた次の論文集シリーズが，おおいに参考になろう。

信原幸弘編，美濃正ほか著『シリーズ心の哲学Ⅰ　人間篇』勁草書房，2004.
　　心的因果や志向性，クオリアなど，心の哲学のもっとも基本的なトピックが分かりやすく論じられている。

信原幸弘編，戸田山和久ほか著『シリーズ心の哲学Ⅱ　ロボット篇』勁草書

房，2004.
　コネクショニズムやフレーム問題，生態学的アプローチなど，認知科学の基礎にかかわる重要なトピックが詳述されている。

信原幸弘編，キム, J. ほか著.（金杉武司ほか訳）『シリーズ心の哲学 III　翻訳篇』，勁草書房，2004.
　志向性や意識などに関する心の哲学の基礎となる重要な論文が5本，翻訳され，それぞれ解題が付されている。

◆ 対談

認知科学をめぐって

大津由紀雄 vs 波多野誼余夫

■ 認知科学のおもしろさ

大津：今回、『認知科学への招待』を研究社から出してもらうことになったのですけれども、ご承知のように、認知科学の関係の書物で日本で出版されたものということになると、私たちふたりも編者として名を連ねている『認知科学ハンドブック』（共立出版、1992年）があるし、2期にわたって刊行された「認知科学選書」（東京大学出版会、1985～92年）や「認知科学モノグラフ」（共立出版、1992～96年）もありました。さらには、『認知科学辞典』（共立出版、2002年）もあり、最近、そのデジタル版も刊行されました。そのほかにも、いろんな種類の書物が出ていますが、この一冊を読むと認知科学というのはどういうものかというようなイメージがそれとなくつかめて、認知科学のおもしろさもある程度分かるというような本というのは、海外のものではあるんだけれども日本のものではない。やはり、そういうものが必要な時期になってきたし、そういうことが可能にもなってきたのではないかというのが私の認識です。そこで企画したのが本書です。認知科学への誘いをするとともに、そのおもしろさを広くいろんな方々に知ってもらうということも大切なのではないかと思います。

波多野：そうですよね。自然科学では今までに分かったことが大体全部教科書に書かれている。ある意味では、最先端の教科書を読むと、今までの重要な知見というのが分かるようになっているわけですよね。そういうものが認知科学でできるかというと、あんまりできそうな気がしないんですね。それだけでなくて、認知科学の場合、どうして認知科学がおもしろいのかということも分かってもらわないと困る。こういうことが今まで見いだされている、というだけでなくて、認知科学はこういうところがおもしろいんですよ、

ということを分かってもらわないといけない。そうするとどうしても具体的な研究例を出さないといけないですよね。

大津：そうですね。

波多野：だけど，もう一方では，この一冊で認知科学の鳥瞰図にもなる，と欲張ったねらいがある。これは結構，著者としては負担が大きかったでしょうね。

大津：そうですね。今，先生がおっしゃったことは，著者の方々に最初からお願いしたところですね。3分の1くらいは，今の先生の言い方だと鳥瞰図的なところ。残りの3分の2くらいは，ご自身がかかわった研究の事例を書いてもらう。その3分の2というのは，偏りがあっても構わないけれども，大いにそのおもしろさが伝わるというものにしてほしい，そう要望しました。というわけで，鳥瞰図プラスおもしろい研究事例，そういうものを読んでもらって，読者の人たちに認知科学のおもしろさを感じてもらいたい。さらに，将来こういう道に進んでみたいと思った方には，簡単でも読書案内みたいなものが提示されているという，それが今回のもくろみですね。うまくいったかどうか分からないですけれども。

波多野：大津さんがひとりでそういうものを作るのを，どうしてしないか？

大津：それはおもしろい問題ですね。答えは簡単で——自分で言うのもなんだけれども——私のまわりにいる人たちに比べて，私の場合，比較的関心の幅が広いということがあると思うのです。「まわりにいる人たち」というのをもう少し言うと，「言語学者」と言ってよい。しかし，そうは言うものの，私の本拠地というのはあくまで言語で，認知科学に対するアプローチの1つとして，私の考えを提示するというのはいいかもしれないけれども，やはり認知科学というのはそれだけではない。もっと別のおもしろさも持ったものもあるわけですよね。やはり，その点も同時に分かってもらいたい。要するに，こういうものもあります，こういうものもありますという研究例を提示して，そこから先は，読者に，大津の研究がおもしろい，あるいは波多野の研究がおもしろいというように，自分で選択してもらう。そういう試みです。もちろん，たとえば私がひとりで書く本というのも別途あってもいいのですが。

波多野：cognitive science という言い方と cognitive sciences という言い方とあるでしょ。今の話をうかがっているとやはり cognitive sciences なの

かなという気もしないじゃないですよね。つまり，認知系として人の心を捉えると言ってもいろんな捉え方があって，それぞれ関係はあるけれども完全に同じというわけではない。入り口は結構多様であるかもしれない。そのときに，こういうほうが正しいとか，こういうほうがより有効だとかいうことはあんまり決めないで....。僕らが認知科学会を作ったころからそんなふうな精神というのはあった気がするんですよね。つまり，中央集権ではなく，むしろ分散型でもってやっていくのがいい，というような言い方をしていましたよね？

大津：そうです，そうです。

波多野：だから何かそういう精神的風土があって，この本は，割とそれによく合うかなという気がしますよね。

大津：今，先生がおっしゃった cognitive science か cognitive sciences かというのはとてもおもしろい問題で，私は，言語の認知科学の入門コースを担当すると，最初にその話をします。おっしゃるように，今の認知科学の現状というのは日本でも欧米でもそうだけれども，cognitive sciences ということだと思うのです。ただ，その目指すところは cognitive science なのか，それともやはり目指すところも相変わらず cognitive sciences なのかという点は区別することが大切だと思います。私は最終的には cognitive science という，本当の意味で統合された心の科学というものがありうると考えておりますけれども，その辺は先生はいかがでしょう。

波多野：私もさっき「入り口はいろいろ」と言いましたけれども，入り口は結構たくさんあるんじゃないか。どれが一番いいか，あるいはどれがどれだけの貢献をなしうるかということが分からないから，今は，「お前のやり方は違っているんじゃないか」となるべく言わずに，「こういうのでこういうことが分かると思うのであればやってみたら」というのはありにしておく。そういう意味で cognitive sciences だと思うのだけれども，最終的にはやはり煮詰まってくるかもしれない。

大津：そうですよね。「あなたのやり方は間違っている」と言わないまでも，間違っているよなぁと，自分で心の中で思うことはあるわけですよね。認知科学のおもしろいことの1つは，それはそれでやってもらう。だからさっき先生は「中央集権」とおっしゃったけれども，その分野ではこれこれこういう非常に影響力の強い理論があって，それに従わないとダメですというよ

うなことはなくて，そういう意味ではなんでもできる。もちろん，失敗することもあります。しかし，失敗から学ぶところも結構たくさんあるわけで，そうやってまた認知科学というのはさらに進展していく。その意味で，非常に動的な研究のあり方が可能な分野だと思うのですよね。それはやはり旧来の，たとえば私の場合だったら言語学とか，先生の場合だったら心理学とか教育学とか，というのとはちょっと違うと思うんです。

波多野：心理学の場合は，方法の縛りが結構きつくて，こういう方法を使わないといけないとなっていたと思うんですよね。認知科学は，心の働きについて分かっていくのであれば，どういう方法を使ってもいいんだ，というふうに，そこのところをうんと緩くしてスタートしたと思うんですよね。そこはいいんじゃないか。

しかし，その結果として，認知科学会で「こんなの認知科学なの？」というものが発表されるということも起こるわけです。もう1つ逆で，日本で結構多いのは，「私は認知科学というのはよく分からないんですけれども」という人がいるじゃないですか。80年に日米認知科学セミナーというのをやったんですけど——あのときはまだ大津さんは日本に帰ってきてなかったかな——そのとき，日本側のほとんどの発表者は「自分は認知科学は何かは分かんないけれども...」と言って発表したわけです。私もそうだったかもしれないです。そうすると，アメリカ側の世話人だったドン・ノーマン（Don Norman）が，「認知科学というのは，自分が認知科学者だと思っている人がやる研究が認知科学なんだ」と非常に循環的な定義をしました。要するに，やってることがこういう意味で人の心の働きを探るのに役に立つと思えば，それが認知科学の研究なんだと。本当に役に立つかどうかは今の段階では分からないのだから，やってごらんなさい，ということで，いろんなことを「あり」にしてやろう。こういうことだったかなと思うのですけれどね。

■ 日本における認知科学

大津：今，80年のお話が出て，私はそのころはまだアメリカにいたのですが，先生は80年よりもずっと前から心理学，教育学を研究されていました。認知科学ということになると，1950年代のいわゆる「認知革命」というのがありましたね。それ自身を先生は実時間で体験されているはずです。そのときに——心理学という領域だけに限っても結構なんですけれども——日本で

はどんな衝撃があったのですか？

波多野：私がいたところは文学部の心理学科ではなくて，教育学部の教育心理学科だったものですから，ちょっと文学部とは違うかもしれないのですが，アメリカで認知革命がすごくインパクトがあったのは，その前に行動主義があったからでしょう。日本はああいう，つまり行動主義のようなある種の原則でもって他のものを全部切り落としてしまうという学問研究の体制というものがなかったんじゃないかと思うのです。ですから逆に言うと，認知革命と言われてもあまりピンとこなかった。たとえば今でも認知心理学というのはたいして盛んではないんですよね。なんとなく認知心理学っぽくはなっていますけれども，みんな自分は認知心理学の立場をとっていると言ってやっているわけでもないんですね。日本で研究していくことの1つの危うさは，何かそういう概念的というか，理論的な枠組みを作って，それで仕事をしていくということがなかったのではないかと思うのです。認知革命も，私は実はかなりあとまで知りませんで，アメリカで *Cognitive Science* のジャーナルが出て，そのあとで大会が行われるようになりますよね。大会が行われるようになったときにちょうどサンディエゴに三宅芳雄・なほみ夫妻がいて，私がそこに行ってたら，来月だか，来週だかに認知科学会の第1回の大会がある。そのときにどういう人が来るかというのをノーマンは非常に気にしていたのを今でも覚えています。認知科学がどんなふうにしてできあがっていくかが70年代の後半にはまだかなり混とんとしていたかな，という気がしています。

MITはまた違ったわけでしょ？

大津：そうですね。私が行ったのが1977年です。私が所属したのは言語学・哲学の研究科で，チョムスキーがいましたから，その意味では認知科学としての言語学研究の牙城の1つだったんですね。心理学に行けばそこにはスーザン・ケアリー（Susan Carey）もいたし，まもなく世に出るピンカー（Steven Pinker）もいました。計算機科学にはミッチ・マーカス（Mitch Marcus）がいました。哲学にはジェリー・フォーダー（Jerry Fodor）やネッド・ブロック（Ned Block）もいた。そんな状況でした。それこそ非常に活発に研究が行われていて，加えて，スローン財団（Sloan Foundation）が認知科学に資金を集中投下しました。何年間だったか忘れてしまいましたけれども，とにかく，その研究補助金の投下の仕方というのは一点集中で....

波多野：そうそう，一点豪華主義でした。本当に。

大津：少数の拠点を決めて，そこに巨額の助成金を投下するということで，MITも選ばれました。そういう時期でしたから，私が行ったのは時期的にも非常によかったと思います。それまでいた英語の世界，もうちょっといっても言語の世界とはちょっと違った広がりがある。英語や言語の世界では，1つ大きな境があって，そこから先というのは，話では聞くのだけれどもあまり見えてこないという世界でした。実際，私が日本の大学院の院生だったときに，ベヴァー（Thomas G. Bever）やジャック・メーラー（Jacques Mehler）たちが Science に書いた「保存」に関する論文を探したのですが，もちろん言語学科や英文科には Science なんてジャーナルはないんです。学内中探して，やっと植物学に Science があるというので，そこに行ってコピーをさせてもらったんです。そうすると，そこの教官に，「言語からやってきたのはお前がはじめてだ。なかなか感心なヤツだ」と言われました。日本ではそういう状況でしたね。

向こうへ行ってみたら，単に建て前ではなくて，そういう垣根というものがまったくなくて，単位を取ったりするのも自由でした。ああ，こういう世界があるんだと実感したんです。そこにいると本当に毎日毎日が新しい体験で，新しいことも知ることもできるし，新しいものの見方にも触れることもできるという，非常に愉快な体験でした。

それで学位を取って81年に日本に戻ろうということになったらば，ちょうど，日本でも日本認知科学会というのができるらしい，というタイミングでした。そんな意味でも私は幸せな生き方をしてきたなと思うわけです。

波多野：こちらとしてもとてもよかったのは，僕らはどちらかというと初期の段階では UCSD（カリフォルニア大学サンディエゴ校）の影響を非常に強く受けていましたよね。あそこは全体としては心理学と人工知能の研究者の交流が非常に盛んだったのだけれども，言語のことはちょっと手薄だった。特に生成文法は手薄だった。生得論の考え方も全然なかったんですね。ですから私たちは，認知科学は心理学と人工知能と言語学が三本柱だと言われていたのだけれども，なぜ言語学が入るのかが，正直のところ大津さんが帰ってくるまでは分からなかったと思うのです。今になってみると，やはり言語の研究というのは心の研究の中で非常に重要な窓口だというのを別に疑わないですけれども，あの頃はね....。だってほら，心理学だったら，たとえば認

知心理学といっても，知覚もあり，思考もあり，記憶もあり，言語もありだから，せいぜいその何分の一かくらいじゃないですか．それに対して言語というものを入り口にして心を見ていく，ということがどういうことなのかということが，やはりはじめは分からないですよね．そういう意味で，認知科学のおもしろいところというのはやはり，日々「ああ，そうなのか」というのがある．これは言えますよね．

大津：言えますね．

■ 認知科学の研究と教育

波多野：大津さんは，なんといっても生成文法をやったということが非常に大きな強みになっていて，いつもその視点から見ることができる．そういう視点からこの研究結果を見ると，「こういうところが欠けているんじゃないか」というようなことがいつでも言えるじゃないですか．

大津：そうですね．

波多野：やはりそれがないと，50歳になってから脳科学を少し勉強したってね，とてもそれだけでは勝負できないわけですから．

大津：そうですね．

波多野：そういう意味ではやはり，自分の出身科学というものを背負いながら，かつその中で認知科学というものをやっていける可能性があるのではないか．

大津：そうですね，そうですね．

波多野：そのとき，今自分がやっているのは認知科学の研究だとか，今は言語学の研究だとかというように区別します？

大津：いや，私は全然そういう意識はありませんね．

波多野：しないでしょ？ 私もしないんですよ．私が意識するのは，オーディエンスが決まったときです．オーディエンスに合わせるというのはする．たとえば心理学の人だったらこのくらいの予備知識はあるからこういうのは説明しなくていいとか，普通はこういうことを前提にしているから，その前提を自分は採用していないということを言わなければいけない，というところでは意識しますけれども．しかし，研究しているときには多分，そういうことは考えずにやっている．自分の研究は心理学の研究であるとともに認知科学の研究でもあると言って威張っているんですけれどもね．

大津：私の研究は言語学でもあり認知科学でもあり，というよりも，もう認知科学でしかないと思っているので——まあ，他人がどう見ようと自分の中ではそう思っているので．．．。たとえば端的な話，集中講義にいろんな大学から呼ばれますよね。私が密かに自慢にしていることがあって(笑)，私，もともと英語学をやりましたので，英語関係の学科から呼ばれることもあります。それから言語学ですね。言語学科というようなところからも呼ばれます。それから心理学科，心理学専攻というところから呼ばれて集中講義をしたこともあります。しかし，残念なことに，まだ脳科学からはありませんから(笑)，将来そういうことがあったらば，私の大きな自慢の種になるのではないかなと思っているんですよね。話を戻しますが，おっしゃるように，言語関係のところで集中講義をするときには，句構造だとか変形だなんてことは分かっているものとして話をする。しかし，そもそも認知というものは何なのかというような話は必ずしも前提にはできないから，その点は話していく。逆の場合はもちろん逆の形で講義をする，ということになります。しかし，私自身の日常の研究生活というのは，まさに認知科学者以外の何者でもないなというふうに思いますね。

　波多野：そうすると，どうやったら認知科学者になれるか，あるいはどうやったら認知科学を勉強できるか，という話と非常に密接な関係があると思うのだけれども。

　大津：そうですね。

　波多野：意識的に認知科学者になったのですか？　それとも自然になっちゃったんですか？

　大津：私の場合はチョムスキーに導かれるままに言語学をやりはじめたら，即，認知科学者になってしまった，というのが実情ですね。自分の歴史としては，最初に英語教育をやりたいというようなことがありましたし，それ以外にも多少の変遷はあるのですけれども，図式的には非常にはっきりしていて，言語のことをやるとそれは即，心の科学だと訓練されましたから，まず言語学者の段階，それから認知科学者の段階，というのがあったというわけではないんです。ただ，さっき先生がおっしゃったことと関係するのですけれども，博士課程は MIT に行きましたよね。そこには，言語学，哲学の研究科がある，それから心理学の研究科がある。でも，単位はまったく自由で，研究科間で交換してもいい．．．。私のように言語という立場から認知科学をや

るとしたらば，所属は言語でも心理でも，どちらでもいいんです．でも，自分は言語の認知科学をやるんだから，どっちかに所属するわけではなくて，両方ともそれなりに関係しているというステイタスはあるかとたずねると，それは「ダメだ」と言われました．

波多野：ああ，そうですか．

大津：願書を出すときから，必ず自分の本籍地というのを指定しろと言われます．どこかに自分のホームグラウンドを作って，そこからいろいろな領域に視野を広げていくことがすごく大切だと言われました．これから認知科学をやりたいと思っている人がいたら，やはりそういう意味で広くいろんなことに関心を持つことは大切だけれども，これが自分の本拠なんだよということをしっかりと定めておくということはとても大切なことだと思うのですが，先生はどう思われますか？

波多野：確かに自分の強みというのがまったくなくなってしまうと，共同研究のときに案外役に立たないんですよね．ここのところについては目配りが利いている，という人が何人か集まると，いい共同研究ができる可能性が非常に高いと思うのだけれども，どこもみんな怪しい人ばかりが何人集まっても，ダメだと思うのですね．そういう意味では，ホームグラウンドを持つというのはすごく大事なのかもしれない．ホームグラウンドを持ち，けれども一方では，軽くいろんなところで浮気もするというような…．大津さん，いつか機械屋さんとどこらへんまでだったら付き合ってもいいか，というようなのがありましたよね？

大津：ありましたね．

波多野：ああいう感じで言うと，私はいろいろやったけれども，やはり機械屋さんと私の関心はどこかでかなり違うなという気がする．もちろん一緒にできるところはあるから，一緒にやるのだけれども，関心は違うかもしれない．今，脳の人とやっているときも，やはり同じようなことはあるんですよね．私が知りたいことは，この人たちの知りたいこととももしかしたら違うのではないかなと思うのだけれども，一緒にやれるところはある．

大津：今のところ，脳の人たちとはお茶くらいでしょうかね．お茶でも結構楽しく語り合える．もうちょっと信じてもいいと見定めたら，お酒くらいはいいだろうと．でもまだそこから先の冒険はだめ(笑)．そんな感じじゃないかなと思いますよね．

話を戻しますけれども，今，日本の認知科学界で活躍している人たちが，どうやって育ってきたかということを考えると——私自身もそうなんだけれども——欧米で訓練を受けたという人たちがほとんどで，外国で訓練を受けたわけではないのに，しかし認知科学を頑張ってやっているという日本の研究者には誰がいるかなというと，ほかならない波多野先生がいらっしゃって....。そうそう，私たちの共通の友人である乾敏郎さん。あとはみんな外国育ちなんですよね。これから，たとえば今の学部生の世代の人たちが育っていくようになると，また変わっていくのかなという気もするのですけれども，でもやはり最終的にはある時期，しかもかなりまとまった時間，外国に行かないとそういう人たちは育ってこないという現状があるような気もしているんですよね。もしそれが正しい認識の仕方であれば，それはとても悲しいことだし，変えていかなければいけないと思うのですけれども，まずその認識，私の認識というのは当たっていますでしょうか？

波多野：これは認知科学だけが特にそうなのですか？　そうではなくて，言語学なら言語学をとっても，活躍している人の大半はある時期，向こうで仕事をしてきた人だとすれば，日本の大学院教育がいろんな点で非常に立ち後れている。「ただ乗り論」というので言うと，私たちはかなりの程度，アメリカの大学院教育にただ乗りして優秀な人材を一時派遣するというやり方でこれまではやってきた気がするんですよね。それは必ずしも認知科学に限ったことではないかもしれない。

大津：おっしゃっている通りだと思います。言語学や英語学の世界でも同じようなことが言えるのですけれども，ただ認知科学の場合には，何といっても先程から話題になっているような——まあ，使い古されてしまったことばですけれども——学際性というか，いろんな領域と関連を持てるわけで，それが日本ではやりにくい。

波多野：やりにくいですよね。

大津：教育という点でもそうだし，研究という点でもそうで，最近は少しずつそれが変わっていくかなと。たとえばCOE (Center of Excellence, 卓越した研究教育拠点[日本の大学に世界最高水準の研究拠点を形成するため，文部科学省が支援するプログラム])のいろんなプロジェクトを見ても，言語の研究者と脳の研究者が一緒にやっているというようなところもあります。ただ，これが単なる一時的なものではなくて，ちゃんと腰を据えた，長い目で

見たときに意味のある変化だといいなと私は思うのですけれども，本当にそうなるかは疑問なのかなと．

波多野：学科を作るというのは非常に難しいとしても，たとえばプログラムがあって，認知科学の中だったら，一応主な科目が取れるようになっていれば随分いいと思うのですけれども，少なくとも今まではなってこなかったでしょ．ですからそういう学際的な分野というのは日本では本当にやりにくいなという気がしますよね．

大津：そうですね．

波多野：認知神経科学のような注目を浴びている分野でも同じようなことがある．神経科学をやっている中で言語のことをやりたいという人が仮にいたとすれば，その人は学部，あるいは大学院のときにかなり言語学や心理学の授業をとってほしいのだけれども，そういうことができるようなところがないわけですよね．これからあとの研究体制，教育体制のことを考えたときにすごく問題になるのではないか．やはりいつまでもアメリカに送って，というのでやるのは寂しいですよね．

大津：寂しいですね．行ってそのまま向こうに居着いて研究をやっていくというのであればまだ救われるところがあるのですが，やはり学位を取ると日本に戻ってきて...というのがね．言語学なんかではだいぶ変わってきましたけれども，でもやはりかなり多くの人たちが帰ってきます．ということはもちろん先生がおっしゃったように，育ててもらうために向こうに行くという形になりますから，これはどう考えても決して誇れることではないと思うのですね．そうすると，やはり教育の面でも研究の面でも，さっき言ったような変化が必要になってくるんだと思うのですが．

さきほど，「プログラム」とおっしゃいましたよね．たとえば欧米なんかだったらば，デパートメントというのとプログラムというのがあって——ケースはいろいろあると思うのですけれども——デパートメントほどかっちりとした組織ではなくて，ある場合には専任の教授というのはいないのだけれども，いろんなデパートメントから教授が集まってきて 1 つのプログラムを形成します．MIT なんかですと，コンコース (concourse) という，プログラムよりももっと緩やかなものもありました．

波多野：なるほど．

大津：そういう体制が築けるような，少なくとも教育の面でそういうよう

な体制が築けるようなことが求められていると思います。でも，その辺もすぐに実現ということになると難しくて，80年くらいからこんなことを言っていましたから，もうすでに四半世紀近くたつわけなのですが，状況があまり変わっていません。

あと，もう1つ大切なのは，認知科学会がそのような意味では非常に重要な役割を果たしてきたのですけれども，こうやっていろんな領域の研究者が寄り集まって話をする場ですね。研究プロジェクトがあって，こういうことについてやりましょうということで詰めて話すということもいいのでしょうけれども，そうではなくて，もっと日常的にいろんな領域の研究者が寄り集まってお茶を飲みながら，酒を飲みながら話し合っていく場が欲しい。波多野先生も私もふたりともかかわっているということだと，けいはんな(京都府相楽郡)にある国際高等研究所に行って，いろいろな人たちと意見を交わす。ああいう機会というのはわれわれにとっては非常にありがたい機会なのです。あの種の場所がこれからなきゃいけないなと思います。やはり大学の中でそういう場を見つけるというのはとても難しくて，できれば大学以外の場で，そのスペースが確保されるといいなというように思っています。

波多野：いや，大学の中にもあったほうがいい。私が慶応にいたときからずっとやっていたコグ・ランチ（Cog Lunch）というのは，ちょっと時間が短いきらいはありますけれども，割にコストが小さく集まれたから，それはそれで結構よかったのではないか。私のゼミにいた学生でも，ああいうところに行くとイヤでも大津先生の話を聞かされて(笑)，言語といってもこんなに違うことを考えている人がいるのか，というのが分かるじゃないですか。そういうことはすごく大事なのではないかと思うのですよね。もちろんこの本を買って読んでくださる方はある程度自覚的にそういう違った視点への関心を持っていると思うけれども，そういうのがなくても，いろいろ違う見方とか，違う研究方法とかが入ってきて，だんだん自分の枠が広がっていくと，本当は好ましいですよね。談話室みたいなところがあって，そこに行ったら自分でコーヒーくらいはいれられる。そこでさらにピザでもとることができれば，結構，だべったりする機会が多い。認知科学で非常に重要なのは，そういうおしゃべりをするチャンスがあるかどうか，ということではないかという気もするんですね。

大津：少し話が脱線してきたので，脱線ついでにもうちょっといってしま

うと，たとえばそういう点でアメリカと違うなと思うのは，たとえば MIT だったらば，多くの人たちはケンブリッジのあたりに住んでいるわけですよね。それこそちょっと歩くなり，運転すれば，自分の家にたどり着けるし，必要とあらば研究室に寝泊まりすることもできるというような状況ですけれども，日本の場合はやはり先生方とはいえ，1 時間，2 時間かけて通勤してくるわけで，そうなると毎日，毎日，酒飲んでみんなと談笑するというわけにもなかなかいかない（笑）。そういう点でもやはり難しい。欧米と環境が違うということがあるんですよね。だからこそ，ちょっと数日間の寝泊まりで何かをやる，というのは——高等研の場合は 2 日間ですけれども，でも 1 泊あるから，あの 1 泊というのは結構...

波多野：大きいですよね。昼間のセッションと同じくらい重要ですよ。夜はね。

大津：重要ですよね。そうなれば，たとえば波多野先生だって，お酒をお飲みにならなくたっていろんな話ができますしね。ああいう場が，できれば恒常的にあるといいですね。

波多野：私たち，日米認知科学セミナーの前に何回か野田セミナーというのをやりましてね。あれも理科大の野田に泊まってやったんですよね。やはりそういうことは大事で，特にはじめのうちはターミノロジーも違いますし，話をするといっても時間がかかるんですよね。そのときに時間が短いと，どうしても参加できる人は限られてしまうけれども，ゆったりしていれば初心者だって参加できる。ああいうのはいいかもしれませんよね。

■ 認知科学研究のあり方

波多野：日米認知科学セミナーのころは特にそうだったのですが，認知科学と言われると何していいか分からない，ということがあった。さっきも言ったように，「認知科学ではないかもしれないけれど...」と前置きしておそるおそる話をしていたわけですよね。ノーマンはそれに対して，「いや，お前が認知科学だと思えば認知科学なんだ」と言った。「お前が認知科学だと思えば」ということの意味は，ある現象を見るときに，それが認知系としての人の心の働きを明らかにするような，そういうトピックとして考えることができればそれが認知科学になる。そういう意識なしに，たとえば記憶なら，記憶についてはこういう研究があるけれども，こういうことはやっていない，だ

からこういうことをやらなければならない，ということだけだとしたら，それは認知科学にはならないだろう，そういう意味だったと思うのです。それなら心理学の研究は全部認知科学なのかと言うと，やっぱりそうじゃないかもしれない，という気がする。つまり，認知というのは結局，外界について知って，それを個体の生存とか，種の維持に役に立てるということだから，こういうことができるというのが，行動主体にとってどんな意味があるのかという広い機能に注目するというのと，事実としてこういうことができるというのを明らかにするということは，やはり違うのではないか。

大津：前者のテーマというのは，やはり心理学の中には収まりきれないのですか？

波多野：それは難しいところです。心理学の中でルーティン化された研究と，もっとプロダクティブ，クリエイティブな研究がある。しかし，心理学か認知科学かの話ではないかもしれないのですけれど，ともすると，ある学問の中だけでやっている人は，だんだんルーティン化された研究をする傾向があるから，それを避けるために，自分のやっている研究は，人の心の働きの何を明らかにしようとしているのかを絶えず問うていく必要がある。このことが認知科学で考えるということだし，心理学とか，言語学とかという個別科学の中で新しい展開を図るということにも役に立つことなのかもしれない，と思うのですけれども．．．。

大津：私はその点に関しては先生よりも多少こざとくて(笑)，あんまり敵は作りたくないから，心理学の今の話でいったらば，認知科学ではない心理学の研究の中にもおもしろいものはあるとか。「心理学の研究の中でおもしろいものはすべて認知科学だ」という言い方は正しいと思うんですよ。ただし，それはわれわれから見ての話で，ルーティン化されたものも含めてそれがおもしろいと思う人もいるわけですよね。関心のありかが全然違う。それはもう価値観が違う別の種類の研究ですよ。言語の研究でいえば，たとえば方言研究なんていうのがあります。これはすごく歴史があって，実際に方言についてフィールドワークをする。そして，その結果をもとに，ここへ行ってこういう調査をしましたと，そうしたらこういう結果が出てきましたと，まず「絵日記」を描く。そして，絵日記が描き終わったらば，今度は「植物採集」に入って，それを整理してみたらば，こんな具合に分類できましたと自慢する。そこでおしまい。それでいいんだ，という人たちもいるわけですよ。も

ちろん，それはそれでかまいません。けれども認知科学として言語研究を捉えるのだとしたら，ある地域の方言Aと別な地域の方言Bがあって，Aの話者とBの話者の脳の中の状態というのはどこが共通で，どこが本質的に違うのか，ということに話がいくわけです。私はそこのところがすごくおもしろいと思う。先生も賛成してくださると思うのですが，それはわれわれにとってはおもしろいということで，そんなところには踏み込まなくても十分おもしろいんだという人もいます。まあ，それはそれでよろしい。どだいそれは別の関心でという...

波多野：棲み分けをする。

大津：...というのが賢い大人の生き方じゃないかと(笑)。

波多野：そういうふうに捉えると，やはり認知科学で考えるというのと心理学で考えるというのとは違ったものとしてあることになるんですよね。私たちのところ(発達科学)なんかだと，多くの研究は3歳児と5歳児はこういうことが違うんですよ，というようなレベルの一般化をすることが多いです。そうではなくて，どうしてそういう変化が起こるのかを考えてみる。それをやっていけば，自然に認知科学になっているけれども，私の同業者のかなりの多くはそういうふうにはしていない。それで私は仮にリンチにあおうともですね(笑)，それでは認知科学にならないでしょうと言ったりする。

ただ自分の中では，さっきも言ったように，自分は今は心理学者として研究している，今は認知科学者として研究している，というのはやらなくていいなと思っているのです。確かに80年に日米認知科学セミナーが始まったころは，認知科学者向きのテーマというのを考えていました。これは普段私が興味を持ってやっていることではないんだけれども，認知科学だったらこういうことをやるといいな，とか思っていたのです。しかし，そうしていると，二足のわらじみたいになってしまう。少なくとも，認知科学と個別科学の関係はそうではないと思うんですよね。自分が個別科学でやっている研究を認知科学者からしたら興味ある問いにのせるような格好でやってみたい，ということなんですよね。

大津：その「のせる」というところですけれどもね，さっきの言い方をすれば，1つには「記述」——絵日記ですね。それから「分類」というのがある——植物採集ですね。それを超えて「説明」というのがありますね。さっきも「なぜ」と先生はおっしゃいました。要するに「なぜ」という問いに対

して答えを与えてくれるような理論とかモデルとか呼ばれるものが必要だということになってきて、理論というものが自分の研究の中で、それがないとダメなんだと、研究にならないんだという——実際にその理論を構築できるかどうかは別にして——心構えがあるかないか、それが認知科学をやっていることになるか、ならないか、とかなり大きな関連があると思うのですけれども、どうでしょう？

波多野：それはまったくそうだと思います。ただ、私がそういう言い方をすると、心理学者の中には、「自分だってモデルというものを考えている」と言う人が結構いるわけですね。たとえば、この実験はモデルAが正しいか、モデルBが正しいかということを確かめるためにやっているんだと。その意味で理論的だというわけですね。だけど、そこで大事なのはモデルAとモデルBというのが本当に個体の生き延びとか、あるいは種の維持とかというようなことにどういう意味を持っているかまで考えてやるのか、やらないのかという話だと思うのです。小さなモデルとか、小さな仮説というものはみんなある。たとえば数の能力ということについて男の子と女の子の間で差があるか、ないかを調べるのは、いったいどういう意味があるのかというのを問うてみると、その人は「いや、そんなことは考えたことはなかった」というのが多いと思います。要するに、理論というか、意味というものは階層構造を成していて、できるだけ大きなところにつなげるところまで理論ないしモデルを引っ張って考えるということをすれば、これすなわち認知科学なり、と言ってもいいのではないでしょうか。

大津：つまり理論を持つことが必要なのはもちろんのことなのだけれども、理論が即認知科学というものになるものではないということですね。ですから、いったいそれに対してどういう意味づけができるのかが大切ですね。意味づけをすることを研究者の側で明確に意識をして、その問いに対する答えによってその研究の位置づけをする。そこが大切だという話ですね。

波多野：佐伯(佐伯胖)さんは「"So what?"と聞くといい」と言っていましたよね。それも結局同じことだと思うんですよね。そういうことが分かったら、それでどうなの？ と聞かれたときに、「いや、そこでおしまいです」と言うのだったら、やはり認知科学ではないのではないか、と思います。

大津："So what?"という質問は、認知科学の世界ではもちろんそうなのですが、それだけではなくて、日本の教育の中で欠けていることの中で非常

に重要なことの1つだと思うのです。ゼミに学生が新しく入ってきたときに私が最初に言うのがそれで、研究プロジェクトを立ち上げなさいと言いますね。これは認知科学のゼミだから、どういう形でもいいから心にかかわりがある研究テーマを選びなさいと。そして認知科学についておおよその話をして、そのあと、私の場合は言語ですから言語学のおおよその話をする。それだけ枠を与えたところで「さあ」と言うと、みんなそれぞれ、こんなことをやりたい、あんなことをやりたい、ということを言ってくるのですけれども、最初のうちは何だかよく分からないことをやりたいと言います。そのときにまさに先生がおっしゃった"So what?"というような質問を自分自身でしてみなさい、それで答えが出るのに詰まってしまうようだったら、それはあんまり意味のない研究である可能性が高い、というようなことを言うのです。そう言われるとはじめて「ああ、そうなんだ」と分かったような顔をするんですよね。おそらく高等学校までのレベルでは、そういうことは教えられていない。でも、これからの教育を考えるときには非常に重要な視点ではないかなと思います。

■ これからの認知科学

大津：先生、そろそろまとめに入りたいと思うのですけれども、認知科学の将来に寄せる夢のようなものを語っていただけますか？

波多野：1つの夢は、すべての科学の上に立つ科学というような考えがあるでしょ？ つまり、科学というのは基本的には人間の認知だから、科学というものは全部認知科学の対象になりうる。そうすると全部の科学を取りまとめた科学としての認知科学というのはありうると思うのですけれども、私はそこまで不遜ではない。もう少し現実的な夢としては、科学の専門分化によって失われてきた要素の一部分が認知科学によって回復できるのではないか、ということだと思うのです。本当はこういうおしゃべりをしたりとか、明日の研究にすぐに役に立つようなものではないことを話し込んだりというようなことが、科学者の日常的な活動の中で非常に大事だったのに、だんだんそういうものがなくなってきて、たとえば大学の中ではほとんど専門の話はできないというふうになってしまっている。それが認知科学という枠があることによって、多少は回復できるところがある。そうすればこれが1つの学際的な科学のお手本になって、ほかのところでもそういうことができるよう

になるかもしれない。

　大津：なんという題名でしたか忘れてしまいましたけれども，ジョージ・ミラー（George Miller）が昔書いた本があって，その中で，巻末のほうだったと思うのですが，こんなようなことを書いていたんです。もし，お前が理想の認知科学科——だったか，あるいは認知心理学科だったか忘れてしまいましたけれども——を作れとまかされたらばどういうものを作るだろうか，と自問してみる。まず，人から始まるんですよね。こういう領域についてはだれを招きたいと思うかと。ジョージ・ミラーのことですから，それこそ当時はまだうら若き乙女だったスーザン・ケアリーなんかも名前に入っているんです。私の趣味は——隠れた趣味なんですけれども——ミラーと同じように，認知科学科を作ることをまかせられたならば，どんな顔ぶれをそろえるかなと空想してみる(笑)。それが単なる夢物語ではなくて，いつか実現するときがあったらいいなと思います。日本では認知科学科というのはまだ中京大にあるだけ...

　波多野：まだ中京大にあるだけで，しかも中京大も名前が変わろうとしているんですけどね。

　大津：それは非常に残念なことで，名前は名前といえばそれまでですけれども，やはり認知科学という名前がついて，研究教育の拠点というものがあってほしいなと思いますね。

　波多野：だからそのささやかな代替物としてこの本を考えているわけです。つまり，認知科学科のスタッフじゃないけれども，この著者の人たちというのは，自分のやっているおもしろい認知科学の話をしてくれるんじゃないか。さらに頼めば1回くらい総合講義で認知科学概論を受け持って，研究のバックグラウンドの話もしてくれるのではないかと思って選んだわけですよ。しかも，大部分の人が引き受けてくれたというのが大変うれしいことで，大津さんの夢に比べるとちょっとささやかすぎるけれど，こういうことをやっていくのも，現実としては結構いいんじゃないかなと思います。

索 引

ア 行

アカゲザル 129
アスペルガー症候群 39
アメリカカケス 137
アモーダル補間 127
アルツハイマー型痴呆症患者 42
アルファベット文字 225
一般化された会話の含意 96
逸話的アプローチ 63
偽りの記憶 37
意図非明示的情報伝達 97
意図明示的情報伝達 97
意図明示的な伝達行為 95
イヌ 135
イベント・リレイテッドデザイン 207
意味喚起能力 228
意味記憶 32
意味性錯誤 227
意味読 225
意味認知系 232
意味論 91
イメージング 205
ウェイソンの選択課題 168
ウェルニッケ領域 227
歌文法 150
裏切り者 168
永続性の理解 7
エキスパート混合モデル 198
エソロジー 124
エピソード記憶 32
縁上回 213
応報戦略 167
オウム 147
オペラント条件づけ 148
音韻認知系 232
音読 225

カ 行

外化 26, 58
下位言語機能 142
解釈主義 253
回想的記憶 40
回復された記憶 37
解放性 58
かきまぜ 78
角回 222
学習 77
学習科学 17
格率 93
　関係の―― 94
　質の―― 94
　様態の―― 94
　量の―― 93
核理論 6
仮名 225
可能事象 7
眼窩部 38
漢字 225
慣性の法則 12
観念運動失行 209
関連性 102
　――の伝達原理 95
　最適な―― 103
関連性理論 94, 176
幾何学的メカニズム 111
期待背反法 8
機能主義 252
逆モデル 190
協調活動 22
協調の原理 93
協力行動 132, 165
虚記憶 36
局所相互作用 57
虚再認 36

[283]

虚再認パラダイム　37
クオリア　255
警戒声　146
ゲシュタルト知覚　233
言語獲得　78
言語獲得装置　80
言語機能　79
言語能力モジュール　99
顕在記憶　34
健忘症　42
原理とパラメータのアプローチ　80
行為再現課題　116
行為の因果説　258
行為の反因果説　258
高次脳機能障害　220
高次表象　135
行動主義　251
コードモデル　92
互恵的利他行動　166
心の理論　39, 100, 106, 172, 177
心を読む能力　96, 100
誤信念課題　100, 107, 181
コネクショニズム　47, 254
コミュニケーション能力　96
語用論　91
コルサコフ症候群　42
コンテクスト情報　95, 99
コンピュータメタファー　46

サ　行

再帰代名詞　81
再帰的な認知操作　142
再生　34
再認　34
錯視　130
サッキング　5, 107
作動記憶　35
サル　128, 146, 148, 162, 172, 231, 241
三項比較法　182
視覚構成障害　213, 216
視覚探索課題　130
刺激の貧困　79
志向性　254

志向的特徴　256
自己推進性　112
自然言語　78
自然選択　163
視線追従　109, 111
自然的観察法　123
自然淘汰　143, 163
実験室記憶　35
実験的観察法　123
実験的分析法　123
失行性失書　230
失書を伴わない失読　224
失読失書症　221
しっぺ返し戦略　167
自伝的記憶　35
自閉症　39
社会的交換促進装置　170
社会的交換ヒューリスティック　170
社会的知性仮説　131
社会的認知情報処理メカニズム　172
社会脳　171
社会文化的基盤　174
社会文化的制約　176
ジュウシマツ　150
重力法則の理解　10
収斂説　23
種均一性　77
熟達化研究　18
種固有性　77
主題文脈効果　168
馴化　8
馴化・脱馴化法　9
馴化法　123
順次選択ゲーム　170
純粋失読　224
順モデル　190
照応　81
状況論的学習研究　18
冗長性　56
象徴的表象　237
小脳　191, 194
情報意図　97
情報処理モデル　33

索引　*285*

症例研究　221
処理能力　102
進化的基盤　175
神経心理学　219
神経心理学的手法　205
神経心理症状　229
神経生理学　236
心身問題　251
心性　174
新生児　107
新生児模倣　107
身体イメージ　236, 240
身体図式　236
心的回転　135, 237
心脳同一説　252
シンボリック・システム　239
シンボル性　144, 145, 147
シンボル操作　238
心理条件的意味論　94
推意　94, 98
推論モデル　92
スキーマ　46
生成性　56
生態学的メカニズム　111
生得　77
生得的制約　178
生物進化　185
制約
　　──の逸脱　53
　　──の緩和　50, 53
　　──の動的緩和理論　49, 52
　　関係の──　50
　　ゴールの──　50, 53
　　対象レベルの──　50
潜在記憶　34
漸進説　142
前頭葉　38
戦略的知識　71
相互学習文化　22
相互的他利行動　134
創造活動支援アプローチ　63
創造活動支援ツール　67, 69
創造性　62

創造的認知　64
創造的認知プロセス　67, 69
創造的問題解決　48
創発的認知　46
束縛照応形　82
　　長距離──　84
束縛理論　83
ソナグラム　152
素朴心理学　13, 178
素朴生物学　13
素朴物理学　6
素朴理論　6

タ 行

タイプ同一説　252
多型実現可能性　252
脱馴化　9
ダブル・ビデオ・パラダイム　108
単一性の仮定　46
短期記憶　33
断続説　142
中央制御　47
中央制御システム　57
中核領域　177
長期記憶　33, 46
彫像読み　85
鳥類　163
チンパンジー　106, 128, 162
適応進化　164
テグー　149
デザイン研究　19
手続き記憶　34
伝達意図　97
展望的記憶　35, 40
統合説　143
洞察問題解決　48, 52
同時選択ゲーム　170
頭頂葉　241
動物神経心理学　220
動物心理物理学　124
トークン　252
トークン同一性　253
鳥の地鳴き　145

ナ行

内在的特徴 256
内部表象 236
内部モデル 190, 194
喃語 146
二重貯蔵モデル 33
日常記憶 35
ニホンザル 148, 241
乳児 108, 112
乳児期・新生児期研究 1
乳児の認知発達 4
ニューラルネットワーク 35
ニューロン 242
ニワトリ 130
認知環境 102
認知効果 102
認知構造発達理論 1
認知的アプローチ 63
認知の中央系 95
認知発達モデル 3
ネオ・グライス理論 96
脳機能画像 205
脳機能画像化 220
脳損傷 219

ハ行

バーチャルリアリティ 243
バイオロジカル・モーション 108
発話解釈能力 100
発話解釈モジュール 104
ハト 129
話し手の意図した意味 92
話し手の意味 92
反復型囚人のジレンマゲーム 166
比較認知科学 122
比較文化心理学 174
光トポグラフィー 206
引き算 135
非協力者 168
ピグミーマーモセット 146
非言語的コミュニケーション 98
非顕示事象 126
微小発生説 234
ヒト 78, 106, 122, 142, 162, 174, 236
非法則的一元論 253
表意 94, 98
表音文字 226
表象 134
表象説 255
表象的メカニズム 112
フィードバック制御 189
フィードフォワード制御 189
不可能事象 7
ブザー課題 41
フサオマキザル 128, 131
物体の一体性知覚 128
普遍文法 80
プライミング効果 34
プラトンの問題 79
ブローカ領域 215
ブロックデザイン 207
プロトコルデータ 69
文化差 179
文化心理学 175
分散 58
文法性 144, 146, 149
ベルベットモンキー 135, 146
包括的合理化説 259
ポジトロンCT 242
保存課題 3
ホモ・サピエンス 159

マ行

マーモセット 163
マキャベリ的知性仮説 131, 172
三つ山課題 2
見本合わせ 128
ミラーニューロン 215
メタ記憶 137
メタ表象 101
メンタライジング・システム 106
メンタルモデル 46
目的論的機能 255
目標指向性 112
モザイク混合モデル 198

文字心象　224
モジュール　95
モジュール性　164, 193
モジュラリティ　95
文字列認知系　232
モデル・ライバル法　148
模倣　209

ヤ 行

役割分担による建設的相互作用説　23
幼児　99, 110
幼児期　1
4枚カード問題　168

ラ 行

ラット　149
臨床神経心理学　219
類人猿　162
霊長類　162, 171, 237
連続性の理解　9

ワ 行

ワーキングメモリ　46

A〜Z

Bimodalニューロン　242
BOLD法　207
cognitive science　265
cognitive sciences　265
CT　205
DRMパラダイム　37
ERP　206
fMRI　35, 191, 205, 209, 220
geneploreモデル　65
H-Creativity　64
LAD　80
MEG　206, 220
MRI　205
P&P　80
P-Creativity　64
PET　35, 205, 220
ReCoNote　26, 28
SMG　213G
SPM　208
Tパズル　51
UG　80
WISE/CLP　19

〈執筆者紹介〉
① 現職(2004年9月現在)，② 専門，③ 主な著書・訳書等
(掲載順。ただし，編者は奥付頁に掲載)

旦　直子（だん　なおこ）
① 日本学術振興会特別研究員・東京大学，② 認知発達，③ N. フォアマンほか編『空間認知研究ハンドブック』(共訳，二瓶社，2001)

三宅なほみ（みやけ　なおみ）
① 中京大学情報科学部教授，② 認知科学，学習科学(協調的理解過程の解明と深化支援，知的インタフェース評価)，③『学習科学とテクノロジ』(共著，放送大学教育振興会，2003)，*CSCL 2: Carrying forward the conversation* (共編，Lawrence Erlbaum Associates, 2001)

梅田　聡（うめだ　さとし）
① 慶應義塾大学文学部心理学専攻助手，② 認知神経科学，③『し忘れの脳内メカニズム』(北大路書房，2003)，「展望的記憶」(井上毅・佐藤浩一編著『日常認知の心理学』北大路書房，2002, pp. 18–35)

鈴木宏昭（すずき　ひろあき）
① 青山学院大学文学部教授，② 類推，洞察，知識獲得，インタフェース，③『類似と思考(認知科学モノグラフ1)』(共立出版，1996)，「認知の創発的性質」(『人工知能学会誌』18巻4号，2003)

堀　浩一（ほり　こういち）
① 東京大学工学系研究科教授，② 知能工学

今西典子（いまにし　のりこ）
① 東京大学大学院人文社会系研究科教授，② 英語学，言語学，③『言語の獲得と喪失(岩波講座 言語の科学10)』(共著，岩波書店，1999)，『照応と削除(新英文法選書11)』(共著，大修館書店，1990)

西山佑司（にしやま　ゆうじ）
① 慶應義塾大学言語文化研究所教授，② 意味論，語用論，言語哲学，③『日本語名詞句の意味論と語用論』(ひつじ書房，2003)，『談話と文脈(岩波講座 言語の科学7)』(共著，岩波書店，1999)

板倉昭二（いたくら　しょうじ）
① 京都大学大学院文学研究科助教授，② 比較認知発達科学，③『自己の起源』(金子書房，1999)，P. ロシャ著『乳児の世界』(共訳，ミネルヴァ書房，2004)

藤田和生（ふじた　かずお）
① 京都大学大学院文学研究科心理学専修教授，② 比較認知科学，③『比較認知科学への招待——こころの進化学』(ナカニシヤ出版，1998)，R. バーンほか編『心の理論とマキャベリ的知性の進化論——ヒトはなぜ賢くなったか』(共訳，ナカニシヤ出版，2004)

岡ノ谷一夫（おかのや　かずお）
① 理化学研究所チームリーダー，千葉大学助教授，科学技術振興機構研究者，② 神経行動学，生物音響学，③『小鳥の歌からヒトの言葉へ』(岩波科学ライブラリー，2003)

長谷川寿一（はせがわ　としかず）
① 東京大学総合文化研究科教授，②

進化心理学，動物行動学，③『進化と人間行動』(共著，東京大学出版会，2000)，『心の進化』(共編著，岩波書店，2000)

高橋惠子(たかはし　けいこ)
①聖心女子大学文学部教授，②発達心理学，③『生涯発達の心理学』(共著，岩波新書，1990)，『文化心理学入門』(共著，岩波書店，1997)

今水　寛(いまみず　ひろし)
①ATR 脳情報研究所認知神経科学研究室室長，②実験心理学，計算論的神経科学，③『運動と言語(認知科学の新展開 3)』(共著，岩波書店，2001)，『知覚と運動(認知心理学 1)』(共著，東京大学出版会，1995)

田中茂樹(たなか　しげき)
①仁愛大学人間学部助教授，②神経心理学，③『イメージと認知(認知科学の新展開 4)』(共著，岩波書店，2001)

山鳥　重(やまどり　あつし)
①神戸学院大学人文学部教授，②臨床神経心理学，③『神経心理学入門』(医学書院，1985)，『記憶の神経心理学』(医学書院，2002)

入來篤史(いりき　あつし)
①東京医科歯科大学大学院医歯学総合研究科認知神経生物学分野教授，理化学研究所脳科学総合研究センター象徴概念発達研究チームチームリーダー，②神経生理学，③『Homo faber 道具を使うサル』(医学書院，2004)，『研究者人生双六講義』(岩波書店，2004)

信原幸弘(のぶはら　ゆきひろ)
①東京大学大学院総合文化研究科助教授，②心の哲学，③『心の現代哲学』(勁草書房，1999)，『意識の哲学』(岩波書店，2002)

〈編著者紹介〉

大津由紀雄(おおつ　ゆきお)
　1948年東京生まれ。Ph.D.(MIT, 1981年)。慶應義塾大学言語文化研究所教授。日本認知科学会元会長，言語科学会会長。専門は言語の認知科学(生成文法，言語獲得，統語解析など)。編著に『言語の獲得と喪失(言語の科学10)』(岩波書店，1999)など。

波多野誼余夫(はたの　ぎよお)
　獨協大学，慶應義塾大学，放送大学教授をつとめた。概念発達，熟達化，読み書き・数能力の獲得という3つのテーマについて精力的に実験と理論化を行った。著作は大半が英語だが，日本語でも，数冊の新書があるほか，『認知心理学』(東京大学出版会)，『認知科学ハンドブック』(共立出版)の編者もつとめた。

認知科学への招待
──心の研究のおもしろさに迫る──

2004年11月30日　初版発行　2011年12月28日　第4刷発行

編著者	大津由紀雄　波多野誼余夫	KENKYUSHA
発行者	関戸雅男	〈検印省略〉
印刷所	研究社印刷株式会社	

発行所　株式会社　研究社
http://www.kenkyusha.co.jp

〒102-8152
東京都千代田区富士見 2-11-3
電話 (編集) 03 (3288) 7711 (代)
　　 (営業) 03 (3288) 7777 (代)
振替 00150-9-26710

装丁：清水良洋 (Push-up)
© Yukio Otsu and Giyoo Hatano, et al., 2004
ISBN 978-4-327-37810-3　C3011　Printed in Japan